IN
CURSO BÁSICO

Kirsten Eger

INGLÉS
CURSO BÁSICO

EDITORIAL DE VECCHI

A pesar de haber puesto el máximo cuidado en la redacción de esta obra, el autor o el editor no pueden en modo alguno responsabilizarse por las informaciones (fórmulas, recetas, técnicas, etc.) vertidas en el texto. Se aconseja, en el caso de problemas específicos —a menudo únicos— de cada lector en particular, que se consulte con una persona cualificada para obtener las informaciones más completas, más exactas y lo más actualizadas posible. EDITORIAL DE VECCHI, S. A. U.

Traducción de Nieves López Burell - Antonino D´Antoni.

Diseño gráfico de la cubierta de Design 3.

© Editorial De Vecchi, S. A. U. 2004
Balmes, 114. 08008 BARCELONA
Depósito Legal: B. 36.930-2004
ISBN: 84-315-2845-1

Reservados todos los derechos. Ni la totalidad ni parte de este libro puede reproducirse o trasmitirse por ningún procedimiento electrónico o mecánico, incluyendo fotocopia, grabación magnética o cualquier almacenamiento de información y sistema de recuperación, sin permiso escrito de EDITORIAL DE VECCHI, S. A. U.

PRÓLOGO

Este libro ha sido concebido como un curso para principiantes y se dirige a aquellos que desean aprender el inglés necesario para defenderse en las situaciones cotidianas. Por lo tanto, su finalidad es echar una mano a los que necesitan un acercamiento básico rápido a la lengua inglesa. La primera parte está compuesta de 14 unidades, cada una de las cuales se compone a su vez de 4 secciones:

— un diálogo o una lectura;
— elementos gramaticales;
— un glosario;
— ejercicios.

Cada unidad (ejercicios incluidos) puede ser estudiada en unos 90 minutos y consiste en un texto o un diálogo con situaciones típicas y argumentos simples; la gramática está explicada mediante tablas, esquemas y numerosos ejemplos que facilitan su comprensión; el glosario retoma la terminología del diálogo y de algunos ejercicios breves; los ejercicios sirven para practicar y para comprobar el nivel de aprendizaje.
En las tres primeras unidades, el estudiante encontrará las indicaciones fonéticas necesarias para adquirir confianza en la pronunciación. Aconsejamos al estudiante que empiece con la lectura o el diálogo, repitiendo el texto en voz alta hasta que, con la ayuda de la construcción fonética indicada, pueda leerlo de corrido y con naturalidad. Este es un óptimo ejercicio que permite «soltar la lengua» y memorizar de modo inconsciente los primeros vocablos. De todas formas, antes de las unidades se encuentran expuestas las principales normas de pronunciación de las palabras inglesas. Los textos van acompañados de su traducción al español.
Después del estudio de la sección de los elementos gramaticales y de los vocablos reflejados en el glosario de cada lección, el estudiante estará listo para realizar los ejercicios, cuya solución se encuentra en el capítulo «Claves de los ejercicios». Si los errores superan el 50 %, aconsejamos repetir la lección o bien los ejercicios uno o dos días después; si lo hiciéramos enseguida, ¡nuestra memoria a corto plazo nos haría creer que hemos mejorado en un momento!

En el capítulo «Elementos recapitulativos de gramática» están expuestas de modo más esquemático las reglas gramaticales explicadas a lo largo de las unidades. El diccionario inglés-español y español-inglés recoge el vocabulario utilizado en la obra.

Un consejo final: el conocimiento de un idioma depende en gran medida tanto del tiempo dedicado al estudio como de la motivación, y premia más la constancia del que consigue dedicarle como mínimo diez minutos diarios que el esfuerzo de quien se empeña en larguísimas «sentadas» una o dos veces a la semana.

Por lo tanto, haga de este libro un amigo, llévelo con usted, hojéelo en el tren, en el autobús o durante el descanso del mediodía, y pronto podrá encontrar divertido y natural responder a algunas preguntas en inglés.

EL ALFABETO INGLÉS Y LAS REGLAS DE PRONUNCIACIÓN

El alfabeto inglés está compuesto por 26 letras:

A [ei]	J [dʒeı]	S [es]
B [bi:]	K [kei]	T [ti:]
C [si:]	L [el]	U [ju]: (lluvia)
D [di:]	M [em]	V [vi:]
E [i:]	N [en]	W [dʌbl-ju:]
F [ef]	O [ou]	X [eks]
G [dʒi:]	P [pi:]	Y [wai]
H [eitʃ]	Q [kju:]	Z [zed]
I [ai]	R [a:r]	

Las letras dobles se leen anteponiendo «dʌbl».

Símbolos fonéticos utilizados en este libro

VOCALES

Símbolo		Pronunciación
[i:]	cheese, key	(esp. letra «i»)
[i]	is, thick	(esp. letra «i» muy breve)
[e]	leg, head	(esp. letra «e»)
[æ]	and, has	(esp. sonido muy abierto entre «a» y «e»)
[a:]	bath, start	(esp. letra «a» muy alargada)
[ɔ:]	call, salt	(esp. letra «o» muy abierta)
[u]	put, would	(esp. letra «u» muy breve)
[u:]	blue, good	(esp. letra «u» larga)
[ʌ]	but, country, blood	(esp. letra «a» muy breve)
[œ]	were, her, shirt, work	(esp. letra «e» cerrada y larga, como el sonido francés de coiffeur, chauffeur, heure)
[ə]	the, father, colour, circus	(esp. letra «a» casi muda)
[o:]	go, so	(esp. letra «o» cerrada)

CONSONANTES

Símbolo		Ejemplos
[p]	pig, prize, pepper	(esp. pan)
[b]	bed, rubber	(esp. bien)
[t]	turtle, late, Thomas	(esp. tipo)
[d]	doll, band	(esp. dulce)
[k]	call, kick	(esp. cambio)
[m]	must, common	(esp. música)
[n]	not, innovation	(esp. nave)
[l]	loose, lift, ball	(esp. luz)
[r]	rose, arrive	(esp. araña)
[f]	flower, off, nephew	(esp. falso)
[v]	video, of, advance	(esp. vid)
[s]	small, gas, cigarette	(esp. sol)
[z]	zoo, his, studies, busy	(esp. suave: letra «s» silbante)
[h]	hot, hotel, behind	(esp. hondo: letra «h» aspirada)
[w]	went, where	(esp. huevo)
[g]	green, girl	(esp. garra)
[tʃ]	chair, match, nature	(esp. chino)
[dʒ]	joy, rage, gym	(esp. llave)
[ŋ]	bang, seeing, sing, going	(esp. mango: letra «g» casi disuelta en la «n»)
[θ]	thank you, think, with	(esp. zapato)
[ð]	the, this, mother	(sonido entre la «d» y la «z»)
[ʃ]	shop, sure, nation, brochure	(sonido entre la «s» y la «ch»)
[j]	you, yet	(esp. yodo)

DIPTONGOS

Símbolo		Ejemplos
[ei]	wait, weight	(esp. seis)
[ai]	by, side, guide	(esp. hay - con la «i» muy breve)
[au]	count, clown	(esp. Laura)
[eə]	air, care, bear	(esp. real - con la letra «e» abierta)
[iə]	ear, beer	(esp. espía - con la letra «a» casi muda)
[oi]	boy, choice, noise	(esp. soy - con la «i» muy breve)
[uə]	sure, pure	(esp. situación - con la letra «a» casi muda)
[əu]	go, Rome	(corresponde al español «ou» con la letra «o» cerrada)

Recuerde:
En la transcripción el acento está indicado sólo cuando NO cae sobre la primera sílaba. Ej.: olvidar = forget [for'get].
La longitud de las vocales está señalada con dos puntos. Ej.: techo = roof [ru:f].
En la transcripción fonética NO están transcritas las consonantes dobles. Ej.: hola = hello [helo].

El alfabeto inglés y las reglas de pronunciación

Para acercarnos a los signos del alfabeto fonético internacional utilizamos el alfabeto telefónico inglés (que sirve para el *spelling*, deletreo), que en la mayoría de los casos utiliza nombres propios, a diferencia del español que suele usar nombres de ciudades, países u objetos para el alfabeto telefónico:

	INGLÉS	AMERICANO	ESPAÑOL
A	Andrew	Abel	Álava
B	Benjamin	baker	Barcelona
C	Charlie	Charlie	Cáceres
D	David	dog	Dinamarca
E	Edward	easy	España
F	Frederick	fox	Francia
G	George	George	Gerona
H	Harry	how	Huesca
I	Isaac	item	Italia
J	Jack	jig	Jaén
K	king	king	Kilo
L	Lucy	love	Lérida
M	Mary	Mike	Madrid
N	Nellie	Nan	Navarra
O	Oliver	oboe	Oviedo
P	Peter	Peter	Palencia
Q	Queenie	queen	Queso
R	Robert	Roger	Roma
S	sugar	sugar	Sevilla
T	Tommy	tare	Teruel
U	uncle	uncle	Uruguay
V	Victor	Victor	Vitoria
W	William	William	Whisky
X	Xmas	X	Xilófono
Y	Yellow	yoke	Yate
Z	Zebra	Zebra	Zaragoza

UNIT ONE – UNIDAD UNO

▶ Text – *Texto*

This is Ana Montes. [ðis iz ana montes] *Esta es Ana Montes.*
She is from Vigo. [ʃi: iz from bigo] *Es de Vigo.*
She lives in London. [ʃi: livz in lʌndən] *Vive en Londres.*
She studies English. [ʃi: stʌdiz ingliʃ] *Estudia inglés.*

This is Tom White. [ðis iz tom wait] *Este es Tom White.*
He is from Manchester. [Hi: iz from mænchæstə] *Es de Manchester.*
He lives in London. [Hi: livz in lʌndən] *Vive en Londres.*
He teaches English. [Hi: ti:tʃəs ingliʃ] *Enseña inglés.*

▶ Dialogue – *Diálogo*

Where are you from? [Weə a: ju: from] *¿De dónde eres?*

Mr White:	**Hello! I am Tom White.**
	[He'lo aım tom wait]
Sr. White:	*¡Hola! Me llamo Tom White.*
Mrs Montes:	**Hello! Nice to meet you. I am Ana Montes.**
	[He'lo naıs tu mi:t ju:. Aim ana montes]
Sra. Montes:	*¡Hola! Encantada de conocerle, yo soy Ana Montes.*
Mr White:	**Where are you from?**
	[Weə a: ju: from?]
Sr. White:	*¿De dónde es usted?*
Mrs Montes:	**I am from Vigo. And you? Where are you from?**
	[Aım from bigo. Ænd ju:? Weə a: ju: from]
Sra. Montes:	*Soy de Vigo. Y usted, ¿de dónde es?*

Mr White:	I am from Manchester.
	[Aım from mænchæstə]
Sr. White:	Soy de Manchester.

Vocabulary - *Glosario*

and	[ænd]	*y*
English	[ingliʃ]	*inglés*
he	[hi:]	*él*
hello	[he'lo]	*hola, buenos días*
I	[ai]	*yo*
Madrid	[madrid]	*Madrid*
nice to meet you	[naıs tu mi:t ju:]	*encantado, es un placer*
she	[ʃi:]	*ella*
to be from	[tu bi: from]	*ser de*
to be	[tu bi:]	*ser*
to do	[tu du:]	*hacer*
to learn	[tu lœ:n]	*aprender*
to live	[tu liv]	*vivir*
to teach	[tu ti:tʃ]	*enseñar*
to work	[tu wœ:k]	*trabajar*
too	[tu:]	*también*
you	[ju:]	*tú/usted/vosotros/ustedes*

Grammar - *Gramútica*

Personal pronouns - *Pronombres personales*

Singular – *Singular*

I	[ai]	*yo*
you	[ju:]	*tú/usted*
he	[hi:]	*él*
she	[ʃi:]	*ella*
it	[it]	*eso*

Plural – *Plural*

we	[ui:]	*nosotros*
you	[ju:]	*vosotros/ustedes*
they	[ðei]	*ellos/ellas*

En inglés no existe una forma del pronombre personal correspondiente al *usted* de cortesía, por lo que se utiliza **you** cuando en español tuteamos y también cuando tratamos a alguien de usted.

Importante: Mientras que en español el pronombre personal a menudo está sobreentendido *(vive en Londres)*, en inglés debe siempre acompañar al verbo (**she** lives in London).

The verb «to be» - *El verbo «ser»*

THE AFFIRMATIVE FORM – *LA FORMA AFIRMATIVA*

I am – *yo soy*	we are – *nosotros somos*
you are – *tú eres/usted es*	you are – *vosotros sois/ustedes son*
he/she/it is – *él/ella/eso es*	they are – *ellos/ellas son*

She is from Vigo. [ʃi: iz from bigo] – *Ella es de Vigo.*
I am Tom White. [Aim tom wait] – *Soy Tom White.*
Where are you from? [Weə a: ju: from?] – *¿De dónde eres?*

THE INTERROGATIVE FORM – *LA FORMA INTERROGATIVA*

Para formular una pregunta con «to be», es preciso invertir el sujeto y el verbo.

He is English. [Hi: iz ingliʃ] – *Él es inglés.*
Is he English? [Iz hi: ingliʃ] – *¿Es inglés?*
They are from Vigo. [ðei a: from bigo] – *Ellos son de Vigo.*
Are they from Vigo? [A: ðei from bigo] – *¿Son de Vigo?*
Madrid is in Spain. [Madrid iz in spein] – *Madrid está en España.*
Is Madrid in Spain? [Iz madrid in spein?] – *¿Madrid está en España?*

The present simple tense – *El presente de indicativo*

El presente se usa para hablar de costumbres y acciones cotidianas.

La **forma afirmativa** es igual que el infinitivo del verbo, a excepción de la tercera persona, en la que se añade una **-s** final.

Infinitivo: **to live** [*tu liv*] – *vivir*

I live [ai liv] – *yo vivo*	we live [ui: liv] – *nosotros vivimos*
you live [ju: liv] – *tú vives*	you live [ju: liv] – *vosotros vivís*
he/she/it live**s** [hi:/ ʃi:livz] – *él/ella/eso vive*	they live [ðei liv] – *ellos viven*

Verbos con formación irregular de la tercera persona singular

En los verbos que terminan en **-s, -ss, -sh, -ch, -x** y **-o** se añade **-es**.
I teach (ai ti:tʃ)   he teach**es** (hi: ti:tʃis)

I kiss (ai kis)	he kiss**es** (hi: kisis)
I box (ai bocs)	he box**es** (hi: bocsiz)
I go (ai go:)	he go**es** (hi: go:)

En los verbos que terminan en **-y** precedida de una consonante, se cambia la **-y** por **-ies**.

I carry (ai kœri)	he carr**ies** (hi: kœriz)
I hurry (ai hʌri))	he hurr**ies** (hi: hʌriz)

Possessive adjectives – *Adjetivos posesivos*

my [mai] – mi, mis
your [jo:] – tu, tus; su, sus (de usted)
his, her, its [hiz/hœ:/its] – su, sus (de él, de ella)
our [auo] – nuestro, nuestra, nuestros, nuestras
your [jo:] – vuestro, vuestra, vuestros, vuestras; su, sus (de ustedes)
their [∂eə] – su, sus (de ellos, de ellas)

Possessive pronouns – *Pronombres posesivos*

mine [main] – mío, mía, míos, mías
yours [jo:z] – tuyo, tuya, tuyos, tuyas; suyo, suya, suyos, suyas (de usted)
his, hers, its [hiz, hœ:z, its] – suyo, suya, suyos, suyas (de él, de ella)
ours [auɔz] – nuestro, nuestra, nuestros, nuestras
yours [jo:z] – vuestro, vuestra, vuestros, vuestras; suyo, suya, suyos, suyas (de ustedes)
theirs [∂eɔz] – suyo, suya, suyos, suyas (de ellos, de ellas)

En inglés, los adjetivos y los pronombres posesivos se refieren al poseedor y no al objeto poseído. El objeto poseído por un hombre es **his** *(suyo, de él)*; el objeto poseído por una mujer es **her** *(suyo, de ella)*.
Anne's father *(el padre de Ana)* = **her** father
Mark's father *(el padre de Mark)* = **his** father.

Cualquier objeto poseído por un animal o una cosa es **its** *(suyo, de ese animal o cosa)*.
A dog likes to chew **its** bone. – *Al perro le gusta roer su hueso.*

Si hay más de un poseedor, se usa **their**.
Birds build **their** nests in the spring. – *En primavera los pájaros construyen sus nidos.*

El adjetivo posesivo sólo concuerda con el poseedor. No se ve afectado por el género o el número del objeto poseído.

Como en español, delante del adjetivo posesivo no se usa el artículo.
My car – *Mi coche.*

> Los pronombres posesivos se utilizan para sustituir un **adjetivo posesivo + nombre** y siguen las mismas reglas que los adjetivos posesivos.
> This is **my** book. This is **mine**.
> That is **their** car. That is **theirs**.

<u>Her</u> name is Anna. <u>His</u> name is Thomas.
Su nombre es Ana. Su nombre es Thomas.
<u>Their</u> car is black.
Su coche es negro.
<u>Our</u> dog is big.
Nuestro perro es grande.
Look at the children playing with <u>their</u> toys.
Mira cómo juegan los niños con sus juguetes.
The house belongs to them. It's <u>theirs</u>.
La casa les pertenece a ellos. Es de ellos.
Give me that coat! It's <u>mine</u>.
¡Dame aquel abrigo! Es mío.
Why is he taking that car. It's <u>ours</u>.
¿Por qué está cogiendo ese coche? Es el nuestro.

Interrogative pronouns – Pronombres interrogativos

What is your name? [Wots jo: neim?] – *¿Cómo te llamas?*
Where are you from? [Weə a: ju: from?] – *¿De dónde eres?*
Where is Madrid? [Weə iz madrid?] – *¿Dónde está Madrid?*

COUNTRIES AND CITIES – PAÍSES Y CIUDADES	
Great Britain (greit britən)	*Gran Bretaña*
England (inglənd)	*Inglaterra*
London (lʌndən)	*Londres*
Edinburgh (edinbərə)	*Edimburgo*
Manchester (mænchœstə)	*Manchester*
Spain (spein)	*España*
Madrid (madrid)	*Madrid*
Barcelona (barθelona)	*Barcelona*
Vigo (bigo)	*Vigo*
Seville (sebij)	*Sevilla*

Where is Seville? – **In** Spain.
Where is Manchester? – **In** England.
¿Dónde está Sevilla? – En España. ¿Dónde está Manchester? – En Inglaterra.
Where is he **from**? – **From** Manchester.
Where is she **from**? – **From** Vigo.
¿De dónde es (él)? – De Manchester. ¿De dónde es (ella)? – De Vigo.

Sentence structure - *Estructura de la frase*

En una frase principal simple la secuencia de los elementos gramaticales es la siguiente:

SUJ.	VERBO	COMPLEMENTO DIRECTO
I	study	**English.** – *Yo estudio inglés.*

SUJ.	VERBO	COMPLEMENTO DE LUGAR O TIEMPO
He	lives	**in Madrid.** – *Él vive en Madrid.*

SUJ.	VERBO	ATRIBUTO
We	are	**intelligent.** – *Nosotros somos inteligentes.*

There is/there are - *Hay*

+	**There is** a table in the kitchen. – *Hay una mesa en la cocina.*
	There are two books on it. – *Hay dos libros sobre ella.*
?	**Is there** a table in the kitchen? – *¿Hay una mesa en la cocina?*
	Are there any books on the table? – *¿Hay libros sobre ella?*
–	**There isn't** (is not) a table in the kitchen. – *No hay una mesa en la cocina.*
	There aren't (are not) any books on it. – *No hay libros sobre ella.*

Exercises - *Ejercicios*

Ejercicio 1. Complete las siguientes frases con la forma del verbo correcta.

1. I .... Ana. (to be)
2. I .... from Vigo. (to come)
3. I .... in London. (to live)
4. I .... English. (to study)

Ejercicio 2. Ahora repita el ejercicio insertando sus datos personales.

Ejercicio 3. Añada el verbo adecuado.

1. We .... from Manchester.
2. You .... in London.
3. Jim and Annie .... English.

Ejercicio 4. *Complete las frases con el pronombre correcto.*

Ana is from Vigo. .... lives in London.
Thomas lives in London. .... teaches English.
The children are here. .... are here.
Mark is British. .... is British.
John is a doctor. .... is a doctor.

Ejercicio 5. *Costruya frases con las siguientes palabras.*

1. He – English – learns
2. What– your– is – name?
3. Where – from– are – you?
4. Where – Madrid –is?
5. She – from London – is
6. We – in Manchester – live

Ejercicio 6. *Complete las frases.*

1. His name .... Thomas. (to be)
2. He .... from England. (to come)
3. He .... from Manchester. (to come)
4. He .... in London. (to live)
5. He .... English. (to teach)
6. .... name is Ana.
7. I am .... Vigo.
8. Thomas is from ....
9. We .... from Japan. (to come)
10. We .... English. (to be)

Ejercicio 7. *Complete las preguntas.*

1. .... is Ana from?
2. .... is your name?
3. .... your name Frank?
4. .... you from Spain?
5. .... Ana English?

Ejercicio 8. *Responda a las preguntas del Ejercicio 7.*

UNIT TWO – UNIDAD DOS

Text - *Texto*

In the school snack bar. [In ðə sku:l snæk ba:] - *En el bar de la escuela.*
Ana Montes is in the school snack bar. [Ana montes iz in ðə sku:l snæk ba:]
Ana Montes está en el bar de la escuela.
Mark is behind the counter. He is a student and works in the school snack bar.
[Ma:k iz bi'haind ðə kauntə. Hi: iz ə stiu:dent ænd wœ:ks in ðə sku:l snæk ba:]
Mark está detrás de la barra. Es un estudiante y trabaja en el bar de la escuela.

Dialogue - *Diálogo*

Ana: Hello!
[He'lo]
¡Hola (buenos días)!
Mark: Hello! I am Mark. What's your name?
[He'lo aim ma:k. Wots jɔ: neim?]
¡Hola (buenos días)! yo soy Mark. ¿Cómo te llamas?
Ana: My name is Ana. I am new here.
[Mai neim iz ana. Aim niu hi:ə]
Me llamo Ana y soy nueva aquí.
Mark: Welcome to the school, Ana. Where are you from?
[Welkʌm tu ðə sku:l, ana. Weə a: ju: from?]
Bienvenida a la escuela, Ana. ¿De dónde eres?
Ana: I'm from Madrid.
[Aim from madrid]
Soy de Madrid.
Mark: Do you like London?
[Du ju: laik lʌndən?]
¿Te gusta Londres?

Ana: Yes, it is an interesting city.
[Jes, its æn intristiŋg siti]
Sí, es una ciudad interesante.

Mark: Do you live near here?
[Du ju: liv niə hi:ə?]
¿Vives por aquí cerca?

Ana: Yes, I do. My flat is near the school.
[Jes ai du. Mai fla:t iz niə ðə sku:l]
Sí. Mi apartamento está al lado de la escuela.

Mark: Do you know Tom?
[Du ju: no: tom?]
¿Conoces a Tom?

Ana: Yes, I do. He's my English teacher.
[Jes ai du. Hi:z mai ingliʃ ti:tʃə]
Sí. Es mi profesor de inglés.

Mark: Do you like his lessons?
[Du ju: laik hiz lesəns?]
¿Te gustan sus clases?

Ana: Yes. He is a very good teacher.
[Jes. Hi: iz æ veri gu:d ti:tʃə]
Sí. Es un profesor muy bueno.

Mark: Do you know Karen?
[Du ju: no: karen?]
¿Conoces a Karen?

Ana: No, I don't. Does she teach here?
[No: ai do:nt. dʌz ʃi: ti:tʃ hi:ə?]
No. ¿Enseña aquí?

Mark: No, she doesn't. She is the school secretary.
[No:, ʃi: dʌznt. ʃi: iz ðə sku:l secrətri]
No. Es la secretaria de la escuela.

Ana: She looks nice.
[ʃi: lu:cs nais]
Parece simpática.

Mark: Well, what do you want to drink?
[Wel, wot du ju: wont tu drink?]
Bien, ¿qué quieres beber?

Ana: I'm thirsty but I don't know what to drink.
[Aim θœrsti bʌt ai do:nt no: wot tu drink]
Tengo sed, pero no sé qué beber.

Mark: What about a Coke?
[Wot æbaut æ ko:k]
¿Qué te parece una Coca Cola?

Ana: I don't like Coke. I prefer tea.
[Ai do:nt laik ko:k. ai pri'fæ: ti:]
No me gusta la Coca Cola. Prefiero el té.

Mark: Here you are. That's 75 pence please.
[Hi:ə ju: a:. ðæts seventifaiv pens pli:z]
Aquí tienes. Son 75 peniques, por favor.

Ana: Thank you. Bye for now, Mark.
[θænk ju:. bai for nau, ma:k]
Gracias. Adiós por ahora, Mark.

Mark: See you later, Ana.
[Si: ju: leitə, annα]
Hasta luego, Ana.

Vocabulary - *Glosario*

bar	[ba:]	*bar*
behind	[bi:'haind]	*detrás*
Coke	[ko:k]	*Coca Cola, cola*
counter	[kauntə]	*barra, mostrador*
English	[ingliʃ]	*inglés, ingleses*
flat	[fla:t]	*apartamento, piso*
for now	[fo: nau]	*por ahora, de momento*
Spanish	[spaniʃ]	*español, -a*
interesting	[intristing]	*interesante*
here you are!	[hi:ə ju: a:]	*¡Aquí tienes!*
lesson	[lesən]	*clase*
name	[neim]	*nombre*
new	[niu:]	*nuevo, -a*
nice	[nais]	*simpático*
now	[nau]	*ahora*
school	[sku:l]	*escuela*
secretary	[secrətri]	*secretaria*
see you later	[si: ju: leitə]	*hasta luego*
student	[stiu:dent]	*estudiante*
tea	[ti:]	*té*
teach	[ti:tʃ]	*enseñar*
teacher	[ti:tʃə]	*profesor*
thank you	[θænk ju:]	*gracias*
the	[ðə]	*el, la, los, las*
to be hungry	[tu bi: hʌngri]	*tener hambre*
to be thirsty	[tu bi: θœrsti]	*tener sed*
to drink	[tu drink]	*beber*
to know	[tu no:]	*conocer*
to live	[tu liv]	*vivir*
to prefer	[tu pri'fæ:]	*preferir*
to work	[tu wœ:k]	*trabajar*
welcome	[welkʌm]	*bienvenido, -a*
would you like ...?	[wud ju: laik]	*¿Querrías...?*

Grammar - *Gramática*

The present simple tense: negative and interrogative forms -
El presente de indicativo: forma interrogativa y negativa

La **forma interrogativa** se forma utilizando el **verbo auxiliar** «to do» [tu du:], que en español no se traduce:

FORMA AFIRMATIVA	FORMA INTERROGATIVA
I work	DO I work?
you work	DO you work?
he/she/it works	DO<u>ES</u> he/she/it work?
we work	DO we work?
you work	DO you work? (pl.)
they work	DO they work?

También en el caso del auxiliar, la tercera persona del singular es la única que cambia. Con los pronombres/adverbios interrogativos, la construcción de la frase es la siguiente:

What/Where/When + Do/Does + sujeto + infinitivo + complemento

> **I want a coke. – What do you want to drink?**
> Quiero una Coca Cola. – ¿Qué quieres beber?
>
> **I live in London. – Where do you live?**
> Vivo en Londres. – ¿Dónde vives?
>
> **She works in an office. – Where does she work?**
> Ella trabaja en una oficina. – ¿Dónde trabaja?

La **forma negativa** se forma utilizando el **verbo auxiliar** «to do» en negativo.

I DO NOT work	we DO NOT work
you DO NOT work	you DO NOT work (pl.)
he/she/it DO<u>ES</u> NOT work	they DO NOT work

En el inglés hablado, la forma negativa siempre se construye del siguiente modo:
I don't work (ai do:nt wœ:k), **he doesn't work** (hi: dʌznt wœ:k), etc.

> **Do you want a Coke?**   *No, I don't.**
> *¿Quieres una Coca Cola?*   *No (no la quiero).*
> **Do you like Manchester?**   *No, I don't.**
> *¿Te gusta Manchester?*   *No.*

Does she teach English? **No, she doesn't.***
¿Enseña inglés? *No.*

* En la respuesta (sea afirmativa o negativa) se repite el verbo auxiliar.

Adjectives – *Adjetivos*

En inglés los adjetivos son invariables y siempre preceden al nombre.

PREDICATIVE ADJECTIVES – *ADJETIVOS PREDICATIVOS*
(con el verbo «to be»)

I am new here. – *Soy nueva aquí.*
I am thirsty. – *Tengo sed.*
They are not Spanish. – *Ellos no son españoles.*

I am thirsty [aim θœrsti] – *Tengo sed* (equivale a «estoy sediento»).
I am hungry [aim hʌngri] – *Tengo hambre* (equivale a «estoy hambriento»).

ATTRIBUTIVE ADJECTIVES – *ADJETIVOS ATRIBUTIVOS*
(seguidos de un nombre)

He is a good teacher – *Es un buen profesor.*
London is an interesting city – *Londres es una ciudad interesante.*
We are English students – *Somos estudiantes ingleses.*

The definite article – *El artículo determinado* «the» [ðə]

En inglés los nombres no tienen género; delante de todos los nombres se utiliza «the», que es invariable.

the boy   the boys
the girl   the girls
the lesson the lessons

The indefinite article – *El artículo indeterminado* «a/an» [æ/ æn]

El artículo **«a»** se usa delante de una consonante.

a Coke, a student, a teacher   *una Coca Cola, un estudiante, un profesor*

También se emplea delante del sonido /iu/.

a university [ə iunivəsiti]   *una universidad*

El artículo **«an»** se usa delante de una vocal.

an interesting city [æn intristiŋg siti]   *una ciudad interesante*
an intelligent boy [æn in'telidʒənt boi]   *un chico inteligente*

También se emplea delante de la letra «h» muda.

an hour [æn auə]   *una hora*

Likes and dislikes – *Me gusta o no me gusta*

Para expresar sentimientos positivos o negativos respecto a algo, utilizamos el verbo **«to like»** [tu laik] – *gustar*, que en inglés va seguido de un complemento de objeto directo:

I like London – *Me gusta Londres.*
Do you like Manchester? – *¿Te gusta Manchester?*
No, I don't like Manchester – *No, no me gusta Manchester.*

Offers and suggestions – *Ofrecimientos y sugerencias*

Cuando deseamos ofrecer algo a alguien, utilizamos la siguiente forma:

Would you like a + NOUN   [wud ju: laik ə]
Quieres/deseas + NOMBRE

Would you like a Coke?   [wud ju: laik ə ko:k]
¿Quieres una Coca Cola?

Para solicitar a nuestro interlocutor que exprese un deseo, preguntamos:

What would you like?   **I would like a cup of tea.**
[wot wud ju: laik]   [ai wud laik ə kˆp ov ti:]
¿Qué deseas?   *Quisiera una taza de té.*

También podemos ser nosotros los que sugiramos:

What about a Coke? [wot ə'baut ə ko:k] – *¿Qué te parece una Coca Cola?*

En el inglés hablado, «I would like» queda abreviado con «I'd like». Esta forma es más formal que: «Do you want ...?» (¿Quieres...?) y «I want» (quiero).

Este uso de «like» no debe confundirse con el verbo «to like» que, como hemos visto antes, significa «gustar».

Exercises – *Ejercicios*

Ejercicio 1. Complete las siguientes frases con el artículo indeterminado correcto.

1. Ana is .... Spanish girl.
2. Does he work in .... American bar?
3. Thomas is .... intelligent boy.
4. Would you like .... cup of tea?
5. This is .... nice bar.

Ejercicio 2. Complete las siguientes frases con la forma del verbo correcta.

1. .... you from Madrid?
2. .... you know Karen?
3. .... they live in London?
4. .... she a secretary?
5. .... it a new school?

Ejercicio 3. Inserte el verbo que falta.

1. Mark .... in the bar.
2. He .... a student.
3. We .... from Manchester.
4. They .... English.
5. We .... in a flat near here.

Ejercicio 4. Complete las frases con el adjetivo adecuado.

1. London is an .... city.
2. I am ....! I'd like a Coke.
3. This is Ana. She is a .... student.
4. Ana is not English. She is ....
5. Tom is a .... teacher.

Ejercicio 5. Ponga las siguientes frases en forma negativa.

1. I live near the school.
2. He works in the bar.
3. She teaches English.
4. They come from Madrid.
5. We like Manchester.

Ejercicio 6. *Traduzca las siguientes frases.*
1. Ana tiene sed.
2. Mark trabaja en el bar de la escuela.
3. Thomas es de Manchester.
4. Karen no enseña inglés.
5. Mi apartamento está cerca de la escuela.

Ejercicio 7. *Formule las preguntas y después responda.*
1. you – here – work
2. not – he – Spanish – is
3. hungry – are – you
4. teach – she – here – does

Ejercicio 8. *Responda a las siguientes preguntas.*
1. Is Ana hungry? (yes)
2. Are you American? (no)
3. Are they happy here? (no)
4. Do you know Thomas? (yes)
5. Is he a student? (no)

UNIT THREE – UNIDAD TRES

Text – *Texto*

On the phone [On ðə fo:n] – *Por teléfono*

Tom is speaking on the phone.
[Tom iz spi:kiŋg on ðə fo:n]
Tom está hablando por teléfono.

He is talking to his sister Mary in Manchester.
[Hi: iz tɔ:kiŋg tu hiz sistə meri in mænchestə]
Está hablando con su hermana Mary, en Manchester.

Today is her 18th birthday and Tom wants to surprise her and wish her many happy returns.
[Tu'dei iz hœ: eiti:nθ bœ:θdei ænd tom wonts tu sɔ:praiz hœ: ænd wish hœ: meni hæpi ritœ:rns]
Hoy cumple 18 años y Tom quiere darle una sorpresa y desearle que cumpla muchos más.

Dialogue – *Diálogo*

Tom: Hello, Mary! This is Tom.
[he'lo meri ðis iz tom]
¡Hola, Mary! Soy Tom.

Mary: Hi, Tom! What a nice surprise! How are you?
[hai tom wot ə naiz sə:praiz hau a: ju:]
¡Hola, Tom! ¡Qué bonita sorpresa! ¿Cómo estás?

Tom: I'm fine, thanks. And what about you, little sister?
[Aim fain θænks ænd wot əbaut ju:, litel sistə:]
Yo estoy bien, gracias. Y tú, ¿cómo estás, hermanita?

Mary: I'm very well, too, thank you.
[Aim veri wel tu:, θænk ju:]
Yo también estoy muy bien, gracias.

Tom: Happy birthday, love!
[Hæpi bœ:θdei lʌv]
¡Feliz cumpleaños, cariño!

Mary: Thank you
[θænk ju:]
Gracias.
This evening I'm going to have a big party here.
[ðis i:vniŋ aim goiŋ tu hæv æ big pa:ti hi:ə]
Esta noche daré una gran fiesta aquí.
What a pity that you are so far away!
[Wot ə piti. ðæt ju: a: so: fa: ə'wei]
¡Qué pena que tú estés tan lejos!

Tom: Yes, I know, but I'm sure the party is going to be a
[Jes ai no:, bʌt aim ʃu:ə ðə pa:ti iz goiŋ tu bi: ə]
¡Sí, lo sé, pero estoy seguro de que la fiesta de tu cumpleaños será un
big success even without your brother around!
[Big sʌkses i:vn wiðaut jɔ: brʌðə æ'raund]
gran éxito incluso sin que esté por allí tu hermano!
You are a big girl now: you are 18! How are the preparations going?
[Ju: a: ə big gœ:rl nau - ju: a: eiti:n! Hau a: ðə prepə'reiʃəns goiŋ]
¡Ahora ya eres mayor, tienes 18 años! ¿Cómo van los preparativos?
Are John and the others giving you a hand?
[A: dʒon ænd ðə ʌthəs giviŋ ju: ə hænd]
¿John y los otros amigos te están echando una mano?

Mary: Sure, they are hanging the decorations.
[ʃu:ə, ðei a: hæŋgiŋ ðə deko'reiʃəns]
Claro, están colgando los adornos.
I'm really lucky to have so many good friends.
[Aim ri:li lʌki tu hæv so: meni gu:d frends]
Soy muy afortunada de tener muchos buenos amigos.
And what are you going to do tonight, Tom?
[Ænd wot a: ju: goiŋ tu du: tu:'nait tom]
Y tú, ¿qué haces esta noche, Tom?

Tom: Well, I'm working – I've got a new class this evening.
[Wel, aim wœ:kiŋ - Aiv got ə niu: kla:s θis i:vniŋ]
Bueno, yo trabajo: esta tarde tengo un curso nuevo.

Mary: Oh, that's interesting, isn't it? Is it your first lesson with them?
[Ou ðæts intristiŋ, iznt it? Iz it jɔ: fœ:st lesən wiθ ðem]
¡Ah, qué interesante!, ¿verdad? ¿Es la primera clase con ellos?

Tom: Yes, and I'm a bit nervous.
[Jes ænd aim æ bit nœ:vəs]
Sí, y estoy un poco nervioso.

Mary: Nervous? But Tom, you are a good teacher, don't worry!
[Nœ:vəs? Bʌt tom, ju: a: ə gu:d ti:ʃə, do:nt wœri]
¿Nervioso? Pero Tom, tú eres un buen profesor, ¡no te preocupes!

Tom: Thanks, Mary, but the first lesson is very important.
[θænks, meri, bʌt ðə fœːst lesən iz veri im'poːtənt]
Gracias, Mary, pero la primera clase es muy importante.
You know, the students here expect a lot from their teachers.
[Juː noː, ðə stiuːdənts hiːə ecspect ə lot from ðyə tiːʃərs]
¿Sabes?, aquí los estudiantes esperan mucho de sus profesores.
Mary: Well, Tom, good luck and thanks for phoning.
[Wel tom, guːd lʌk ænd θænks foːr foːniŋ]
Bueno, Tom, buena suerte y gracias por haber llamado.
Tom: Bye-bye, Mary and have fun tonight!
[bai bai, meri ænd hæv fʌn tu'nait]
¡Hasta pronto, Mary, y que te diviertas esta noche!
Please give my best to Mum and Dad and to your guests!
[Pliːz giv mai best tu mʌm ænd dæd ænd tu jɔː gests]
¡Por favor, saluda a mamá y papá y a tus invitados!
Mary: Yes, sure – and please call again soon!
[Jes, ʃuːə - ænd pliːz cɔːl æ'gen suːn]
Sí, por supuesto. Y por favor, ¡vuelve a llamar pronto!

Vocabulary – *Glosario*

a bit	[ə bit]	un poco
a lot	[ə lot]	mucho
again	[æ'gen]	de nuevo, otra vez
around	[æ'raund]	alrededor
away	[æ'wei]	lejos
big	[big]	grande
birthday	[bœːθdei]	cumpleaños
brother	[brʌðə]	hermano
but	[bʌt]	pero
class	[klæs]	curso, grupo
Dad	[dæd]	papá
decoration	[dekoreiʃən]	adornos, decoración
even	[ivən]	incluso
evening	[ivniŋg]	tarde, noche
far	[faː]	lejos
fine	[fain]	bien
first	[fœːst]	primero, -a
friend	[frend]	amigo
fun	[fʌn]	diversión
future	[fiutʃə]	futuro
girl	[gœːl]	chica, muchacha
good	[guːd]	bueno, -a

guest	[gest]	invitado
happy birthday	[hæpi bœ:θdeɪ]	feliz cumpleaños
how	[hau]	cómo
I must	[ai mʌst]	debo
important	[im'po:tənt]	importante
interesting	[ɪntristiŋ]	interesante
lesson	[lesən]	clase, lección
little sister	[litel sistə]	hermanita
little	[litel]	pequeño, -a
love	[lʌv]	amor, tesoro, cariño
lucky	[lʌki]	afortunado, -a
many	[meni]	muchos, -as
Mum	[mʌm]	mamá
nervous	[nœ:vəs]	nervioso, emocionado
new	[niu:]	nuevo, -a
now	[nau]	ahora
object	[obdʒect]	objeto
on the phone	[on ðə fo:n]	por teléfono
other	[ʌðə]	otro, -a
party	[pa:tɪ]	fiesta
phone call	[fo:n kɔ:l]	llamada telefónica
phone	[fo:n]	teléfono
please	[pli:z]	por favor
preparations	[prepəreɪʃəns]	preparativos
present	[prezent]	presente
really	[ri:li]	de verdad, sin duda
sister	[sistə]	hermana
so many	[so: meni]	muchos, -as, tantos, -as
so	[so:]	tan
soon	[su:n]	pronto, dentro de poco
students	[stiu:dents]	estudiantes
success	[sʌksəs]	éxito
sure	[ʃu:ə]	seguro
surprise	[sə'praiz]	sorpresa
teacher	[ti:tʃə]	profesor
the others	[ðə ʌðərs]	los otros
them	[ðem]	los, las (complemento)
this evening	[θis ivniŋ]	esta tarde, esta noche
this	[ðis]	este, -a
three	[θri:]	tres
to be busy with	[tu bi: bizi wiθ]	estar ocupado con
to be sorry	[tu bi: sori]	sentir, lamentar algo
to call	[tu kɔ:l]	llamar

to expect	[tu ecspect]	esperar
to give one's best	[tu giv wʌns best]	saludar, enviar saludos
to give s.o. a hand	[tu giv sʌmuʌn æ hænd]	echar una mano
to hang	[hæng]	colgar, suspender
to have fun	[tu hæv fʌn]	divertirse
to help someone	[tu help sʌmuʌn]	ayudar a alguien
to make	[tu meik]	hacer
to speak to	[tu spi:k tu]	hablar con
to talk to	[tu to:k tu]	hablar con
to want	[tu wont]	desear, querer
to wish many happy returns	[tu wiʃ meni hæpi ri'tœ:ns]	desear a alguien que cumpla muchos más
to wish	[tu wiʃ]	felicitar
to worry	[tu wœri]	preocuparse
today	[tu'deɪ]	hay
tonight	[tu'nait]	esta noche
too	[tu:]	también
very	[verɪ]	muy
well	[wel]	bien
well	[wel]	bueno, veamos
what a nice surprise	[wot æ nais sə'praiz]	¡Qué bonita sorpresa!
what a pity	[wot æ piti]	¡Qué pena!
what about you	[wot æ'baut ju:]	¿Cómo te va?
what about	[wot æ'baut]	¿Cómo va eso?
what	[wot]	qué
with	[wiθ]	con
without	[wiθaut]	sin
woods	[wu:dɒ]	bosques

▶ **Grammar - *Gramática***

Family and relatives - *Familia y parientes*

mother	[mʌthə]	madre
father	[fa:thə]	padre
son	[sʌn]	hijo
daughter	[dɔ:tə]	hija
brother	[brathə]	hermano
sister	[sistə]	hermana
grandfather	[grændfa:thə]	abuelo
grandmother	[grændmʌthə]	abuela
uncle	[ʌnkel]	tío
aunt	[a:nt]	tía
cousin	[kʌzin]	primo, -a

father–in–law	[faːthə in lɔː]	*suegro*
mother–in–law	[mʌthə in lɔː]	*suegra*
brother–in–law	[brʌthə in lɔː]	*cuñado*
sister–in–law	[sistə in lɔː]	*cuñada*
grandchild	[grændtʃaild]	*nieto, -a*
grandson	[grændsʌn]	*nieto*
granddaughter	[grændɔːtə]	*nieta*
grandnephew	[grændnefiu]	*sobrino*

Prepositions – *Preposiciones*

ALGUNAS PREPOSICIONES DE TIEMPO:

at a time [æt æ taim] *a una hora*	at five o'clock, at nine o'clock, at night, at midday *a las cinco, a las nueve, por la noche, a mediodía*
on a day [on æ dei] *un día*	on Monday, on 3 February, on Easter Sunday *el lunes, el 3 de febrero, el domingo de Pascua*
in a period [in æ piriəd] *en un periodo*	in August, in summer, in the evening *en agosto, en verano, al anochecer*
before [bifəː] *antes*	before the party, before lunch *antes de la fiesta, antes de la cena*
after [aːftə] *después*	after the party, after breakfast *después de la fiesta, después del desayuno*
during [diuriŋ] *durante*	during the film *durante la película*
for [fɔː] *por, durante*	he stayed for an hour *se ha quedado una hora*
until [ʌntil] *hasta*	he stayed until it was time to go *se ha quedado hasta la hora de irse*
by [bai] *a, por*	you must finish the test by noon *tienes que terminar el test a mediodía*

ALGUNAS PREPOSICIONES DE LUGAR Y MOVIMIENTO:

about [æbaut] *cerca de*	about £100 *cerca de £100*
across [ækros] *a través de*	Mark is looking across the room at Anne *Mark mira a Ana a través de la habitación*
against [ə'gænst] *contra*	against the wall *contra la pared*
behind [bihaind] *detrás de*	behind the counter *detrás de la barra*

between [bitui:n] *entre*	between the two girls *entre las dos chicas*
down [daun] *bajo, debajo de*	down the stairs *debajo de las escaleras*
from [from] *de, desde*	from the town *desde la ciudad*
in front of [in front ov] *delante de*	in front of the school *delante de la escuela*
in [in] *en*	in the house *en la casa*
inside [insaid] *dentro de*	inside the box *dentro de la caja*
near [niə] *cerca de*	near the school *cerca de la escuela*
next to [nekst tu] *cerca de*	next to Ana *cerca de Ana*
on [on] *en, sobre*	on the counter *sobre la barra*
opposite [oposit] *frente a, enfrente de*	opposite the bank *frente al banco*
towards [tə'wɔ:dz] *hacia*	towards the town *hacia la ciudad*
over [o:və] *sobre, por encima de*	over the city *sobre la ciudad*
under [ʌndə] *bajo, debajo de*	under the bed *bajo la cama*
up [ap] *su*	up the stairs *encima de las escaleras*
through [θru] *a través de*	through the woods *a través de los bosques*

Thomas is speaking <u>on</u> the phone.
Thomas está al teléfono.
Mary is <u>in</u> Manchester.
Mary está en Manchester.
This is my first lesson <u>with</u> them.
Esta es mi primera clase con ellos.
I'm sure the party is going to be a success even <u>without</u> your brother around.
¡Estoy seguro de que la fiesta será un éxito incluso sin tu hermano por allí!
She is talking <u>to</u> her brother.
Está hablando con su hermano.

The present continuous tense – *El presente continuo*

El presente continuo describe una acción que se está produciendo ahora.

Tom is speaking on the phone.
Tom está hablando por teléfono.
Mary's friends are hanging the decorations.
Los amigos de Mary están colgando los adornos.

LA FORMA AFIRMATIVA

sujeto + presente de «**to be**» [tu bi] + gerundio

I am (I'm) working	you are (you're) working	he/she is (he's/she's) working
[aim wœ:kiŋ]	[ju: a: wœ:kiŋ]	[hi:/Si: iz wœ:kiŋ]
estoy trabajando	*estás trabajando*	*está trabajando*

LA FORMA INTERROGATIVA

presente de «**to be**» + sujeto + gerundio

am I working?	are you working?	is he/she working?
[em ai wœ:kiŋ]	[a: ju: wœ:kiŋ]	[iz hi:/ʃi: wœ:kiŋ]
¿estoy trabajando?	*¿estás trabajando?*	*¿está trabajando?*

LA FORMA NEGATIVA

sujeto + presente de «**to be**» + gerundio

I am not working (I'm not working)	you are not working (you aren't/ you're not working)	he/she is not working (he/she isn't working)
[ai em/aim not wœ:kiŋ]	[ju: a: not/ju: arent wœ:kiŋ]	[hi:/ʃi: iz/izənt wœ:kiŋ]
no estoy trabajando	*no estás trabajando*	*no está trabajando*

He is talking to his sister Mary in Manchester.
Está hablando con su hermana Mary, (que está) en Manchester.
Are John and the others giving you a hand?
¿John y los otros te están echando una mano?
They are (they're)not working today. They are on holiday.
Hoy no trabajan (no están trabajando). Están de vacaciones.

> El **presente continuo** se emplea también para definir planes que deben realizarse en un futuro próximo.
>
> **I'm working tonight. I've got a new class.** – *Esta tarde trabajo. Tengo un curso nuevo.*
> (aim wœːkiŋ tunait. Aiv got æ niu claːs)
>
> A menudo no hay diferencias entre *going to* y el **presente continuo** con referencia a acciones futuras. Con frecuencia, para hablar de planes futuros con los verbos *to go* y *to come* utilizamos el **presente continuo**.

The future with going to – *El futuro con «going to»* [goiŋ tu]

Going to se usa para indicar **planes e intenciones futuras**. La intención o el plan es siempre premeditado y a menudo está implícita la idea de que ya se han hecho algunos preparativos para realizar la acción.

LA FORMA AFIRMATIVA

sujeto + presente de «**to be**» + GOING TO + infinitivo

I am going to have a party. – *Voy a dar una fiesta.*
[aim goiŋ tu hæv ə paːti]

LA FORMA INTERROGATIVA

presente de «**to be**» + sujeto + GOING TO + infinitivo

Are you going to teach tonight, Tom? – *¿Esta tarde vas a dar clase, Tom?*
[aː juː goiŋ tu tiːtʃ tunait tom?]

LA FORMA NEGATIVA

sujeto + presente de «**to be**» + NOT GOING TO + infinitivo

I am not going to watch TV. – *No voy a ver la televisión.*
[aim not goiŋ tu wɔːtʃ tivi]

> *Going to* se emplea también en las **previsiones** para expresar certeza. El tiempo no suele ser mencionado, pero se prevé que la acción tendrá lugar en un futuro próximo.
>
> **Look at those clouds! It's going to rain.** – *¡Mira qué nubes! Está a punto de llover.*
>
> **I'm sure the party is going to be a big success!** – *¡Estoy segura de que la fiesta será un gran éxito!*

Plural form of the noun – *Forma plural del sustantivo*

En general, el plural se forma añadiendo la letra -*s* al sustantivo:

friend *(amigo)* [frend]	**friends** [frend<u>s</u>]
brother *(hermano)* [brʌðə]	**brothers** [brʌðər<u>s</u>]
sister *(hermana)* [sistə]	**sisters** [sistər<u>s</u>]
preparation *(preparación)* [prepəreiʃən]	**preparations** [prepəreiʃən<u>s</u>]
student *(estudiante)* [stiu:dent]	**students** [stiu:dent<u>s</u>]
teacher *(profesor)* [ti:tʃə]	**teachers** [ti:tʃər<u>s</u>]
evening *(tarde, noche)* [ivniŋ]	**evenings** [ivniŋ<u>s</u>]
lesson *(clase)* [lesən]	**lessons** [lesən<u>s</u>]
surprise *(sorpresa)* [sə:praiz]	**surprises** [sə:praizi<u>s</u>]

Algunas excepciones:

En los nombres que terminan en **-ch, -sh, -x, -ss,** y **o** se añade una **-y** antes de la **-s**:

watch/watches (wɔ:tʃ/wɔ:tʃiz)	*reloj, -es*
dish/dishes (diʃ/diʃiz)	*plato, -s*
box/boxes (bocs/bocsiz)	*caja, -s*
kiss/kisses (kis/kisiz)	*beso, -s*
potato/potatoes (pə'teito:/pə'teito:z)	*patata, -s*

En los nombres que terminan en **-y** se cambia la **-y** por **-i** y se añade **-es**:

baby/babies (beibi/beibiz)	*niño, -s*
lady/ladies (leidi/leidiz)	*señora, -s*

Algunos nombres tienen un plural irregular:

person/people (pœ:sən/pi:pəl)	*persona, -s; gente*
child/children (tʃaild/tʃildrən)	*niño, -s; hijos*
ox/oxen (ocs/ocsən)	*buey, -es*
man/men (mœn/men)	*hombre, -s*
tooth/teeth (tu:θ/ti:θ)	*diente, -s, dentadura*
mouse/mice (maus/mais)	*ratón, ratones*
woman/women (wumən/wimin)	*mujer, -es*

Algunos nombres son invariables:

sheep (ʃi:p)	*oveja, -s*
deer (deə)	*ciervo, -s*
fish (fiʃ)	*pez, peces*

Unit three - Unidad tres   35

Numbers – *Los números*

CARDINAL NUMBERS – NÚMEROS CARDINALES

1 one [wan]	11 eleven [ileven]	21 twenty-one [tuentiuan]
2 two [tu:]	12 twelve [tuelv]	22 twenty-two [tuentitu:]
3 three [θri:]	13 thirteen [θœ'ti:n]	30 thirty [θœrti]
4 four [fɔ:]	14 fourteen [fɔ'ti:n]	31 thirty-one [θœrtiuan]
5 five [faiv]	15 fifteen [fif'ti:n]	40 forty [forti]
6 six [sics]	16 sixteen [sics'ti:n]	50 fifty [fifti]
7 seven [seven]	17 seventeen [seven'ti:n]	60 sixty [sicsti]
8 eight [eit]	18 eighteen [eit'ti:n]	70 seventy [seventi]
9 nine [nain]	19 nineteen [nain'ti:n]	80 eighty [eiti]
10 ten [ten]	20 twenty [tuenti]	90 ninety [nainti]

100 (one) hundred [wan hʌndrəd]
101 one hundred and one
110 one hundred and ten
200 two hundred
986 nine hundred and eighty-six
1,000 (one) thousand, a thousand [wan θauzənd]
1,001 one thousand and one
10,000 ten thousand
1,000,000 a million, one million [æ/wan miliən]
6,830,500 six million eight hundred and thirty thousand five hundred

ORDINAL NUMBERS   NÚMEROS ORDINALES

Aparte de los tres primeros números, los ordinales se forman añadiendo al número cardinal la desinencia *-th*. Los cardinales que terminan en *-y* toman la desinencia *-ieth* (*ie* sustituye a la letra *y*).

1st – first	*primero*	11th – eleventh	21st – twenty-first
2nd – second	*segundo*	12th – twelfth	22nd – twenty-second
3rd – third	*tercero*	13th – thirteenth	30th – thirtieth
4th – fourth	*cuarto*	14th – fourteenth	40th – fortieth
5th – fifth	*quinto*	15th – fifteenth	50th – fiftieth
6th – sixth	*sexto*	16th – sixteenth	60th – sixtieth
7th – seventh	*séptimo*	17th – seventeenth	70th – seventieth
8th – eighth	*octavo*	18th – eighteenth	80th – eightieth
9th – ninth	*noveno*	19th – nineteenth	90th – ninetieth
10th – tenth	*décimo*	20th – twentieth	100th – hundredth

Exercises – *Ejercicios*

Ejercicio 1. Inserte la preposición.

1. Tom is speaking ....the phone.
2. He is talking .... his sister.
3. Mary is .... Manchester.
4. Tom works .... London.
5. This is our first lesson .... him.

Ejercicio 2. Use la contracción.

1. I am very well.
2. Where is Mary?
3. She is here.
4. You are hungry.
5. She is at the bar.

Ejercicio 3. Ponga en plural las siguientes frases.

Ej.: She doesn't know my friend.
 They don't know my friends.

1. I know an English bar.
2. The child is at school.
3. He has a sister.
4. The man is in the bar.
5. The student is hungry.

Ejercicio 4. Traduzca al inglés las siguientes frases.

1. Esta es la primera clase con ellos.
2. Hoy es su cumpleaños.
3. Tom está hablando por teléfono.
4. Eres de verdad muy afortunado.

Ejercicio 5. Responda a las siguientes preguntas.

1. How is Thomas?
2. What are Mary's friends doing?
3. Is Thomas in Manchester?

4. Where is his sister?
5. What is Tom going to do tonight?

Ejercicio 6. Complete las siguientes frases utilizando el presente continuo.

1. I ....tonight. (work)
2. They .... on the phone. (speak)
3. My sister .... to visit me at the weekend (come)
4. You .... very hard these days. (study)
5. I .... a letter to my boyfriend. (write)

Ejercicio 7. Formule las preguntas del modo correcto.

Ej.: You/listen/to me?   Are you listening to me?

1. What/he/do?
2. Why/you/learn/English?
3. What/he/drink?
4. When/she/go/to England?
5. What time/you/go/to the party?

Ejercicio 8. Transforme las siguientes preguntas en frases afirmativas.

1. Is she going to have a party tonight?
2. Is Tom going to teach tonight?
3. Are the students going to study English next year?
4. Are we going to have a drink?
5. Is it going to rain?

UNIT FOUR – UNIDAD CUATRO

▶ Text – *Texto*

The daily routine – *La rutina diaria*

Here is Ana again.
Aquí esta de nuevo Ana.
It's six o'clock in the morning and Ana has to get up for work.
Son las seis de la mañana y Ana debe levantarse para ir a trabajar.
At half past six she has breakfast and at ten minutes to seven she leaves the house.
A las seis y media desayuna y a las siete menos diez sale de casa.
She must be at the bus stop at seven o'clock because the bus leaves at five past seven.
Debe estar en la parada del autobús a las siete porque el autobús sale a las siete y cinco.
She usually arrives at the office a few minutes before eight. Then she types letters and makes phone calls.
Habitualmente llega a la oficina unos minutos antes de las ocho. Luego escribe unas cartas y hace unas llamadas.
From half past twelve till a quarter past one she has lunch.
De las doce y media a la una y cuarto se va a comer.
After the lunch break she has to work for another four hours.
Después del descanso para comer debe trabajar otras cuatro horas.
After work she usually has a drink at the bar not far from the office. Then she takes the bus to go home.
Después del trabajo suele tomar una copa en el bar que está cerca de la oficina. Luego coge el autobús para volver a casa.
On Mondays and Wednesdays she takes the tube to go to her English lessons at night school. On Fridays she goes shopping after work.
Los lunes y los miércoles coge el metro para asistir al curso de inglés en la escuela nocturna. Los viernes va de compras después del trabajo.

Vocabulary – *Glosario*

a few	[ə fiu:]	*algunos*
after	[a:ftə]	*después*
again	[ə'gen]	*de nuevo, otra vez*
always	[o:lweiz]	*siempre*
another	[æ'nʌðer]	*otro, -a*
at half past six	[æt ha:f pa:st siks]	*a las seis y media*
at ten minutes to seven	[æt ten minits tu seven]	*a las siete menos diez*
at	[æt]	*a las*
before	[bi:fo:]	*antes*
break	[breik]	*pausa, descanso*
breakfast	[brekfəst]	*desayuno*
bus	[bʌs]	*autobús*
customer	[kʌstəmə]	*cliente*
daily	[deili]	*diario, -a*
desk	[desk]	*escritorio*
eight	[eit]	*ocho*
English lesson	[ingliʃ lesən]	*clase de inglés*
far (from)	[fa: from]	*lejos (de)*
five	[faiv]	*cinco*
four	[fo:ə]	*cuatro*
Friday	[fraidei]	*viernes*
from	[from]	*de, desde*
half	[ha:f]	*medio*
here	[hi:ə]	*aquí*
home	[ho:m]	*casa, hogar*
hour	[auə]	*ahora*
house	[haus]	*casa*
in the morning	[in ðə mo:niŋ]	*de la mañana, por la mañana*
in the office	[in ðə: ofis]	*en la oficina*
letter	[letə]	*carta*
lunch break	[lʌntʃ breik]	*descanso para comer*
lunch	[lʌntʃ]	*comida, almuerzo*
minute	[minit]	*minuto*
Monday	[mʌndei]	*lunes*
morning	[mo:niŋ]	*mañana*
night school	[nait sku:l]	*escuela nocturna*
not far from	[not fa: from]	*no muy lejos*
of	[ov]	*de*
office	[ofis]	*oficina*
on Mondays	[on mʌndeis]	*los lunes*
past	[pa:st]	*después de, pasado*

quarter	[quɔ:tə]	cuarto
question	[questʃən]	pregunta
routine	[ru:'ti:n]	rutina
seven	[seven]	siete
six o'clock	[siks o klok]	las seis (en punto)
six	[siks]	seis
ten	[ten]	diez
till	[til]	hasta
to answer	[tu a:nsə]	responder, contestar
to answer the phone	[tu a:nsə ðə fo:n]	contestar al teléfono
to arrive	[tu æ'raiv]	llegar
to get up	[tu get tu]	levantarse
to go home	[tu go: ho:m]	volver, ir a casa
to go shopping	[tu go: ʃopiŋ]	ir de compras
to go to the English lessons	[tu go: tu ðə ingliʃ lesəns]	asistir a clases de inglés
to go to work	[tu go: tu wœ:k]	ir a trabajar
to have a drink	[tu hæv ə drink]	tomar un aperitivo
to have breakfast	[tu hæv brekfəst]	desayunar
to have lunch	[tu hæv lʌntʃ]	comer, almorzar
to have to	[tu hæv tu]	deber, tener que
to leave the house	[tu li:v ðə haus]	salir de casa
to leave	[tu li:v]	salir, dejar
to take	[tu teik]	tomar, coger
to type	[tu taip]	escribir (a máquina)
tube	[tiu:b]	metro
twelve	[tuelv]	doce
Wednesday	[wensdei]	miércoles

▶ **Grammar -** *Gramática*

The date - *La fecha*

En inglés las fechas se escriben y se leen de dos formas distintas.

Today is March 20th (today is the twentieth of March).
Madrid, 7th **April 2001** (Madrid, April the seventh, two thousand and one).
I start school on 15th **September** (I start school on the fifteenth of September).

Español	Se escribe en inglés	Se lee en inglés
Hoy es 20 de marzo	Today is March 20th	Today is the twentieth of March

Para indicar la fecha en una carta se escribe: 7 April 2002.

The time of the day - Las partes del día

early in the morning	por la mañana temprano
morning	mañana
in the morning	por la mañana
noon	mediodía
afternoon	tarde (primeras horas)
in the afternoon	por la tarde
evening	tarde (últimas horas), noche
in the evening	por la tarde, por la noche
midnight	medianoche
night	noche
at night	por la noche
during the night	durante la noche

The days of the week - Los días de la semana

Monday	lunes
Tuesday	martes
Wednesday	miércoles
Thursday	jueves
Friday	viernes
Saturday	sábado
Sunday	domingo
on Sundays	los domingos
on Wednesdays	los miércoles

The months of the year - Los meses del año

January	enero
February	febrero
March	marzo
April	abril
May	mayo
June	junio
July	julio
August	agosto
September	septiembre
October	octubre
November	noviembre
December	diciembre

The four seasons – *Las cuatro estaciones*

spring	*primavera*
summer	*verano*
autumn/fall	*otoño*
winter	*invierno*

Time – *La hora*

Para indicar la hora en inglés se suelen usar los números sólo hasta las 12. Para distinguir entre la mañana y la tarde, cuando se escribe se añade *a.m. (ante meridiem)* o bien *p.m. (post meridiem): at 7 a.m. (a las siete de la mañana), at 7 p.m. (a las siete de la tarde)*, mientras que en el lenguaje hablado, si el contexto puede dar lugar a dudas, se especifica *in the morning, in the afternoon, in the evening*: the bus leaves **at 7 o'clock in the afternoon** = el autobús sale a las 7 de la tarde.

What time is it?	*¿Qué hora es?*
It's eight o'clock.	*Son las ocho.*
It's half past ten/ten thirty.	*Son las diez y media.*
It's a quarter to nine.	*Son las nueve menos cuarto.*
It's a quarter past seven.	*Son las siete y cuarto.*
It's ten to five.	*Son las cinco menos diez.*
It's twenty past eleven.	*Son las once y veinte.*

Cuando se habla de la hora en punto se añade *o'clock*.

Los días de la semana y los meses se escriben siempre con letra **mayúscula**.
Con los **días** se usa la preposición **on**.
On Fridays she goes shopping. *Los viernes va a hacer la compra.*

Con los **meses** y las **estaciones** se usa la preposición **in**.
In Summer I go home at 4 p.m. *En verano vuelvo a casa a las 4 de la tarde.*

Con la **hora** se utiliza la preposición **at**.
The lesson starts at 7 p.m. *La clase empieza a las 7 de la tarde.*

Modal verbs – *Los verbos modales*

CAN/BE ABLE – *PODER/SABER*

Can se usa para expresar la capacidad de hacer algo. Tiene la misma forma para todas las personas y va seguido del infinitivo del verbo sin «*to*».

+	**He can drive** – *Sabe conducir.*
?	**Can he drive?** – *¿Sabe conducir?*
–	**He can't drive** – *No sabe conducir.*

Can se usa para el presente y *could* para el pasado. Para los demás tiempos se utiliza el verbo *to be able* con el mismo significado. Este verbo existe en todos los tiempos y va seguido del infinitivo del verbo con «*to*».

> **I am able to operate a computer** – *Sé usar el ordenador.*

Can se usa también para pedir o conceder un permiso en contextos informales.

> **Can I take off my shoes?** – *¿Puedo quitarme los zapatos?*

En las situaciones formales es mejor utilizar *may*.
May I disturb you for a moment?
¿Puedo molestarle un momento?

Por último, *can* se usa para expresar la posibilidad de hacer algo.

> **You can ski on those hills (when there is enough snow)** – *En aquellas colinas se puede esquiar (cuando hay suficiente nieve).*

MUST/HAVE TO – *DEBER/TENER QUE*

MUST:

+	**I must go**	– *Debo ir.*
?	**must I go?**	– *¿Debo ir?*
–	**I must not (mustn't) go**	– *No debo ir.*

La forma interrogativa se obtiene invirtiendo el sujeto y el verbo.

HAVE TO:

+	**They have to do it**	– *Deben hacerlo.*
?	**Do they have to do it?**	– *¿Deben hacerlo?*
–	**They don't have to do it**	– *No deben hacerlo.*

THE AFFIRMATIVE FORM – *LA FORMA AFIRMATIVA*

Tanto *must* como *have to* expresan una obligación, pero *must* expresa una obligación impuesta por quien habla, y *have to* expresa una obligación procedente del exterior, es decir, impuesta por una autoridad externa o por las circunstancias.

> **You must do your English homework. (These are my orders)**
> *Tienes que hacer los deberes de inglés (esas son mis órdenes).*
>
> **In some countries young men have to do military service. (The Government obliges them)**
> *En algunos países los jóvenes deben hacer el servicio militar (el gobierno los obliga).*

> Mr Smith <u>has to</u> work very hard. (He has got a wife and 5 children so circumstances oblige him)
> *El Sr. Smith debe trabajar mucho (tiene mujer y 5 hijos, por lo que las circunstancias le obligan).*

En la primera persona esta diferencia es menos importante, por lo que pueden usarse ambas formas.

Es mejor utilizar **have to** cuando se habla de deberes habituales.

> I <u>have to</u> be at the office for 9 o'clock every morning.
> *Debo estar en la oficina a las 9 cada mañana.*

Es mejor utilizar **must** para una obligación importante o urgente.

> I <u>must</u> be at the station at ten. Otherwise, I'll miss the train.
> *Debo estar en la estación a las diez, de lo contrario perderé el tren.*

THE INTERROGATIVE FORM – *LA FORMA INTERROGATIVA*

Para formular preguntas se pueden utilizar ambas formas.

> <u>Do</u> I <u>have to</u> do my homework? / <u>Must</u> I do my homework?
> *¿Debo hacer los deberes?*

Sin embargo, cuando se habla de acciones rutinarias es mejor usar **have to**.

THE NEGATIVE FORM – *LA FORMA NEGATIVA*

En la forma negativa **must** y **have to** tienen significados diferentes.

> You <u>don't have to</u> pay. The show is free.
> *No tienes que pagar. El espectáculo es gratis.*

> You **mustn't** walk on the flower beds in the park.
> *No debes andar sobre los parterres del parque (está prohibido hacerlo).*

Must existe sólo en el tiempo presente. En todos los demás tiempos, para expresar una obligación es preciso utilizar **have to**.

It's six o'clock and Ana has to get up for work.
Son las seis en punto y Ana debe levantarse para ir a trabajar.
She must be at the bus stop for seven o'clock.
Debe estar en la parada del autobús a las siete.
Do you have to work tonight?
¿Tienes que trabajar esta noche?

Exercises – *Ejercicios*

Ejercicio 1. Responda a las preguntas escribiendo los horarios con letra.

What time does Ana have to get up in the morning?
How does she go to work?
What does she have to do in the office?
When does she have a break?
How many hours does Ana work?

Ejercicio 2. ¿Qué hora es? Escriba los horarios con letra.

1. 12.00
2. 06.10
3. 16.30
4. 19.45
5. 05.50
6. 24.00

Ejercicio 3. Complete las frases con la forma correcta de «must» o «have to».

1. I'm going to live in the United States so I .... learn English.
2. It's really very late. We .... go home.
3. It's six o'clock and Ana .... get up for work.
4. You .... pay. It's free of charge.
5. You .... phone me at work. My boss doesn't like it.

Ejercicio 4. Transforme las siguientes frases en preguntas.

Ej.: I go home at seven o'clock. When do you go home?

1. She usually has a drink after work.
2. She goes shopping after work.
3. I must answer the question.
4. The bar is near the office.
5. I have to do my homework.

Ejercicio 5. Escriba un breve párrafo describiendo un día normal.

Ejercicio 6. Complete las frases que siguen utilizando «can», «may» o «can't».

1. Excuse me, sir .... I come in?
2. .... you ride a bicycle?
3. No, I .... ride a bicycle,
4. but I .... ride a horse.
5. .... I have more soup, mum?

UNIT FIVE – UNIDAD CINCO

▶ Text - *Texto*

The evening class – *Las clases nocturnas*

Twice a week Ana goes to the language school in the city centre to learn English.
Ana va dos veces por semana a la escuela de idiomas en el centro de la ciudad para aprender inglés.

On Mondays they usually do reading and pronunciation exercises and for the Wednesday class Thomas always prepares a little vocabulary test and written exercises.
Los lunes hacen algunos ejercicios de lectura y pronunciación, y para la clase de los miércoles Thomas prepara siempre un pequeño test sobre el vocabulario y los ejercicios escritos.

▶ Dialogue - *Diálogo*

Thomas:	Good evening, how are you doing?
	Buenas tardes, ¿cómo le va?
Ana:	Not too bad, but I'm a bit tired and hungry.
	No me va mal, pero estoy un poco cansada y tengo hambre.
Thomas:	Well, have you got any questions?
	Bueno, ¿tienen ustedes preguntas que hacer?
Students:	No, we haven't got any questions.
	No, no tenemos ninguna pregunta.
Thomas:	OK, let's forget about the reading exercise and try to make some conversation instead. It'll help us wake up!
	¡De acuerdo, olvidemos el ejercicio de lectura y, en su lugar, intentemos hacer un poco de conversación para despertarnos!

The group approves his proposal, but they don't know what to talk about.
El grupo aprueba su propuesta, pero los alumnos no saben de qué hablar.
Thomas asks them to describe a funny incident that happened at work.
Thomas les pide que describan un episodio gracioso ocurrido en el trabajo.
Ana is the first to raise her hand.
Ana es la primera en levantar la mano.

Thomas: Ana, your story must be very funny indeed! You're not usually the first to raise your hand! What have you got to tell us?
Ana, ¡tu historia debe de ser verdaderamente cómica! ¡No sueles ser la primera en levantar la mano! ¿Qué tienes que contarnos?

Ana: Well, this is a demonstration of how well new technology works and how easy it is to make a mistake working with the computer.
Bueno, esta es la demostración de lo bien que funcionan las nuevas tecnologías y de lo fácil que es cometer un error cuando se trabaja con el ordenador.

Thomas: Go ahead then! We are all ready and waiting to hear your little story!
¡Entonces, venga! ¡Estamos listos y esperando escuchar tu historia!

Vocabulary - *Glosario*

all	[ɔ:l]	*todos, -as*
at work	[æt wœ:k]	*en el trabajo*
centre	[sentə]	*centro*
city	[siti]	*ciudad*
concert	[kɔnsœrt]	*concierto*
conversation	[kɔnvə'seiʃən]	*conversación*
demonstration	[demɔn'strei:ʃən]	*demostración*
easy	[i:zi]	*fácil, sencillo*
exercise	[æcserzais]	*ejercicio*
first	[fœ:st]	*primero, -a*
funny	[fʌni]	*cómico, -a; divertido*
group	[gru:p]	*grupo (aquí: clase, estudiantes)*
how well	[hau wel]	*lo bien que*
hungry	[hʌŋgri]	*hambriento, -a*
in order to	[in o:də tu]	*para (seguido del infinitivo)*
incident	[insidənt]	*suceso, episodio*
indeed	[in'de:d]	*indudablemente, de verdad*
instead	[in'sted]	*en cambio, en lugar de*
language school	[læŋgidʒ sku:l]	*escuela de idiomas*
little	[litel]	*pequeño*
mistake	[mis'teik]	*error*
new	[niu:]	*nuevo, -a*

popular	[popiula:]	popular
pronunciation	[pronʌnsi'eiʃən]	pronunciación
proposal	[pro'po:zəl]	propuesta, sugerencia
question	[questʃən]	pregunta
quick	[quik]	rápido
reading	[ri:diŋ]	lectura
so	[so:]	tan
some	[sʌm]	algunos; algo de, un poco de
story	[sto:ri]	historia, relato
technology	[tek'nologi]	tecnología
test	[test]	test
the first time	[ðə fœ:st taim]	la primera vez
then	[ðæn]	entonces
ticket	[tiket]	tique
tired	[taiəd]	cansado, -a
to approve	[tu æpru:v]	aprobar, estar de acuerdo
to describe	[tu dis'kraib]	describir
to forget	[tu fə'get]	olvidar
to go ahead	[tu go: æ'hed]	ir hacia delante
to happen	[tu hæpən]	ocurrir
to have got	[tu hæv got]	tener
to hear	[tu hi:ə]	sentir
to let	[tu let]	dejar
to make a mistake	[tu meik ə mis'teik]	equivocarse
to make	[tu meik]	hacer
to prepare	[tu pri'pær]	preparar
to raise ones hand	[tu raiz wʌns hænd]	levantar la mano
to talk about	[tu to:k æbaut]	hablar de
to tell	[tu tel]	contar
to try	[tu trai]	intentar, tratar de
to wait	[tu weit]	esperar
to wake up	[tu weik ʌp]	despertarse
to work	[to wœ:k]	funcionar
twice a week	[twais ə wi:k]	dos veces a la semana
twice	[tuais]	dos veces
usually	[iu:zuəli]	normalmente, habitualmente
vocabulary	[vo'kæbiu:lari]	vocabulario
week	[wi:k]	semana
well	[wel]	entonces
well	[wel]	bien
written	[riten]	escrito, -a

Grammar - *Gramática*

Have got and have - *Tener*

Have got tiene el mismo significado de **have** cuando es utilizado para indicar posesión, pero la forma es muy distinta.
En el inglés hablado, suele usarse **have got**.

I have (got)	*yo tengo*
you have (got)	*tú tienes*
he, she, it has (got)	*él/ella/eso tiene*
we have (got)	*nosotros tenemos*
you have (got)	*vosotros tenéis*
they have (got)	*ellos tienen*

	HAVE	HAVE GOT
+	I have.	I have got (I've got)
?	Do I have?	Have I got?
−	I don't have	I have not got (I haven't got)

I have a lot of money in the bank – *Tengo mucho dinero en el banco.*
Do you have a car? Yes I do / No, I don't – *¿Tienes coche? Sí/No.*
We haven't got a dog – *Nosotros no tenemos perro.*
I've got three sisters – *Tengo tres hermanas.*
Have you got a minute? Yes I have / No, I haven't – *¿Tienes un minuto? Sí/No.*
They haven't got a house. – *Ellos no tienen casa.*

> Tanto en *have* como en *have got* la forma del tiempo pasado para todas las personas es **had**.

Countable and uncountable nouns - *Nombres contables e incontables*

Algunos nombres se denominan «*countable*», es decir, contables, que se pueden contar

a boy – un chico	**two boys** – dos chicos
an egg – un huevo	**two eggs** – dos huevos

y otros se denominan «*uncountable*», incontables:

bread – *pan*; **chocolate** – *chocolate*; **sugar** – *azúcar*

> **Atención**: Algunos nombres contables en español son *uncountable* en inglés y sólo tienen una forma, son invariables. Entre los más comunes recordaremos:
>
> **information** – *información;* **news** – *noticias;* **advice** – *consejo;* **clothes** – *ropa;* **spaghetti** – *espaguetis.*
>
> *Ej.:* **The spaghetti are overcooked** – *Los espaguetis están cocidos.*

Quantitative adjectives – *Adjetivos de cantidad*

SOME AND ANY

Cuando se quiere expresar una cantidad indefinida de algo (sea contable o incontable), se utilizan los adjetivos *some* si la frase es afirmativa y *any* si es interrogativa o negativa.

Con los **nombres contables** el verbo se usa en **plural**:

+ There are some books on the table. – *Hay libros sobre la mesa.*
? Are there any books on the table? – *¿Hay libros sobre la mesa?*
− There aren't any books on the table. – *No hay libros sobre la mesa.*

Con los **nombres incontables** el verbo se usa en **singular**:

+ There is some bread on the table. – *Hay pan en la mesa.*
? Is there any bread on the table? – *¿Hay pan en la mesa?*
− There isn't any bread on the table. – *No hay pan en la mesa.*

> **EXCEPCIONES**
>
> **Would you like some (any) tea?** – *¿Quieres té? (ofrecimiento)*
> **Can I have some (any) wine, please?** – *¿Puedo tomar (un poco de) vino, por favor? (petición)*

MUCH/MANY – MUCH/MANY – *MUCHO, -A, -OS, -AS*

Much se usa delante de los nombres incontables:
We haven't got much milk. – *No tenemos mucha leche.*

Many se usa delante de los nombres contables:
He doesn't have many friends. – *No tiene muchos amigos.*

Estos adjetivos de cantidad son utilizados principalmente en las formas interrogativa y negativa. En la forma afirmativa, suelen ser sustituidos por la expresión *a lot of*.

HOW MUCH/HOW MANY – *CUÁNTO, -A, -OS, -AS*

How much se usa delante de los nombres incontables:
  How much milk have we got? – *¿Cuánta leche tenemos?*

How many se usa delante de los nombres contables:
  How many friends has he got? – *¿Cuántos amigos tiene?*

  I've got a lot of money in the bank. – *Tengo mucho dinero en el banco.*
  Please be quick. I haven't got much time. – *Por favoz, sea rápido. No tengo mucho tiempo.*
  How many bottles of champagne do we need for the party? – *¿Cuántas botellas de champaña necesitamos para la fiesta?*
  How many cakes did you buy? – *¿Cuántas tartas has comprado?*
  How much money have you got in your piggy bank? – *¿Cuánto dinero tienes en tu hucha?*
  How much information do you require? – *¿Cuánta información necesitas?*

The multiplying number – *El número multiplicativo*

Este número indica las veces que está presente algo o las veces que se repite una acción. Los dos primeros números multiplicativos tienen una formación irregular, mientras que los siguientes se forman añadiendo *times* o *-fold* al número cardinal.

once – *una vez*	
twice – *dos veces*	
three times – *tres veces*	
four times – *cuatro veces*	
five times – *cinco veces*	

I go to school once a week. – *Voy a la escuela una vez a la semana.*
He earns twice my salary. – *Gana dos veces mi sueldo (gana dos veces más que yo).*
She calls him about four times every day. – *Lo llama unas cuatro veces al día.*

single – *solo, único*
double – *doble*
triple – *triple*
fourfold – *cuádruple, cuatro veces*
fivefold – *quíntuple, cinco veces*
sixfold – *séxtuple, seis veces*
etcétera

He is drinking a double scotch. – *Está bebiendo un escocés (whisky) doble.*
He wants to receive a fivefold return on his investment. – *Quiere ganar cinco veces su inversión.*

The imperative – *El imperativo*

El imperativo se usa con mucha frecuencia en la primera y la segunda persona y se emplea solamente en las formas positiva y negativa.

El imperativo en primera persona del plural (nosotros) se forma como sigue:

LET + noun/pronoun + infinitive without «to»

+	**Let's go!**	*¡Vamos!*
–	**Let's not go!**	*¡No vamos!*

El imperativo en segunda persona (singular y plural) es igual que el infinitivo sin «to»:

+	singular:	**Go!**	*¡Ve!*
+	plural:	**Go!**	*¡Id!*
–	singular:	**Don't go!**	*¡No vayas!*
–	plural:	**Dont' go!**	*¡No vayáis!*

> El pronombre «**you**» se sobreentiende.
> No existe una forma equivalente de *usted* como fórmula de cortesía.

▶ Exercises – *Ejercicios*

Ejercicio 1. Complete las frases con «has» *o* «have».

1. I'm hungry, ... you got anything to eat?
2. Thomas .... got an idea.
3. The students .... got a lot of questions to ask.
4. We .... got a flat with four rooms.
5. The children .... got new toys.

Ejercicio 2. Formule una pregunta con «how many».

Ej.: They have got two houses. – How many houses have they got?

1. She's got 250 books.
2. I've got two cars.
3. We have got three children.
4. They have got five minutes to catch the train.
5. He hasn't got any questions.

Ejercicio 3. Responda a las siguientes preguntas.

Ej.: Has he got two houses? – Yes, he has. – No, he hasn't.

1. Have you got many friends? (Yes)
2. Has he got a car? (No)
3. Have they got enough money? (No)
4. Have you got any time for me? (Yes)
5. Has she got a big flat? (Yes)

Ejercicio 4. Añada una frase usando «too».

Ej.: I've got a new car. – My friend Fred has got a new car, too.

1. He has got enough money.
2. We have got a house.
3. They have got two big houses.
4. You have got enough time to finish.
5. She has got an interesting job.

Ejercicio 5. Traduzca las siguientes frases.

1. ¡Ven aquí! (to come)
2. ¡Vamos! (to go)
3. ¡Responded a mi pregunta! (to answer a question)
4. ¡Siéntate! (to listen)
5. ¡Dime la verdad! (to tell the truth)
6. ¡Hagamos una pequeña pausa! (to have a little break)

Ejercicio 6. Complete las frases usando «much» o «many» o «a lot».

1. I must go! I haven't got .... time.
2. Mary hasn't got .... friends.
3. How .... money have you got?
4. Peter is very popular. He's got .... friends
5. How .... tickets have you got for the concert?

Ejercicio 7. Complete las frases usando «some» o bien «any».

1. Have you got .... questions?
2. Is there .... coffee left in the pot?
3. I can't take .... photos. I haven't got my camera.
4. Would you like .... wine?
5. I have got .... grammar exercises for you to do.

UNIT SIX – UNIDAD SEIS

▶ Text – *Texto*

New technology and its risks – *Las nuevas tecnologías y sus riesgos*

This is Ana's funny story about the risks involved in new technology.
Esta es la divertida historia de Ana sobre los riesgos que comportan las nuevas tecnologías.

In the office we have new technology systems at our disposal.
En la oficina tenemos a nuestra disposición los nuevos sistemas tecnológicos.
We can communicate with our customers and colleagues via y-mail, fax and phone.
Podemos comunicarnos con nuestros clientes y colegas por e-mail, fax y teléfono.
The electronic mail system has turned out to be particularly efficient and immediate.
En particular, el uso del correo electrónico resulta eficaz e inmediato.
A click on the «Send» button transfers a message within seconds.
Con un clic sobre la tecla «Enviar» se transmite un mensaje en unos segundos.
Unfortunately, it is also easy to make mistakes which can turn out to be amusing or, indeed, dangerous.
Por desgracia, también es fácil cometer errores, lo cual puede resultar divertido o incluso peligroso.
Yesterday I wanted to answer a message from one of my Spanish friends, but instead of clicking on the «Reply» button as usual, I first wrote the letter and then saved it as a normal text document.
Ayer intenté responder a un mensaje de uno de mis amigos españoles, pero en lugar de hacer clic en la tecla «Contestar» como de costumbre, primero escribí la carta y después la guardé como un documento de texto normal.
Then I had to answer a phone call and read another message at the same time.
Luego tuve que contestar al teléfono y leer otro mensaje al mismo tiempo.

I clicked on the «Reply» button, attached the text document and sent the letter to my English colleague and not to my Spanish friend.
Pulsé la tecla «Contestar», adjunté el documento de texto y envié la carta a mi colega inglés y no a mi amigo español.
You can imagine my confusion!
¡Podéis imaginaros mi confusión!
I noticed my mistake at once and felt very embarrassed.
Me di cuenta enseguida de mi error y me dio mucha vergüenza.
Fortunately, I remembered that my English colleague does not understand a single word of Spanish.
Por suerte, me acordé de que mi colega inglés no entiende ni una sola palabra de español.
I phoned him immediately and told him to cancel the message.
Lo llamé inmediatamente para decirle que borrara el mensaje.
What luck that he doesn't understand Spanish!
¡Qué suerte que no sepa español!

Vocabulary - *Glosario*

also	[o:lso:]	*también, además*
amusing	[ə'miu:ziŋ]	*divertido*
another	[æ'nʌθə]	*otro, -a*
as	[æz]	*como*
as usual	[æs iu:ʃuəl]	*como de costumbre*
at work	[æt wœ:k]	*en el trabajo*
but	[bʌt]	*pero*
button	[bʌtn]	*botón, tecla*
colleague	[koli:g]	*colega, compañero*
confusion	[kən'fiu·ʃn]	*confusión*
customer	[kʌstəmə]	*cliente*
dangerous	[dændʒərəs]	*peligroso, -a*
disposal	[dis'po:zəl]	*disposición*
document	[dokiumənt]	*documento*
y-mail	[i:meil]	*e-mail, correo electrónico*
electronic	[elek'tronik]	*electrónico, -a*
fax	[fæcs]	*fax*
first	[fœ:st]	*primero, en primer lugar*
for	[fo:]	*por, para*
friend	[frend]	*amigo*
funny	[fʌni]	*divertido*
head	[hed]	*cabeza*
immediate	[i'mi:deət]	*inmediato*
immediately	[i'mi:deətli]	*inmediatamente, enseguida*

in particular	[in pa:tikiulə]	en particular, en concreto
instead of	[in'sted ɔv]	en lugar de
letter	[lætə]	carta
letter of resignation	[lætə ɔv resig'neiʃən]	carta de dimisión
luck	[lʌk]	suerte
mail	[meil]	correo
message	[mesidʒ]	mensaje
mistake	[misteik]	error, equivocación
new	[niu:]	nuevo, -a
normal	[no:rməl]	normal
office	[ofis]	oficina
one of	[wʌn of]	uno de
phone	[fo:n]	teléfono
phone call	[fo:n ko:l]	llamada telefónica
quick	[quik]	veloz, rápido
risk	[risk]	riesgo
second	[sekond]	segundo
simultaneously	[se'multeini'əsli]	al mismo tiempo, a la vez
single	[singel]	solo, -a; único, -a
story	[sto:ri]	historia, relato
system	[sistəm]	sistema
technology	[tek'nologi]	tecnología
text	[tekst]	texto
text document	[tekst dokiumənt]	documento de texto
that	[ðæt]	que
then	[ðæn]	después, luego; entonces
therefore	[ðer'four]	por eso, por lo tanto
to answer	[tu a:nsə]	contestar, responder
to be embarrassed	[tu bi: em'bærəst]	avergonzarse
to break down	[tu breik daun]	romperse
to calm down	[tu ka:m daun]	calmarse, tranquilizarse
to cancel	[tu kænsəl]	anular, eliminar, borrar
to click on	[tu klik on]	pulsar, hacer clic en
to communicate	[kom'iu:nikeit]	comunicarse
to enclose	[tu en'klouz]	adjuntar; rodear
to explain	[tu ics'plein]	explicar
to feel	[tu fi:l]	sentir
to have at one's disposal	[tu hæv æt uans dis'po:zəl]	tener a disposición tener a mano
to imagine	[tu i'mædʒin]	imaginar
to make a mistake	[tu meik ə misteik]	cometer un error

to notice	[tu noːtis]	notar, darse cuenta de
to read	[tu riːd]	leer
to remember	[tu ri'membə]	recordar
to save	[tu seiv]	guardar; salvar
to send	[tu send]	enviar
to tell	[tu tel]	decir
to transfer	[tu træns'fœː]	transmitir
to turn out (to be)	[tu tœːn aut]	resultar
to understand	[tu ʌnder'stænd]	comprender, saber
to write	[tu rait]	escribir
very	[veri]	muy
via	[como en español]	vía, a través de, por
what luck!	[wot lʌk]	¡Qué suerte!
which	[witʃ]	que (pronombre relativo)
within	[wiθ'in]	dentro de, en
word	[wœːd]	palabra
yesterday	[jestə'dei]	ayer

Grammar - *Gramática*

The genitive - *El genitivo sajón*

Para expresar posesión se usa el apóstrofo seguido de -s.

Ana's story   *el relato de Ana*
my **friend's** car   *el coche de mi amigo*

Con los sustantivos plurales que terminan en -s, se añade sólo el apóstrofo.

my **parents'** house   *la casa de mis padres*
the **boys'** room   *la habitación de los chicos*

Cuando se refiere a cosas, lugares, etc., es mejor usar **of**:

the beginning **of** the film   *el comienzo de la película*
the back **of** the cinema   *la parte trasera del cine*
the name **of** the company   *el nombre de la compañía*
the capital **of** England   *la capital de Inglaterra*

Relative pronouns used in defining relative clauses - *Pronombres relativos usados en las oraciones de relativo específicas*

Una oración de relativo específica es una proposición fundamental para comprender la frase en su conjunto.

> **The boy who won the prize is my friend.**
> El chico que ha ganado el premio es mi amigo.

La frase de relativo es «*who won the prize*». Si se omite, no queda claro de qué chico se está hablando.

Entre un nombre y una frase de relativo no se pone coma.

Los pronombres relativos usados en las frases de relativo específicas cambian según se refieran a personas o a cosas y según sean sujeto o bien complemento de objeto directo o indirecto.

Los pronombres relativos son invariables en género y número.

Pronombres relativos para personas:

Sujeto:	**who, (that)**	*que*
Objeto:	**whom, who, that**	*que*
Posesivo:	**whose**	*cuyo, -a, -os, -as*

Pronombre relativo con preposición

> **The boy who works in the school snack bar is my friend.**
> El chico que trabaja en el bar de la escuela es mi amigo.
> **The boy whom we saw yesterday is Spanish.**
> El chico que vimos ayer es español.
> **Children whose mothers are foreign often speak two languages**
> Los hijos cuyas madres son extranjeras a menudo hablan dos idiomas.
> **This is my boss to whom I am writing a letter of resignation.**
> Es a mi jefe al que le estoy escribiendo una carta de dimisión.

Aunque sea técnicamente correcto, el pronombre relativo objeto **whom** es muy formal y se usa muy poco en la lengua hablada. **Who** o **that** son más comunes; a menudo el pronombre se omite por completo:
The student who/that I met is called Mark.
El estudiante que he visto se llama Marco.
The student I met is called Mark.
El estudiante que he visto se llama Marco.
Whom es muy formal y en la lengua hablada se usa **that** o se omite el pronombre:
The man that I spoke to/The man I spoke to.
El hombre al que he hablado.

PRONOMBRES RELATIVOS PARA COSAS:

Sujeto:	which, that	*que*
Objeto:	which, that	*que*
Posesión:	whose, of which	*cuyo, -a, -os, -as*

PRONOMBRE RELATIVO CON PREPOSICIÓN

This is the ring <u>which/that</u> I keep as a souvenir. (or: this is the ring I keep...)
Este es el anillo que tengo como recuerdo.
The book <u>which/that</u> I am reading is very good. (or: the book I'm reading...)
El libro que estoy leyendo es muy bonito.
Sailing in a boat <u>whose</u> bottom was made of glass would be exciting.
Navegar en un barco cuyo fondo es de vidrio sería excitante.
(Esta forma se sustituye a menudo por **with** + una frase:
Sailing in a boat with a glass bottom would be exciting.
Navegar en un barco con fondo de vidrio sería excitante.)
The car <u>in which</u> she was riding suddenly broke down.
El coche en el que viajaba se paró de repente por una avería.
(En el inglés hablado se diría: **The car she was riding in broke down.**)

Después de *a)* **much, all, every, little, few, no, something, anything, everything, nothing** y *b)* superlativos y palabras similares como **the first, the last, the only** se usa <u>that</u> en lugar de **which**:

<u>Every</u> bus that passed was full of tourists.
Todos los autobuses que han pasado iban llenos de turistas.
Is this <u>the only</u> bus that stops here?
¿Este es el único autobús que para aquí?
<u>The first</u> person that got off the bus was Mr Green, the American tourist.
La primera persona que se ha bajado del autobús ha sido el señor Green, el turista americano.
This English book contains <u>everything</u> [that] you need to know.
Este libro inglés contiene todo lo que necesitas saber.

The past simple. *Regular verbs - El pasado simple. Verbos regulares*

El pasado simple expresa una acción que empieza y termina en el pasado.

I lived in Scotland when I was a child.
Viví en Escocia cuando era pequeño.
I worked in bars when I was a student.
Trabajé en bares cuando era estudiante.

La forma del **past simple** es la misma para todas las personas.

> En inglés está muy clara la diferencia entre **past simple**, que se emplea para las acciones iniciadas y acabadas en el pasado, y **present perfect simple** (véase Unidad 8), utilizado para expresar acciones comenzadas en el pasado que siguen realizándose en el presente y se prolongan en el futuro).
>
> *Viví en Escocia cuando era pequeño.*
> **I lived in Scotland when I was a child.**
>
> *He vivido aquí toda mi vida (y sigo viviendo aquí).*
> **I have lived here all my life.**

LA FORMA AFIRMATIVA

El **past simple** de los verbos regulares se forma añadiendo -ed al infinitivo.

I work**ed**	*trabajé*	we work**ed**	*trabajamos*
you work**ed**	*trabajaste*	you (pl.) work**ed**	*trabajasteis*
he,she,it work**ed**	*trabajó*	they work**ed**	*trabajaron*

LA FORMA INTERROGATIVA

Se forma utilizando «did» (pasado remoto del verbo «to do»), que en español no se traduce:

did I work?	*¿trabajé?*
did you work?	*¿trabajaste?*
did he/she/it work?	*¿trabajó?*
did we work?	*¿trabajamos?*
did you work? (pl.)	*¿trabajasteis?*
did they work?	*¿trabajaron?*

LA FORMA NEGATIVA

Se forma utilizando el **verbo auxiliar** «did» en la forma negativa.

I DID NOT work	**we DID NOT work**
no trabajé	*no trabajamos*
you DID NOT work	**you DID NOT work** (pl.)
no trabajaste	*no trabajasteis*
he/she/it DID NOT work	**they DID NOT work**
no trabajó	*no trabajaron*

En el inglés hablado la forma negativa se contrae del siguiente modo:
I didn't work, **he didn't work,** etc.
No trabajé, *no trabajó*

Yesterday I wanted to answer a message.
Ayer intenté responder a un mensaje.
I clicked on the «Reply» button and attached the text document.
Pulsé la tecla «Reply» y adjunté el documento.

Did your friend read the letter?
¿Tu hermano leyó la carta?
No, he didn't read it. He can't speak Spanish.
No, no la leyó. No sabe hablar español.

Cuando un verbo formado por una sola sílaba tiene una vocal y acaba con una sola consonante, esta consonante se dobla antes de añadir **-ed**.

stop - stopped   **rob - robbed**   **travel - travelled**
parar - parado   *robar - robado*   *viajar - viajado*

The past simple tense. Irregular verb - *El pasado simple.*
Verbos irregulares

Los verbos irregulares cambian sólo en la forma positiva.

TO SAY – DECIR

I said that	Did I say that?	I didn't say that.
Dijo que	*¿Yo dije eso?*	*No dije eso.*

Algunos ejemplos de verbos irregulares tomados del diálogo:

to write	wrote	*escribir*	*escribí*
to send	sent	*enviar*	*envié*
to make	made	*hacer*	*hice*
to read	read	*leer*	*leí*
to tell	told	*contar*	*conté*

The past simple of to have, to be and to do - *El pasado simple de los verbos «to have», «to be» y «to do»*

TO HAVE	TO BE	TO DO
I had	I was	I did
tuve	*fui/estuve*	*hice*
you had	you were	you did
tuviste	*fuiste/estuviste*	*hiciste*

TO HAVE	TO BE	TO DO
he, she, it had	he, she, it was	he, she, it did
tuvo	*fue/estuvo*	*hizo*
we had	we were	we did
tuvimos	*fuimos/estuvimos*	*hicimos*
you had	you were	you did
tuvisteis	*fuisteis/estuvisteis*	*hicisteis*
they had	they were	they did
tuvieron	*fueron/estuvieron*	*hicieron*

Forma abreviada (negación):

I hadn't,	you weren't,	he didn't
no tuve	*no fuiste/estuviste*	*no hizo*

En lo que se refiere al verbo **to be**, no se usa el auxiliar **to do** para las formas interrogativa y negativa.

Were you here yesterday?   *¿Estuviste aquí ayer?*
Was he happy to see you?   *¿Se alegró de verte?*
No, he wasn't very happy to see me.   *No, no se alegró mucho de verme.*

▶ Exercises – *Ejercicios*

Ejercicio 1. Complete las frases usando el genitivo.

Ej.: My brother............... wife is very nice. – My **brother's** wife is very nice.

1. Tom................ girlfriend works in a snack bar.
2. Mr Miller............... house is very big.
3. The teachers .... books are on the desk.
4. My father............... bike is old.
5. The children............... shoes are under the bed.

Ejercicio 2. Complete las frases con el adjetivo posesivo correcto («my, your, his, her, its, our, your, their»).

Ej.: My brother's wife is very nice. – **His** wife is very nice.

1. My mother's sister is very pretty.
2. Tom's son is a bit crazy.
3. The children's answers are funny.
4. My uncle's job is very interesting.
5. Ana's friend is from Vigo.

Ejercicio 3. Transforme las respuestas del Ejercicio 1 en preguntas usando el adjetivo posesivo «whose».

Ej.: Whose wife is very nice? – **My brother's** wife is very nice.

Ejercicio 4. Usando las palabras subrayadas, trasforme las frases siguientes en preguntas con el pronombre o el adjetivo interrogativo correcto.

Ej.: Who is very nice? – My brother's wife.

1. She works in a snack bar.
2. The house is very big.
3. The books are on the desk.
4. The bar is in front of *(frente a)* the railway station.
5. She arrived at ten o'clock.

Ejercicio 5. Complete las frases usando las siguientes preposiciones: «on» (sobre, en), «under» (bajo, debajo de), «in» (en), «at» (a, en), «behind» (tras, detrás de), «in front of» (ante, delante de).

Ej.: The snack bar is **in** London.

1. She lives ………..…. Madrid.
2. Our books are …….......... the bed.
3. The children are ……........... school.
4. The dictionary is ….............. the desk.
5. The school is ……........... of the railway station.

Ejercicio 6. Formula preguntas en pasado

Ej.: He enjoyed his holiday. – Did he enjoy his holiday?

1. We wanted to go home.
2. The student answered the teacher's question.
3. The tourist wanted to visit the British Museum.
4. Yesterday my colleague arrived late.

Ejercicio 7. Inserte el pronombre relativo.

Ej.: The man **who** spoke to me is my boss.

1. The friend ……........... I phoned yesterday works in a snack bar.
2. The book ……........... we have to read for tomorrow is very boring *(aburrido)*.
3. The dictionary ……............. is on the desk belongs *(pertenecer)* to the new teacher.
4. The message ……............ I sent to my Spanish friend never *(nunca)* reached him.

Ejercicio 8. *Ponga en forma negativa las frases siguientes.*

1. She answered his question.
2. They found (to find, found, found – *encontrar*) the railway station.
3. He worked hard.
4. Yesterday I arrived late at the office.
5. We watched television last night.

Ejercicio 9. *Describa lo que hizo ayer. Comience así:*

«Yesterday I didn't wake up in time, I got up late .....»

Verbos útiles:
to wake up, woke, woken *(despertarse)*
to get up, got, got *(levantarse)*
to have breakfast, had, had *(desayunar)*
to dress, dressed, dressed *(vestirse)*
to leave the house, left, left *(salir de casa)*
to take the bus, took, taken *(tomar el autobús)*
to arrive at the office, arrived, arrived *(llegar a la oficina)*
to write letters, wrote, written *(escribir cartas)*
to answer phone calls, answered, answered *(responder al teléfono)*
to have lunch, had, had *(comer, almorzar)*
to be very tired in the afternoon, was/were, been *(estar muy cansado por la tarde)*
to go home after work, went, gone *(volver a casa después del trabajo)*
to listen to the radio for a while, listened, listened *(escuchar la radio un rato)*
to phone some friends, phoned, phoned *(llamar a algún amigo)*
to have a little snack, had, had *(tomar un bocado)*
to watch the news, watched, watched *(ver la televisión)*
to go to bed early, went, gone *(acostarse temprano)*
to fall asleep at once, fell, fallen *(dormirse enseguida)*

Ejercicio 10. *Formule preguntas con «when» o «at what time».*

Ej.: At what time did you get up this morning?

1. He left (to leave, left, left – *salir*) the house ten minutes ago.
2. She answered the letter yesterday.
3. We tried to phone you at nine o'clock.
4. She typed the letters after work.
5. I had supper (to have supper, had, had – *cenar*) at half past eight.
6. He died this morning (to die, died, died – *morir*).
7. The new secretary started work three hours ago.
8. Bill repaired (to repair, repaired, repaired – *reparar*) the car last Thursday.
9. They met (to meet, met, met – *conocer*) him last night.
10. She arrived in Madrid an hour ago.

UNIT SEVEN – UNIDAD SIETE

Text – *Texto*

The Better Man – *El mejor hombre*

Another student tells what happened to his best friend who has got some problems with the new sales manager.
Otro estudiante cuenta lo que le sucedió a su mejor amigo, que tuvo algún problema con el nuevo director comercial.

George is in the office. He is very angry. He is talking to a colleague:
George está en la oficina. Está muy enfadado. Se encuentra hablando con un compañero.
«I can't understand why that fellow Paul is now office manager.
«No consigo comprender por qué ese tal Paul se ha covertido en jefe de oficina,
I work overtime every day.
Yo hago horas extraordinarias todos los días.
He never works overtime.
Él no las hace nunca.
I sometimes even take work home over the weekend.
Además, de vez en cuando me llevo trabajo a casa para el fin de semana.
I speak two foreign languages.
Yo hablo dos lenguas extranjeras.
He doesn't speak any foreign languages at all.
Él no habla ni siquiera una.
I read the *Financial Times* every day.
Yo leo el Financial Times *todos los días.*
Paul only reads the *Sun*.
Paul lee solamente el Sun.
I work like a dog from morning to night and often on Saturdays too.
Yo trabajo como un perro de la mañana a la noche y a menudo también el sábado.

That fellow only drinks gallons of coffee, smokes dozens of cigarettes and flirts with the girls.
Ese sujeto se bebe galones de café, se fuma docenas de cigarrillos y flirtea con las chicas.

When I study our sales figures and production programs, he studies the football results.
Mientras yo estudio nuestros datos relativos a las ventas y los programas de producción, él estudia los resultados de fútbol.

When I go to night school, he goes to the cinema.
Mientras yo voy a la escuela nocturna, él va al cine.

But now he's office manager, and I'm not. I don't understand it.»
Pero ahora él se ha convertido en jefe de oficina y yo no. No lo entiendo.»

«Be careful, George – says his colleague –, you're talking about the boss's future son-in-law!»
«¡Ten cuidado, George —dice su colega—, estás hablando del futuro yerno del jefe!»

▶ Vocabulary – *Glosario*

also	[oːlso]	*también, además*
angry	[æŋgri]	*enfadado, -a*
another	[æˈnʌðer]	*otro, -a*
boss	[bos]	*jefe*
careful	[kærful]	*atento, -a, cuidadoso, -a*
cigarette	[sigəret]	*cigarrillo*
cinema	[sinəpero]	*cine*
coffee	[kofi]	*café*
dozens	[dʌzəns]	*docenas*
every day	[evri de los]	*cada día, todos los días*
fellow	[felou]	*tipo, chico, sujeto*
Financial Times	[faiˈnænʃel taimz]	*(periódico financiero)*
football results	[futˈboːl riˈzʌlts]	*resultados de fútbol*
football	[futˈboːl]	*fútbol*
foreign language	[fɔˈrən læŋguidʒ]	*lengua extranjera*
from morning to night	[frɔm mɔrniŋ tu nait]	*de la mañana a la noche*
future	[fiutʃəː]	*futuro, -a*
gallon	[gælən]	*galón*
girl	[gœːl]	*chica*
he is talking	[hiː iz toːkiŋ]	*está hablando*
never	[nevə]	*nunca*
night school	[nait skuːl]	*escuela nocturna*

not at all	[nɒt æt ɔːl]	ni siquiera uno/una
office manager	[ɔfis mænədʒəː]	jefe de oficina
often	[ɔfen]	a menudo
only	[ɔːnli]	sólo, solamente
problem	[prɔblem]	problema
production programme	[proˈdʌkʃən proːˈgræm]	programa de producción
sales figures	[seils figərs]	datos relativos a las ventas, facturación
sales manager	[seils mænədʒə]	director comercial
some	[sʌm]	algunos, -as
sometimes	[sʌmtaimz]	de vez en cuando
son-in-law	[sʌn in lɔː]	yerno
that	[ðæt]	ese, -a
The Sun	[ðæ sʌn]	(prensa amarilla)
to be careful	[tu biː kærful]	tener cuidado, prestar atención
to drink	[tu driŋk]	beber
to flirt with	[tu flœːt wiθ]	flirtear
to happen	[tu hæpən]	suceder, pasar, ocurrir
to read	[tu riːd]	leer
to smoke	[tu smouk]	fumar
to speak	[tu spiːk]	hablar
to study	[tu stʌde]	estudiar
to talk about	[tu tɔːk æˈbaut]	hablar de
to work like a dog	[tu wœːk laik æ dog]	trabajar como un perro
to work overtime	[tu wœːk oːvətaim]	hacer horas extraordinarias
weekend	[wiːkend]	fin de semana
when	[wen]	cuando
why	[wai]	por qué

Grammar - *Gramática*

Adverbs of frequency - *Adverbios de frecuencia*

Estos adverbios se ponen siempre **después** de los tiempos simples del verbo «**to be**».

He is always on time. – *Es siempre puntual.*

Pero **antes** de los tiempos simples de todos los demás verbos.

He always works overtime. – *Hace siempre horas extraordinarias.*

Positive form – *Forma positiva*

SUJETO	ADVERBIO DE FRECUENCIA	VERBO	COMPLEMENTO OBJETO Y/O ADVERBIO
Paul	never	works	overtime
I	always	take	work home
I	usually	leave	the office at seven o'clock
He	never	works	overtime
We	often	work	on Saturdays

Interrogative form – *Forma interrogativa*

INTERROGATIVA	VERBO AUXILIAR	SUJETO	ADVERBIO DE FRECUENCIA	VERBO
Why	do	you	always	arrive late?
Why	does	he	never	arrive on time?
Where	do	they	always	go on Sundays?

Demonstrative adjective – *El adjetivo demostrativo*

El adjetivo demostrativo indica personas u objetos concretos y precede a un sustantivo. Es el único adjetivo que concuerda con el nombre respectivo, aunque sólo en número.

SINGULAR	PLURAL
this – *este, -a*	these – *estos, estas*
that – *ese, -a; aquel, aquella*	those – *esos, -as; aquellos, -as*

Atención: *this* se refiere a una persona o un objeto que está cerca de quien habla, y *that* se refiere a una persona o un objeto alejado de quien habla.

This young man is my new colleague.
Este chico es mi nuevo colega.
These photos are very nice.
Estas fotos son muy bonitas.
That man over there is my uncle.
Aquel hombre es mi tío.
Do you see those children? They are my cousins.
¿Ves aquellos niños? Son mis sobrinos.

The demonstrative pronoun – *El pronombre demostrativo*

Indica personas u objetos precisos y sustituye a un sustantivo.

This is my brother. His name is Thomas.
Este es mi hermano. Se llama Thomas.
You helped Peter a lot. I didn't know that.
Ayudaste mucho a Peter. No lo sabía.
What is that? It's a CD-Rom.
¿Qué es eso? Es un CD-Rom.

USE OF THE DEMONSTRATIVE PRONOUN WITH ONE/ONES –
USO DEL PRONOMBRE DEMOSTRATIVO CON «ONE/ONES»

Cuando se quiere expresar un concepto de comparación o elección, estos demostrativos suelen ir seguidos del pronombre *one/ones*, pero es obligatorio sólo cuando el demostrativo va seguido de un adjetivo. En español no se traduce.

That dress is too big. I'll buy this (one).
Ese vestido es demasiado grande. Compraré este.
Don't carry those heavy boxes. Carry this light one.
No lleves esas cajas pesadas. Lleva esta ligera.

> En el primer ejemplo el uso de **one** es facultativo, mientras que en el segundo es obligatorio.

The past continuous tense - *El tiempo pasado continuo*

Normalmente se utiliza el **pasado continuo** para expresar una acción realizada en el pasado que tuvo cierta duración o continuidad.

I met him while I was teaching in London.
Lo conocí cuando enseñaba en Londres.

Se forma con el pasado del verbo «**to be**» + el **gerundio** del verbo que expresa la acción.

+	He was working.	*Estaba trabajando.*
–	Was he working?	*¿Estaba trabajando?*
?	He was not (wasn't) working.	*No estaba trabajando.*

La actividad comienza antes que la acción expresada por el **pasado simple**:

PAST CONTINUOUS	PAST SIMPLE
He was cooking dinner	when we arrived.
Estaba cocinando la cena	*cuando llegamos.*

La actividad ya estaba en curso en ese momento del pasado, y en algunos casos continúa después:

PAST SIMPLE	PAST CONTINUOUS
When I got up this morning, Cuando esta mañana me levanté,	it was raining. estaba lloviendo.

I learned Spanish while I was living in Madrid.
Aprendí español cuando vivía en Madrid.
Did you meet your husband while you were living in Madrid?
¿Conociste a tu marido cuando vivías en Madrid?
I was having a bath when the phone rang.
Estaba dándome un baño cuando sonó el teléfono.
What were you doing at three o'clock this afternoon?
¿Qué estabas haciendo esta tarde a las tres?
He wasn't working when he met his wife.
No trabajaba/estaba trabajando cuando conoció a su mujer.
Was he working when he met his wife?
¿Trabajaba/estaba trabajando cuando conoció a su mujer?

Exercises – *Ejercicios*

Ejercicio 1. Responda a las siguientes preguntas usando el presente continuo.

1. What is Ana doing? (to learn English)
2. What's George doing? (to talk to a colleague)
3. What are the students doing? (to take a test)
4. What are Robert and Mark doing? (to play football)
5. What am I doing? (to write a book)

Ejercicio 2. Convierta las siguientes frases en pasado simple.

1. George is in the office.
2. He is very angry.
3. I work overtime every day.
4. I sometimes take work home.
5. I read the Financial Times every day.
6. That fellow drinks coffee and smokes cigarettes.
7. I study our sales figures and production programs.

Ejercicio 3. Complete las frases siguientes con el tiempo correcto: present simple or present continuous?

1. In Spanish companies the staff .... long hours. (to work)
2. At the moment we .... an English lesson. (to have)

3. He's fat because he .... a lot. (to eat)
4. John's tired. He .... in the bedroom. (to have a rest)
5. Mateo often .... abroad for his company. (to travel)

Ejercicio 4. Elija el verbo correcto entre los siguientes y conjúguelo en pasado simple.

to have; to meet; to swim; to see; to go; to come; to invite; to drive; to get up

Yesterday morning I .... on an excursion to the sea side. I .... some friends to come with me. I .... at 6.30 in the morning and .... them in at bar near my home. We .... to the sea side in my car. We .... a lot of beautiful and interesting things. We .... in the sea and .... lunch in a café on the beach. We .... home in the evening, tired but happy.

Ejercicio 5. Conteste: What were you doing when the phone rang? *(¿Qué estabas haciendo cuando sonó el teléfono?)*

1. to read a book
2. to listen to the radio
3. to repair the car *(arreglar el coche)*
4. to write a letter
5. to prepare lunch *(preparar la comida)*

Ejercicio 6. Traduzca las siguientes frases al inglés.

1. ¡Espera un momento, estoy hablando con mi colega!
2. ¡Hagamos una pequeña pausa!
3. No comprendo la decisión de mi jefe.
4. Ana está escribiendo una carta.
5. ¿Debo contestar?
6. Estaba leyendo el periódico cuando sonó el teléfono.
7. Lo llamé enseguida.
8. Ayer no fui a la oficina.
9. Queremos salir pronto.
10. Es muy fácil equivocarse.
11. ¿Puedes imaginar la situación?
12. ¡Qué suerte!
13. Tienen todos los sistemas de las nuevas tecnologías a su disposición.
14. ¡Este es muy divertido!
15. Se dio cuenta enseguida de su equivocación.
16. Les dije que borraran el mensaje.

UNIT EIGHT – UNIDAD OCHO

▶ Dialogue – *Diálogo*

Too dangerous – *Demasiado peligroso*

The boss calls a young clerk in his office.
El jefe llama a un joven empleado a su despacho.

Boss: You're very interested in your work, aren't you?
Estás muy interesado en tu trabajo, ¿verdad?
Clerk: Yes, I am, Sir.
Sí, señor.
Boss: In fact, you've got an unusual talent for this kind of work, haven't you?
Desde luego tienes un talento insólito para este tipo de trabajo, ¿no es así?
Clerk: Well, you're very kind, Sir.
Bueno, es muy amable de su parte.
Boss: You're punctual and reliable, aren't you?
Eres puntual y de confianza, ¿verdad?
Clerk: Well, I do my best, Sir.
Lo hago lo mejor posible, señor.
Boss: You work overtime every day, don't you?
Haces horas extraordinarias todos los días, ¿verdad?
Clerk: Yes, that's true, Sir.
Sí, es verdad, señor.
Boss: And sometimes you work on Saturday mornings, too, don't you?
Y algunas veces trabajas también el sábado por la mañana, ¿no es así?
Clerk: Yes, that's true, Sir.
Sí, es verdad, señor.
Boss: You want to learn as much as possible about the business, don't you?
Quieres aprender todo lo posible de este oficio, ¿no es verdad?

Clerk: Yes, I try to learn as much as I can, Sir.
Sí, intento aprender todo lo que puedo.
Boss: You go to night school twice a week, don't you?
Asistes a clases nocturnas dos veces por semana, ¿no es así?
Clerk: Yes, I do, Sir.
Sí, señor.
Boss: And you already know most of the important computer programs, don't you?
Y conoces la mayor parte de los principales programas de ordenador, ¿no es verdad?
Clerk: Yes, I do, Sir.
Sí, los conozco.
Boss: You're much better at your job than many of the other clerks who have been here for many years, aren't you?
Eres mejor en tu trabajo que muchos otros empleados que trabajan aquí desde hace muchos años, ¿no es así?
Clerk: Well, I don't know, Sir...
Bueno, yo no sabría...
Boss: And you expect a promotion and a rise soon, don't you?
Y esperas una rápida promoción y un aumento, ¿no es así?
Clerk: Well, yes, Sir...
Bueno, sí...
Boss: I'm sorry, but I'll have to disappoint you, young man.
Lo siento, pero tengo que decepcionarte, chico.
I'm forced to fire you.
Me veo obligado a despedirte.
I've often had clever fellows like you.
Me ha ocurrido a menudo tener chicos inteligentes como tú.
They learn here, and then they leave us and start working with a rival company.
Aprenden aquí y luego me dejan y se van a trabajar con una empresa de la competencia.

Vocabulary - *Glosario*

aren't you?	[aːnt juː]	*¿verdad?*
as much as possible	[æz mʌtʃ æz posibəl]	*todo lo posible*
better than	[betə ðæn]	*mejor que*
better	[betəː]	*mejor*
business	[biznəs]	*negocios; profesión*
clerk	[klaːk]	*empleado*
company	[kɔmpəni]	*empresa, sociedad*
computer programmes	[komˈpiuːtə proːgræms]	*programas de ordenador*
dangerous	[dæŋgərəs]	*peligroso*
don't you?	[dont juː]	*¿no es así?*

every day	[evri de los]	*todos los días, cada día*
important	[im'pɔːrtənt]	*importante*
in fact	[in fæct]	*en efecto, desde luego*
kind of	[kaind ov]	*tipo de, clase de*
kind	[kaind]	*amable*
like you	[laik juː]	*como tú*
like	[laik]	*como*
man	[mæn]	*hombre*
most of	[moːst ov]	*la mayor parte de*
much better	[mʌtʃ betə]	*mucho mejor*
night school	[nait skuːl]	*escuela nocturna*
other	[ʌðə]	*otro,-a*
promotion	[pro'moːʃən]	*promoción*
punctual	[pʌnctʃuəl]	*puntual*
reliable	[riːˈlaiəbəl]	*de confianza*
rise	[raiz]	*aumento*
rival	[raivəl]	*competidor, rival*
sometimes	[sʌmtaims]	*a veces, algunas veces, de vez en cuando*
talent	[tælənt]	*talento*
to be forced (to do s.th.)	[tu biː foːst]	*estar/verse obligado (a hacer algo)*
to be interested in	[tu biː intristəd in]	*interesarse por; estar interesado en*
to call	[tu koːl]	*llamar*
to disappoint	[tu disəpoint]	*decepcionar*
to do one's best	[tu duː uʌns best]	*hacerlo lo mejor posible*
to expect	[tu ics'pect]	*esperar, esperarse algo*
to fire	[tu faiə]	*despedir, dejar en casa*
to go to night school	[tu goː tu nait skuːl]	*asistir a clases nocturnas*
to know	[tu noː]	*conocer*
to learn	[tu lœrn]	*aprender*
to leave	[tu liːv]	*dejar*
to start	[tu estáːrt]	*empezar, comenzar*
to try	[tu trai]	*intentar*
to want	[tu wont]	*querer*
to work overtime	[tu wœːk ouvətaim]	*hacer horas extraordinarias*
too	[tuː]	*también*
too	[tuː]	*demasiado*

true	[tru:]	verdad
twice a week	[tuais æ wi:k]	dos veces por semana
twice	[tuais]	dos veces
unusual	[ʌniu:ʒuəl]	insólito, inusual
well	[wel]	bueno, entonces
who	[hu:]	que (pronombre relativo)
work	[wœ:k]	trabajo
young man	[jʌŋ mæn]	chico
young	[jʌŋ]	joven

Grammar - *Gramática*

Tag questions

La lengua inglesa tiene una particularidad en la formación de algunas preguntas, que radica en que a la pregunta propiamente dicha se añade la llamada *tag question*, que equivale a «¿verdad?», «¿no es verdad?», «¿es así?», «¿no es así?» en el español hablado y que consiste en la repetición del sujeto y del verbo auxiliar en la forma opuesta a la presente en la frase principal. Con esta adición se espera una confirmación del contenido de la pregunta.

El sujeto de la **tag question** es siempre un pronombre, nunca un nombre: **isn't he? aren't you?**

Cuando la frase es positiva la **tag question** es negativa.
Cuando la frase es negativa la **tag question** es positiva.
El tiempo de la **tag question** depende del tiempo del verbo principal.

+	You're English, aren't you?	You've got three brothers, haven't you?
	Eres inglés, ¿verdad?	*Tienes tres hermanos, ¿verdad?*
−	You're not Spanish, are you?	You haven't got any sisters, have you?
	No eres español, ¿verdad?	*No tienes hermanas, ¿verdad?*

Con los verbos **to be, to have** (y los compuestos que contienen **to be, to have**), **can, will, should, must** el verbo se repite en la **tag question**.

> She is going to come to the party, **isn't she?** *Vendrá a la fiesta, ¿no es verdad?*
> They can't swim, **can they?** *No saben nadar, ¿verdad?*
> You've been abroad, **haven't you?** *Ha estado en el extranjero, ¿verdad?*
> We should have listened, **shouldn't we?** *Habríamos debido escuchar, ¿verdad?*
> You will be able to come to the party, **won't you?** *Podrás venir a la fiesta, ¿verdad?*
> He won't be late, **will he?** *No se retrasará, ¿verdad?*
> You weren't very careful, **were you?** *No has estado muy atento, ¿verdad?*

Con todos los demás verbos, se usa el verbo auxiliar **to do**:

You often work overtime, <u>don't you</u>? *Haces horas extraordinarias a menudo, ¿verdad?*
She lives abroad, <u>doesn't she</u>? *Vive en el extranjero, ¿verdad?*
You didn't go to the conference, <u>did you</u>? *No has ido a la conferencia, ¿verdad?*
They met once a week, <u>didn't they</u>? *Se veían una vez a la semana, ¿verdad?*

Once a week- *Una vez a la semana/por semana*

Tom goes to the cinema <u>once</u> a week, doesn't he? *Tom va al cine <u>una vez</u> a la semana, ¿verdad?*
Ann goes shopping <u>twice</u> a week, doesn't she? *Ana va a hacer la compra <u>dos veces</u> por semana, ¿verdad?*
The children go swimming <u>three times</u> a week, don't they? *Los niños van a nadar <u>tres veces</u> por semana, ¿verdad?*
My friend goes to night school <u>four times</u> a week. *Mi amigo va a la escuela nocturna <u>cuatro veces</u> a la semana.*

Prepositions – *Preposiciones*

OF – *DE*

He smokes dozens <u>of</u> cigarettes. *Fuma docenas <u>de</u> cigarrillos al día.*
I lived in a suburb <u>of</u> Madrid. *Viví en la periferia <u>de</u> Madrid.*
It's the beginning <u>of</u> spring. *Es el comienzo <u>de</u> la primavera.*
It's only a question <u>of</u> organization. *Es sólo una cuestión <u>de</u> organización.*
What do you think <u>of</u> me? *¿Qué piensas <u>de</u> mí?*
She must get a new pair <u>of</u> shoes. *Necesita un nuevo par <u>de</u> zapatos.*
We always drink a lot <u>of</u> beer in the evening. *Bebemos siempre mucha cerveza por la noche.*
I would like a glass <u>of</u> red wine, please. *Querría un vaso <u>de</u> vino tinto, por favor.*
Last year we had a lot <u>of</u> sunshine in April. *En abril del año pasado había mucho sol.*
He showed me a photo <u>of</u> his family. *Me ha enseñado una foto <u>de</u> su familia.*

The present perfect simple – *El pretérito perfecto*

Se usa el **present perfect simple** para expresar una acción comenzada en el pasado que continúa en el presente y puede seguir en el futuro.

Se forma con **HAVE + participio pasado**

El participio pasado de los verbos regulares es exactamente igual al pasado simple:

worked – *trabajado*   **lived** – *vivido*   **loved** – *amado*

FORMA POSITIVA

SUJETO	HAVE + PARTICIPIO PASADO	COMPLEM./ADV.
I	have lived	here all my life (and I still live here now).
Yo	he vivido	aquí toda mi vida (y todavía vivo aquí).

FORMA INTERROGATIVA

HAVE	SUJETO	PARTICIPIO PASADO	COMPLEM./ADV.
Have	you	finished	your English homework?
¿Has	(tú)	acabado	tus deberes de inglés?

FORMA NEGATIVA

SUJETO	HAVE NOT	PARTICIPIO PASADO	COMPLEM./ADV.
No, I	haven't	finished	it yet.
No,	(yo) no	lo he acabado	todavía.

El participio pasado de los verbos irregulares debe estudiarse de memoria. A continuación se expone el pretérito perfecto de los dos verbos irregulares más usados.

TO BE (SER/ESTAR)	TO HAVE (TENER)
I have been (I've been)	I have had (I've had)
he sido/estado	he tenido
you have been (you've been)	you have had (you've had)*
has sido/estado	has tenido
he/she/it has been (he's been)	he/she/it has had (she's had)
ha sido/estado	ha tenido
we have been (we've been)	we have had (we've had)
hemos sido/estado	hemos tenido
you (pl.) have been	you (pl.) have had
habéis sido/estado	habéis tenido
they have been (they've been)	they have had (they've had)
han sido/estado	han tenido

The present perfect with «for» and «since» – *El pretérito perfecto con «for» y «since»*

Se usa el pretérito perfecto cuando se expresa la duración de una acción hasta el momento presente.

For indica la duración en el tiempo «hasta el presente».

Since indica un tiempo «de un momento particular en el tiempo hasta ahora».

I have been here since Christmas. (and I am still here)
Estoy aquí desde Navidad. (todavía sigo aquí)
I have had my car for four years. (and I still have it now)
Tengo este coche desde hace cuatro años. (todavía lo tengo)
I have been married for 10 years. (and I still am)
Estoy casado desde hace 10 años. (todavía lo estoy)

> **For** se puede usar con el **past simple** y con el **present perfect**. Sin embargo, **since** se usa <u>sólo</u> con el **present perfect**.

The present perfect with «ever»/«never» – *El pretérito perfecto con «ever»/«never»*

Se usa el **present perfect** cuando se habla de experiencias en la vida sin precisarlas temporalmente.

Have you ever been to the United States? (in your life)
¿Has estado alguna vez en Estados Unidos? (en tu vida)
Yes, I have been there twice. (in my life, without stating when)
Sí, he estado dos veces. (en mi vida, sin precisar cuándo)
No, I have never been there. (in my life)
No, no he estado nunca. (en mi vida)

The present perfect with «yet»/«already»/«just» – *El pretérito perfecto con «yet»/«already»/«just»*

Just y **already** se usan en frases afirmativas, y se colocan entre **have** y el **participio pasado**. **Yet** se usa en frases interrogativas y negativas, y se coloca al final de la frase.

Have you done your English homework <u>yet</u>?
¿Has hecho ya los deberes de inglés?
No, I haven't done it <u>yet</u>.
No, no los he hecho todavía.
Yes, I have <u>already</u> done it. (I have completed it but I don't say when)
Sí, ya los he hecho. (los he terminado pero no digo cuándo)
Yes, I have <u>just</u> done it. (immediately before speaking)
Sí, acabo de hacerlos. (justo antes de hablar)

The present perfect with the resultative past – *El pretérito perfecto con el «resultative past»*

Se usa el **present perfect** para describir una acción que ya ha terminado pero cuyos efectos están todavía presentes.

Why are you crying?   ¿Por qué estás llorando?
I've just fallen off my bike.   *Acabo de caerme* de la bicicleta.

> Para indicar **CUÁNDO** tiene lugar una acción o un momento concreto se usa el **past simple**.
> **I went to the United States last year/in 1995/two years ago.**
> *Fui a Estados Unidos el año pasado/en 1995/hace dos años.*
>
> Para hablar de acciones acabadas se usa el **past simple**.
> **He was married for 10 years.** (but now he is divorced)
> *Se casó hace 10 años. (pero ahora está divorciado)*
> **I lived in España for many years.** (but I no longer live there)
> *Viví en España durante muchos años. (pero ya no vivo allí)*
>
> El **past simple** suele ir acompañado de expresiones de tiempo como **yesterday** (*ayer*), **last week, month, year** (*la semana pasada, el mes pasado, el año pasado*), **an hour, two days, a week, a month, a year ago** (*hace una hora, dos días, una semana, un mes, un año*), **in 1977** (*en 1977*).

SOME IRREGULAR VERBS – *ALGUNOS VERBOS IRREGULARES*
(*DEBEN APRENDERSE DE MEMORIA*)

INFINITIVO	PASADO REMOTO	PASADO PRÓXIMO	
to be	was/were	been	*ser*
to bring	brought	brought	*traer, llevar*
to buy	bought	bought	*comprar*
to come	came	come	*venir*
to do	did	done	*hacer*
to drink	drank	drunk	*beber*
to drive	drove	driven	*conducir*
to eat	ate	eaten	*comer*
to find	found	found	*encontrar*
to fly	flew	flown	*volar*
to forget	forgot	forgotten	*olvidar*
to get	got	got	*recibir*
to give	gave	given	*dar*
to go	went	gone	*ir*
to have	had	had	*tener*
to hear	heard	heard	*sentir*
to know	knew	known	*saber, conocer*
to learn	learnt	learnt	*aprender, enterarse de*
to leave	left	left	*dejar*
to lend	lent	lent	*prestar*
to let	let	let	*dejar, permitir*
to lie	lay	lain (down)	*echarse, estar tumbado*

Infinitivo	Pasado Remoto	Pasado Próximo	
to make	made	made	*hacer*
to mean	meant	meant	*querer decir, significar*
to meet	met	met	*encontrar, verse con, conocer*
to put	put	put	*meter*
to read	read	read	*leer*
to ring	rang	rung	*sonar*
to say	said	said	*decir*
to see	saw	seen	*ver*
to send	sent	sent	*enviar, mandar*
to show	showed	shown	*mostrar*
to sit	sat	sat	*sentarse, estar sentado*
to speak	spoke	spoken	*hablar*
to spend	spent	spent	*pasar, gastar, necesitar*
to take	took	taken	*tomar*
to tell	told	told	*contar, decir*
to think	thought	thought	*pensar, creer*
to understand	understood	understood	*comprender*
to write	wrote	written	*escribir*

The future «will» – *El futuro «will»*

El futuro con **will** se forma así: **will** + **infinitivo** (sin **to**). Esto sirve para todos los verbos, incluidos los irregulares, y todas las personas del verbo.

FORMA AFIRMATIVA

I will go	*iré*
you will go	*irás*
he, she, it will go	*irá*
we will go	*iremos*
you will go	*iréis*
they will go	*irán*

FORMA INTERROGATIVA

will I go	*¿iré?*
will you go	*¿irás?*
will he, she, it go	*¿irá?*
will we go	*¿iremos?*
will you go	*¿iréis?*
will they go	*¿irán?*

FORMA NEGATIVA

I will not go (I won't go)	*no iré*
you will not go (you won't go)	*no irás*
he, she, it will not go (he won't go)	*no irá*
we will not go (we won't go)	*no iremos*
you will not go (you won't go)	*no iréis*
they will not go (they won't go)	*no irán*

USO DEL FUTURO CON «WILL»

Para expresar decisiones espontáneas.

The fruit shop's closed. Never mind, I'll (I will) go to the supermarket.
La frutería está cerrada. No te preocupes, iré al supermercado.

Para ofrecer hacer algo.

My English homework is very difficult. Don't worry, I'll help you.
Mis deberes de inglés son muy difíciles. No te preocupes, yo te ayudaré.

Para expresar determinación.

I will pass my English exam. (I definitely intend to work hard so as to pass it)
Haré el examen de inglés. (Me he propuesto trabajar duro para aprobarlo.)

Para hablar de acciones habituales que pensamos que pueden suceder.

Your birthday will come again next year.
Tu cumpleaños llegará de nuevo el año que viene.

Other people will live on Earth when we are all gone.
Otras personas vivirán en la Tierra cuando nosotros hayamos muerto.

Para expresar opiniones, previsiones, reflexiones, etc.

I'm sure you'll have a great time!
¡Estoy seguro de que te divertirás mucho!

They'll probably leave without us.
Probablemente se irán sin nosotros.

Let's phone him. Perhaps he'll be at home.
Llamémoslo por teléfono. Tal vez esté en casa.

Exercises - *Ejercicios*

Ejercicio 1. Transforme estas frases de «present perfect tense» a «past simple».

Ej.: I have told her everything. (yesterday) – Yesterday I told her everything.

1. She has written two letters. (last week)
2. Ann has talked to the boss. (ten minutes ago)
3. Have you seen them? (last month)
4. He has seen her new book. (when he was in Madrid).
5. They've found the dictionary. (a few hours ago – *hace unas horas*)

Ejercicio 2. Formule preguntas.

Ej.: Have you ever seen a Ferrari? (last Sunday) – *¿Has visto alguna vez un Ferrari? (el domingo pasado)*
Yes, last week in Jerez. *Sí, el domingo pasado en Jerez.*

1. Have you ever seen a tiger? (six months ago in África)
2. Have you ever typed a letter? (last week when my secretary wasn't in the office – *la semana pasada, cuando mi secretaria no estaba en la oficina*).
3. Have you ever smoked an Spanish cigarette? (last summer during my holidays)
4. Have you ever had a dog? (when I was a child)
5. Have you ever given her a present? (yesterday)

Ejercicio 3. Elija la forma correcta.

Ej.: (Have you ever been/were you ever) to Spain?
Have you ever been to Spain?

1. I (have also been/I was also) to Scotland.
2. She (has arrived/arrived) here this morning.
3. Last Friday (we have gone/we went) shopping.
4. My secretary (has booked/booked) the room yesterday.
5. He (has started/started) work an hour ago.
6. We (have never seen/never saw) a lion *(león)*.
7. I (have smoked/smoked) ten cigarettes yesterday.
8. She (has lived/lived) in Barcelona since 1999.
9. She (has been/was) in Spain in 1982.
10. One of my friends (has just returned/just returned) from the States.

Ejercicio 4. Añada la «tag question».

Ej.: She is very pretty *(guapa)*, **isn't she?**

1. They're very nice, ...?
2. He is looking for a new job, ...?
3. They were at home last night, ...?
4. You're very interested in your work, ...?
5. She wasn't at the office last week, ...?

6. He has never been to Norway, ...?
7. You like her very much, ...?
8. She's flying to Madrid tomorrow, ...?
9. He's reliable, ...?
10. They're on holiday this week, ...?

Ejercicio 5. *¿Recuerda los verbos irregulares? Escriba las tres formas.*

1. ser
2. tener
3. ver
4. llevar
5. volar
6. meter
7. leer
8. escribir
9. comprender
10. dejar
11. transcurrir
12. encontrar
13. venir

Ejercicio 6. *Ahora haga preguntas con los verbos antes mencionados conjugándolos en todos los tiempos que ha aprendido hasta ahora (presente simple y continuo, futuro con «will» y «going to», pasado simple y pretérito perfecto).*

Ejercicio 7. *Traduzca las frases siguientes.*

1. I would like a glass of wine, please.
2. Can you show me the photo again?
3. We lived in a suburb of London.
4. He doesn't like me.
5. They didn't tell him the truth *(verdad)*.

Ejercicio 8. *Complete las frases usando el futuro «will».*

1. I've broken your vase!
   Never mind, I .... the flowers in another one. (to put)
2. Let's wait outside the bank. It .... in a minute or two. (to open)
3. You've just missed your train!
   Never mind. I.............. home. (to walk)
4. It's getting dark. The street lights .... in a few minutes. (to go on)
5. .... me? My homework is so difficult. (you/to help)

UNIT NINE – UNIDAD NUEVE

Text – *Texto*

How to «do» London in one day – Cómo visitar Londres en un día
Many tourists think that it is possible to do London in one day; it is only a question of organization.
Muchos turistas piensan que es posible visitar Londres en un día; es sólo una cuestión de organización.
Most of these visits are very well organized indeed.
La mayor parte de estas visitas, en efecto, está muy bien organizada.
Here is the programme of an American tourist.
Este es el programa de un turista americano.
Let's follow Mr Green on his visit to the British capital.
Sigamos al señor Green durante su visita a la capital británica.

First, he's going to have a look at Buckingham Palace, No. 10 Downing Street, and Nelson's Column.
En primer lugar visitará el palacio de Buckingham, en Downing Street n.º 10, y la columna de Nelson.
Then he's going to visit Westminster Abbey and the Houses of Parliament, St. Paul's Cathedral and the Tower of London.
Luego visitará la Abadía de Westminster y el Parlamento, la Catedral de San Pablo y la Torre de Londres.
He is going to watch the Changing of the Guard in front of Buckingham Palace and he is going to have a look at the Crown Jewels in the Tower.
Asistirá al Cambio de Guardia frente al palacio de Buckingham y echará un vistazo a las joyas de la Corona en la Torre.
In the afternoon he is going to visit some of the most famous museums and maybe an art gallery, too.
Por la tarde visitará algunos de los museos más famosos y quizá también una galería de arte.
He is going to take pictures of a bobby, a bus, and a beefeater.

Hará fotografías de un bobby, de un autobús y de un beefeater *(un guardia de la Torre de Londres)*.
In the evening he is going to have dinner in a West End restaurant and a pint of beer in an East End pub.
Por la noche cenará en un restaurante del barrio de West End y tomará una pinta de cerveza en un pub del barrio de East End.
Afterwards he is going to see a Shakespeare play and then a floor show at a night club in Mayfair.
Más tarde irá a ver una obra de Shakespeare y luego un espectáculo de variedades en un night del barrio de Mayfair.

Mr Green will be tired out after his visit to the British capital, but he will have «done» London in one single day!
El señor Green estará muerto de cansancio después de la visita a la capital británica, ¡pero habrá «hecho» Londres en un solo día!

Vocabulary – *Glosario*

abbey	[æbi]	*abadía*
afternoon	[a:ftə'nu:n]	*tarde*
afterwards	[a:ftəwœ:ds]	*después, luego, más tarde, a continuación*
American	[æ'meri'ken]	*americano, -a*
art gallery	[a:t gæləri]	*galería de arte*
art	[a:t]	*arte*
beefeater	[bi:fi:tə]	*guardia de la Torre de Londres*
beer	[bi:ə]	*cerveza*
bobby	[bobi]	*bobby (policía)*
British	[britiʃ]	*británico, -a*
bus	[bʌs]	*autobús*
capital	[kæpitl]	*capital*
column	[koləm]	*columna*
crown	[kraun]	*corona*
done	[dʌn]	*hecho*
famous	[feiməs]	*famoso, -a*
floor show	[flo: ʃou]	*espectáculo de variedades*
gallery	[gæləri]	*galería*
guard	[ga:d]	*guardia*
in front of	[in frɔnt ov]	*frente a, delante de*
indeed	[in'de:d]	*sin duda, en efecto*
jewel	[dʒiu:əl]	*joya*
lively	[laivli]	*vivo, rápido*
many	[meni]	*muchos, -as*
maybe	[mei'bi:]	*quizás, tal vez*

most	[moust]	la mayor parte de
museum	[miu:'ziəm]	museo
night club	[nait clʌb]	night (club)
only	[onli]	sólo
organization	[o:gænai'zeiʃən]	organización
organized	[o:gænai'zd]	organizado, -a
palace	[pælis]	palacio
parliament	[pa:ləmənt]	parlamento
peaceful	[pi:sful]	pacífico
pint	[paint]	pinta (medida de capacidad = 0,5683 l en el Reino Unido; =0,4732 l en Estados Unidos)
play	[plei]	obra
programme	[pro'græm]	programa
pub	[pʌb]	pub (bar inglés)
question	[questʃən]	cuestión; pregunta
restaurant	[restə'rənt]	restaurante
single	[siŋgl]	solo, único
some of the most famous	[sʌm ov ðə moust fæməs]	algunos de los más famosos
these	[ðlos:z]	estos, -as
tired	[taird]	cansado, -a
to be tired out	[tu bi: taird aut]	estar muerto de cansancio
to change	[tu tʃeindʒ]	cambiar
to follow	[tu folo:]	seguir
to have a beer	[tu hæv ə bi:ə]	beber una cerveza
to have a look at	[tu hæv ə luk æt]	echar una ojeada, visitar
to have dinner	[tu hæv dinə]	cenar
to take pictures	[tu teik piktʃərs]	fotografiar, hacer fotografías
to watch	[tu wɔtʃ]	mirar, observar
tourist	[turist]	turista
tower	[tauə]	torre
visit	[visit]	visita

▶ Grammar - *Gramática*

The future with «will»/«going to»/present continous tense - *El futuro con «will»/«going to»/presente continuo*

Como hemos podido ver en los capítulos anteriores, en inglés hay varios modos de expresar el futuro. Se utiliza el **presente continuo** o *going to* para indicar **proyectos** e **intenciones futuras**. La forma *going to* sirve también para las **previsiones**.

He is going to have a look at the cathedral. *Echará un vistazo a la catedral.*
He isn't going to visit the parks. *No visitará los parques.*
He isn't going to see much of London. *No verá mucho de Londres.*
What are you going to do? *¿Qué vas a hacer?*
Is she going to marry him? *¿Se casará con él?*
Aren't we going to meet her at the airport? *¿La veremos en el aeropuerto?*
Isn't he going to buy a new car? *¿No va a comprar un coche nuevo?*

Al contrario, uno de los principales usos de **will** corresponde a **decisiones espontáneas** (acciones **no premeditadas**).

El mejor modo de comprender esta diferencia es comparar las dos formas:

Ana sees Mark coming out of his house with a bucket and sponge.
Ana ve a Mark salir de casa con un cubo y una esponja.

Ana: What <u>are you doing</u>, Mark? (what do you intend to do)
       ¿Qué haces, Mark? (qué tienes intención de hacer)
Mark: <u>I'm going to</u> wash my car. (intention)
       Voy a lavar el coche (intención)
Ana: But look at those clouds! <u>It's going to</u> rain. (prediction)
       Pero, ¡mira qué nubes! Está a punto de llover (previsión)
Mark: Oh, you're right. Thanks for telling me.
       Oh, tienes razón. Gracias por habérmelo dicho.
       I'<u>ll</u> wash it tomorrow. (spontaneous decision)
       Lo lavaré mañana. (decisión espontánea)

The First Conditional - *La frase condicional de primer grado*

Will se usa también para formar el **First Conditional**, es decir, la frase condicional de primer grado. El **First Conditional** con *if* y *when* se emplea para expresar condiciones posibles que pueden tener probables resultados futuros. Se forma:

IF/WHEN + PRESENTE SIMPLE, WILL + INFINITIVO SIN «TO»

If you don't use sun cream, <u>you'll</u> burn.
Si no usas la crema solar te quemarás.
When I get my salary, <u>I'll</u> take you out for a meal.
Cuando reciba el sueldo te llevaré a cenar fuera.
What <u>will you do</u> if you don't find a job?
¿Qué vas a hacer si no encuentras trabajo?
What <u>will he tell</u> her when he gets home?
¿Qué les dirá cuando vuelva a casa?

IF/WHEN + PRESENTE SIMPLE, WILL + INFINITIVO SIN «TO»

> If we don't hurry, we'll miss the train.
> *Si no nos damos prisa perderemos el tren.*
> If she doesn't come, she won't get the present.
> *Si no llega, no recibirá el regalo.*

> La forma contraída de **will not** es **won't**. La proposición con **if** puede estar al principio o al final de la frase. Si se encuentra al principio, se inserta una coma al final de la proposición, pero si se encuentra al final, no.

If you study hard, you'll learn English.
Si estudias mucho, aprenderás inglés.
You'll learn English if you study hard.
Aprenderás inglés si estudias mucho.

> **Imperativo:** If you see James, **tell** him to come and see me. – *Si ves a James, dile que venga a verme.*

The future perfect – *El futuro perfecto*

El futuro perfecto es la forma con la que se expresa una acción que terminará en el futuro. El futuro perfecto se emplea siempre con una expresión temporal y está formado por **will + have** + participio pasado.

I will have finished this chapter by tomorrow.
Habré terminado este capítulo mañana.

FORMA AFIRMATIVA

I will have finished	habré terminado
you will have finished	habrás terminado
he, she, it will have finished	habrá terminado
we will have finished	habremos terminado
you will have finished	habréis terminado
they will have finished	habrán terminado

FORMA INTERROGATIVA

Will I have finished?	¿habré terminado?
Will you have finished?	¿habrás terminado?
Will he/she/it have finished?	¿habrá terminado?
Will we have finished?	¿habremos terminado?
Will you have finished?	¿habréis terminado?
Will they have finished?	¿habrán terminado?

FORMA NEGATIVA

I will not (won't) have finished	*no habré terminado*
you will not (won't) have finished	*no habrás terminado*
he/she/it will not (won't) have finished	*no habrá terminado*
we will not (won't) have finished	*no habremos terminado*
you will not (won't) have finished	*no habréis terminado*
they will not (won't) have finished	*no habrán terminado*

When I see you next time, you'll be grown up.
La próxima vez que te vea te habrás hecho grande.
By the end of the party, we'll have drunk all the wine.
Al final de la fiesta nos habremos bebido todo el vino.
By the end of the year you'll have learnt English.
A final de año habrás aprendido inglés.

Adjectives and adverbs – *Adjetivos y adverbios*

En inglés la forma del adjetivo es invariable:
He is a nice guy. – *Es un chico simpático.*
She is a pretty girl. – *Es una chica muy guapa.*
They are crazy people. – *Son unos locos.*

Adverbs ending in «-ly» – *Adverbios que terminan en «-ly»*

La mayor parte de los adverbios de modo (**slowly** – *lentamente*) y algunos adverbios de intensidad (**fairly** – *bastante*) se forman añadiendo el sufijo **-ly** a los adjetivos correspondientes.

nice – nicely	*simpático – con simpatía*
immediate – immediately	*inmediato – inmediatamente, enseguida*
sad – sadly	*triste – tristemente*
extreme – extremely	*extremo – extremadamente*

Atención: en los adjetivos que terminan en:
- **y** cambia a **-ily**: happ*y* – happ*ily* (felizmente)
- **ll** se añade sólo la **-y**: du*ll* – du*lly* (aburridamente)
- **le** precedido de consonante cambia a **-ly**
  comfortab*le* – comfortab*ly* (cómodamente)
- **ic** se añade **-ally**: specif*ic* – specif*ically* (específicamente)
- **y** precedida de vocal se pierde la **-y**: tr*ue* – tr*uly* (verdaderamente).

Comparative and superlative adjectives – Adjetivos comparativos y superlativos

En inglés la formación del comparativo y del superlativo de los adjetivos depende de la cantidad de sílabas del adjetivo.

En los adjetivos monosilábicos se añade, a la forma positiva, **-er** (comparativo) o **-est** (superlativo):

small	smaller	smallest	big	bigger	biggest
pequeño	*más pequeño*	*el más pequeño*	*grande*	*más grande*	*el más grande*
		(menor)	*(el menor)*		*(mayor)*	*(el mayor)*

En los adjetivos con tres o más sílabas se inserta delante de la forma positiva **more** (comparativo) o **most** (superlativo):

interesting	more interesting	most interesting
interesante	*más interesante*	*el más interesante*
important	**more important**	**most important**
importante	*más importante*	*el más importante*

Los adjetivos bisílabos pueden seguir una u otra de las reglas indicadas.

En general, los que terminan en **-ful** o **-re** van precedidos de **more** o **most**:

peaceful	more peaceful	most peaceful
tranquilo	*más tranquilo*	*el más tranquilo*

En los que terminan en **-er**, **-y** o **-ly** se añade -er (comp.) o -est (sup.):

easy	easier	easiest
fácil	*más fácil*	*el más fácil*
lively	**livelier**	**liveliest**
vivo	*más vivo*	*el más vivo*
clever	**cleverer**	**cleverest**
inteligente	*más inteligente*	*el más inteligente*

En los adjetivos que terminan en **-e** se añade sólo **-r** (comp.) o **-st** (sup.):

large	larger	largest	nice	nicer	nicest
grande	*más grande*	*el más grande*	*bello*	*más bello*	*el más bello*

En los adjetivos que terminan en consonante esta se dobla antes del sufijo:

big	bigger	biggest	hot	hotter	hottest
grande	*más grande*	*el más grande*	*caliente*	*más caliente*	*el más caliente*

En los adjetivos que terminan en **-y** esta se transforma en **-i** antes del sufijo:

happy	happier	happiest
feliz	*más feliz*	*el más feliz*
pretty	prettier	prettiest
bello	*más bello*	*el más bello*

IRREGULAR COMPARISONS – *COMPARATIVOS Y SUPERLATIVOS IRREGULARES*

ADJECTIVES – *ADJETIVOS*

bad	worse	worst
malo	*peor (más malo)*	*pésimo/el peor*
good	better	best
bueno	*mejor (más bueno)*	*óptimo/buenísimo/el mejor*

ADVERBS – *ADVERBIOS*

much	more	most	little	less	least
mucho	*más*	*muchísimo*	*poco*	*menos*	*poquísimo*
well	better	best	bad(ly)	worse	worst
bien	*mejor*	*muy bien*	*mal*	*peor*	*muy mal*

Constructions with comparisons - *Estructuras con comparativos*

En el comparativo de igualdad los dos términos de la comparación van introducidos por **as**…**as**; en el comparativo de superioridad el segundo término de la comparación va introducido por **than**:

My car is <u>as</u> big <u>as</u> his. *Mi coche es **tan** grande **como** el suyo.*
My car isn't <u>as</u> big <u>as</u> his. *Mi coche no es **tan** grande **como** el tuyo.*
My car is <u>bigger than</u> his. *Mi coche es **mayor que** el suyo.*
Our fridge is <u>as</u> good <u>as</u> theirs. *Nuestro frigorífico es **tan** bueno **como** el suyo.*
Our fridge isn't <u>as</u> good <u>as</u> theirs. *Nuestro frigorífico no es **tan** bueno **como** el suyo.*
Our fridge is <u>better than</u> theirs. *Nuestro frigorífico es **mejor que** el suyo.*

Comparisons with possessive pronouns - *Los comparativos con los pronombres posesivos*

Para evitar la repetición de un sustantivo ya mencionado en la frase, se pueden usar los pronombres posesivos (véase Unidad 1) **mine, yours, his, hers, its own, ours, yours** y **theirs**, que al contrario de los adjetivos posesivos **my, your, his, her, its, our, your** y **their**, que preceden un sustantivo, pueden aparecer solos.

This is my car. John's car is faster than mine. (my car)
Este es mi coche. El coche de John es más rápido que el mío.
This is our house. It is bigger than theirs. (their house)
Esta es nuestra casa. Es más grande que la suya (la de ellos).
This is her new flat. It's more expensive than ours. (our flat)
Este es su nuevo apartamento. Es más caro que el nuestro.
Their cat is as old as ours. (our cat)
Su gato (de ellos) es tan viejo como el nuestro.

Relative pronouns in no-defining relative clauses - *Pronombres relativos en las proposiciones de relativo*

En inglés hay dos tipos de frases de relativo: específica y explicativa. El primer tipo define el nombre (véase «Unit six - Unidad seis»). El segundo tipo no define el nombre sino que ofrece información complementaria.

Las específicas son fundamentales para la frase, mientras que las explicativas pueden ser omitidas sin hacer incomprensible la proposición principal o modificar su significado.

Comparison of defining and no-defining relative clauses - *Comparación entre frases de relativo específicas y explicativas*

Defining relative clauses – *Frases de relativo específicas*

The lady who usually types my letters has fallen ill.
La señora que suele escribir escribir mis cartas se ha puesto enferma.

La frase de relativo indica cuál es la señora que se ha puesto enferma y no puede ser omitida sin que la omisión deje la frase principal incompleta e incomprensible.

No-defining relative clauses – *Frases de relativo explicativas*

La proposición de relativo explicativa se separa de la frase principal con dos comas:

Mrs March, who usually types my letters, has fallen ill.
La señora March, que suele escribir mis cartas, se ha puesto enferma.

La frase explicativa da sólo una información complementaria, no afecta al contenido y comprensión de la proposición principal, y puede ser omitida sin que ello cause problemas.

Relative pronouns used in no-defining relative clauses - *Pronombres relativos usados en las frases de relativo explicativas*

Pronombres relativos para personas

Sujeto: who	Objeto: whom, who
Posesión: whose	Preposición + whom

The Spanish tourists, <u>who</u> wanted to do London in one day, were very tired.
Los turistas españoles, que quisieron visitar Londres en un día, estaban muy cansados.
Her boyfriend, <u>whom</u> she adores, is taking her out for her birthday.
Su novio, al que adora, sale con ella para su cumpleaños.
Her boyfriend, <u>whose</u> sister is my best friend, is very good-looking.
Su novio, cuya hermana es mi mejor amiga, tiene buen aspecto.
God, <u>in whom</u> I trust, is good.
Dios, en el cual creo, es bueno.

PRONOMBRES RELATIVOS PARA COSAS

Sujeto: which	Objeto: which
Posesión: whose, of which	Preposición + whom

His new house, <u>which</u> is absolutely enormous, is fantastic.
Su nueva casa, que es absolutamente enorme, es fantástica.
His new house, <u>which</u> he loves, is fantastic.
Su casa, que ella adora, es fantástica.
My dog, <u>whose</u> energy is boundless, is always digging up my garden.
Mi perro, cuya energía es ilimitada, excava siempre la tierra de mi jardín.
His new house, <u>for which</u> he paid a fortune, is fantastic.
Su nueva casa, por la cual ha pagado una fortuna, es fantástica.

Exercises - *Ejercicios*

Ejercicio 1. Responda a las siguientes preguntas.

Ej.: What are you going to do this evening? (watch television)
I'm going to watch television.

1. What are you going to do this morning? (go shopping)
2. What are you going to do this afternoon? (play with the children)
3. What are you going to do after supper? (go to the cinema)
4. What are you going to do on Sunday? (visit my parents)

Ejercicio 2. Formule frases con el «First Conditional».

Ej.: I'm going to do the shopping (if the supermarket is open)
If the supermarket is open, I'll do the shopping.

1. They're going to visit Madrid. (if they have enough time left)
2. She's going to ask him for the money. (if she sees him)
3. I'm going to buy him a present. (if I have enough money)
4. He's going to die. (if the doctors can't help him)
5. We're going to buy the car. (if we get the money)

Ejercicio 3. *Formule preguntas usando «what».*

Ej.: He's going to take pictures of some churches.
What is he going to take pictures of?

1. He's going to ask her for money.
2. They're going to talk about the sales figures.
3. He's worried about his health.
4. We must thank them for the presents.
5. She's listening to one of Chopin's nocturnes.

Ejercicio 4. *Complete las frases eligiendo entre las siguientes preposiciones.*
at - in - in front of - of - to

1. Can you do Barcelona .... one day?
2. It's only a question .... organisation.
3. Our visit .... Madrid is very well organized.
4. They're going to have a look .... the cathedral.
5. The pub is .... the railway station.

Ejercicio 5. *Ponga en comparativo y superlativo los adjetivos siguientes.*

1. nice
2. good
3. happy
4. fast
5. difficult
6. easy
7. unexpected
8. slow
9. intelligent
10. bad
11. lovely
12. fresh

Ejercicio 6. *Complete las frases siguientes con el pronombre posesivo apropiado («mine», «yours», «his», «hers», «ours», «theirs»).*

Ej.: My house is bigger than ...... (he) – My house is bigger than **his**.

1. My dictionary is better than .... (You).
2. Our car is faster than .... (I).
3. Her office is larger than .... (He).
4. His boss is older than .... (She).
5. Their children are happier than .... (we).
6. His present is nicer than .... (I).

Ejercicio 7. *Responda a las preguntas que le hace otra persona. Siga el modelo.*

Ej.: Is their car as big as ours? – It's even bigger than ours.

1. Is their house as large as yours?
2. Is Spanish coffee as strong as ours?
3. Are your colleagues as nasty *(malos)* as mine?
4. Is his boss as busy *(ocupado)* as hers?

5. Are your friends as reliable as ours?
6. Are Spanish motorways as modern as ours?
7. Is your hairdresser (peluquero) as good as mine?
8. Are there as many Spanish restaurants in Great Britain as in Germany?
9. Is his new car as fast as yours?
10. Are you as happy as I am?

Ejercicio 8. Complete las siguientes frases con «will», «going to».

1. I love Sue and we .... get married in the spring.
2. Oh dear. My homework's so difficult. – Don't worry, I .... help you.
3. John............... play football on Saturday.
4. This room's very cold. – Yes, you're right. I............... turn on the heater.
5. Why are you buying so much wine? – Because I .... have a party.

Ejercicio 9. Complete las siguientes frases con el futuro perfecto.

1. I .... my homework in twenty minutes. (to finish)
2. The train .... before we get to the station (to leave)
3. By this evening we .... all there is to see of London (to see)
4. By this time tomorrow she .... her examination (to do)
5. The dog .... the entire garden before its master gets home. (destroy)

UNIT TEN – UNIDAD DIEZ

▶ Text – *Texto*

Free at last! – *¡Por fin libres!*

Here we are again in the cafeteria of the language school in London.
Estamos de nuevo en el bar de la escuela de idiomas de Londres.
Some students have arrived early and are talking about their holiday plans.
Algunos estudiantes han llegado pronto y están hablando de sus planes para las vacaciones.
Most of them want to go abroad, but nobody seems to want to go back to their own country for the most precious weeks of the year. Let's listen to their conversation.
La mayor parte de ellos quiere ir al extranjero pero ninguno parece querer pasar las semanas más valiosas del año en su país de origen. Escuchemos su conversación.

▶ Dialogue – *Diálogo*

Ana: I should stay in London and study, but this summer I would like to visit Greece and enjoy the sun, swim in the blue sea and go on boat trips to get to know the wonderful Greek islands.
Debería quedarme en Londres a estudiar, pero este verano querría visitar Grecia y disfrutar del sol, nadar en el mar azul y dar paseos en barca para conocer las maravillosas islas griegas.

Lisa: I'm going to Malta because my parents have offered to pay for my trip if I agree to attend a language course in the morning. This way I'll not only have a nice holiday, but I'll also improve my English.
Me iré a Malta porque mis padres se han ofrecido a pagarme el viaje si acepto asistir a un curso de lengua por las mañanas De este modo no

solamente pasaré unas bonitas vacaciones sino que también mejoraré mi inglés.
I'm going to accept their offer because I'm a bit short of money this summer. It's not easy to find part time work in London. There are so many students!
Aceptaré su oferta porque estoy corto de dinero este verano. No es fácil encontrar un trabajo a tiempo parcial en Londres. ¡Hay tantos estudiantes!

Luca: **Lucky you! I'm short of money, too, but my parents have simply told me to spend the summer in our holiday house in the little Ligurian village that we used to go to every year when I was a child. I won't even be able to afford a flight back to Italy. I will have to take the train, I'm afraid. I just hope that some of my friends are going to spend their holidays there, too, otherwise it will be so boring.**
¡Qué suerte! También yo ando algo escaso de dinero pero mis padres me han sugerido que pase el verano en nuestra casa de vacaciones en un pueblecito de la Liguria donde solíamos ir todos los años cuando era pequeño. Ni siquiera podré permitirme viajar en avión a Italia. Tendré que ir en tren, me temo. Sólo espero que alguno de mis amigos también pase allí las vacaciones, de lo contrario será muy aburrido.

Pedro: **You shouldn't complain. If my parents had a house in Liguria I would be over the moon! This summer I will have to work in Barcelona in order to pay my university fees. If I am lucky, I will be able to spend a few days at the seaside with some friends of mine who have rented a flat in a tourist village.**
No deberías quejarte. ¡Si mis padres tuvieran una casa en Liguria estaría en la gloria! Este verano tendré que trabajar en Barcelona para pagarme las tasas universitarias. Si tengo suerte, podré pasar unos días en el mar con algunos amigos que han alquilado un apartamento en un pueblo turístico.

Luca: **I am not complaining, it's only that I would have preferred to visit some other European countries instead of always having to go back to Italy. But it's always the same: when you are young and want to see more of the world, you don't have enough money, as soon as you have enough money you don't have time to travel!**
No me estoy lamentando, es sólo que habría preferido visitar otros países europeos en lugar de tener que volver de nuevo a Italia. Pero siempre es así: cuando eres joven y quieres ver lo máximo posible no tienes dinero suficiente, y cuando tienes el dinero no dispones de tiempo para viajar.

Ana: **Your're quite right, Luca. Life si too short to spend just working – but unfortunately most people don't even realize this. They work hard all their life and forget that life can be nore than just working, having enough money in the bank, going on holiday twice or three ti-**

mes a year, always to the same place – it's so easy to have fun and enjoy yourself, even if you don't have a lot of money.
Tienes toda la razón, Luca. La vida es demasiado corta para ser vivida sólo para trabajar – pero por desgracia muchas personas ni siquiera se dan cuenta. Trabajan duro toda la vida y olvidan que la vida puede ser otra cosa que trabajar, tener dinero de sobra en el banco, irse de vacaciones dos o tres veces al año, siempre al mismo lugar, así es fácil divertirse aunque no tengas mucho dinero.
The daily routine has made us lose our creativity and spontaneity and we cannot think of anything other than our work and family problems. It's a real pity because life is so short!
La rutina diaria nos ha hecho perder la creatividad y la espontaneidad y no conseguimos pensar en otra cosa que no sean los problemas de trabajo y de familia. ¡Es una verdadera lástima, porque la vida es tan corta!

▶ Vocabulary – *Glosario*

a lot of	[ə lɔt ɔv]	*mucho, -a, -os, -as*
all the life	[ɔ:l ðæ laif]	*toda la vida*
always	[ɔ:lweiz]	*siempre*
anymore	[enimɔ:]	*más*
anything else	[eniθiŋ els]	*otra cosa*
as soon as	[æz su:n æz]	*apenas*
bank	[bænk]	*banco*
because	[bi:'kɔ:s]	*porque*
blue	[blu:]	*azul*
boat	[bo:t]	*barca*
boring	[bo:riŋ]	*aburrido, -a*
but	[bʌt]	*pero*
country	[kʌntri]	*país*
creativity	[kri:'eitivəti]	*creatividad*
daily	[deili]	*periódico*
easy	[los:zi]	*simple*
enough	[los:'nʌf]	*bastante*
European	[ju:ro'pi:ən]	*europeo, -a*
even	[los:ven]	*hasta, incluso*
fee	[fi:]	*tasa*
flat	[flæt]	*apartamento*
Genua	[dʒe:nua]	*Génova*
Great Britain	[greit britən]	*Gran Bretaña*
Greece	[gri:s]	*Grecia*

holiday	[holi'de los]	vacación
I would like	[ai wud laik]	querría, me gustaría
instead of	[in'sted ov]	en lugar de, en vez de
island	[ailænd]	isla
it's a pity	[its ə piti]	es una lástima
just	[dʒʌst]	sólo
life	[laif]	vida
Ligurian	[li:'gu:riən]	de Liguria
lucky	[lʌki]	santo, -a
lucky	[lʌki]	afortunado, -a
money	[mʌni]	dinero
nobody	[no:bodi]	ninguno, -a
other	[ʌðə]	otro, -a
otherwise	[ʌðəwaiz]	de lo contrario, si no
parents	[pærənts]	padres
petrol	[petrəl]	gasolina
place	[pleis]	sitio, lugar
plan	[plæ:n]	programa, plan
precious	[priʃiuz]	valioso, -a
proposal	[pro'po:zəl]	propuesta
quite	[kwait]	bastante, de sobra
real	[riəl]	verdadero, -a; real
rhythm	[riðəm]	ritmo
right	[rait]	justo, exacto, correcto
same	[seim]	mismo, -a
sea	[se:]	mar
short	[ʃo:t]	breve
simply	[simpli]	simplemente
so	[so:]	tan
spontaneity	[spontə'ni:ti]	espontaneidad
summer	[sʌmə]	verano
sun	[sʌn]	sol
that way	[ðæt wei]	de este modo
the same	[ðæ seim]	lo mismo
there	[ðyə]	allí
this summer	[ðis sʌmə]	este verano
three times	[θri: taims]	tres veces
time	[taim]	tiempo
to accept	[tu æk'sept]	aceptar
to afford	[tu əfɔ:d]	permitirse
to attend a course	[tu ətend]	asistir a un curso

to be afraid of	[tu biː æˈfreid of]	*temer, tener miedo de*
to be over the moon	[tu biː ovə ðæ muːn]	*estar en la gloria*
to be right	[tu biː rait]	*tener razón*
to be short of money	[tu biː ʃoːrt ov mʌni]	*tener poco dinero*
to complain	[tu komplein]	*lamentarse, quejarse*
to consist	[tu konˈsist]	*consistir*
to do some travelling	[tu duː sʌm trævelíŋ]	*viajar*
to enjoy oneself	[tu indʒoi uanself]	*divertirse*
to enjoy	[tu indʒoi]	*gozar, disfrutar*
to get to know	[tu get tu noː]	*conocer*
to go abroad	[tu goː əˈbrɔːd]	*ir al extranjero*
to go by car	[tu goː bai kaː]	*ir en coche*
to go on holiday	[tu goː on holidei]	*irse de vacaciones*
to hope	[tu heːp]	*esperar*
to imagine	[tu losˈmædʒin]	*imaginar*
to improve	[tu imˈpruːv]	*mejorar*
to listen	[lisən]	*escuchar*
to lose	[tu luːs]	*perder*
to offer	[tu ofə]	*ofrecer*
to pay	[tu pei]	*pagar*
to prefer	[tu priˈfæː]	*preferir*
to realize	[tu riːəˈlaiz]	*darse cuenta*
to remain	[tu riˈmein]	*permanecer, quedarse*
to rent	[tu rent]	*alquilar*
to seem	[tu seːm]	*parecer*
to spend	[tu spend]	*transcurrir, pasar*
to start working	[tu estáːt wœːkiŋ]	*empezar a trabajar*
to stay	[tu stei]	*estar, permanecer*
to take a bath	[tu teik ə baːθ]	*darse un baño*
to take part	[tu teik paːt]	*participar, formar parte de*
to take the train	[tu teik ðæ trein]	*tomar el tren*
to think	[tu θink]	*pensar, creer*
to travel	[tu trævel]	*viajar*
to use to do something	[tu juːs tu du sʌmθiŋ]	*soler hacer, hacer por costumbre*
to visit	[tu visit]	*visitar*
to want	[tu wont]	*querer*
to work hard	[tu wœːk haːd]	*trabajar duro*
too	[tuː]	*demasiado*

tourist village	[turist vilidʒ]	pueblo turístico
train	[trein]	tren
trip	[trip]	viaje, excursión
twice	[tuais]	dos veces
unfortunately	[ʌnfoːtʃenətli]	por desgracia, desgraciadamente
university	[iunivəsiti]	universidad
village	[vilidʒ]	país
when	[wen]	cuando
without	[wiθaut]	sin
young	[jʌŋ]	joven

Grammar - *Gramática*

The Second Conditional - *La frase condicional de segundo grado*

Se usa el **Second Conditional** para dar consejos *(si yo fuese tú)*, formular hipótesis *(si ganase a la lotería)* y expresar condiciones imposibles o irreales *(si fuese la reina)*. Se forma de este modo:

If + suj. + past simple + suj. + *would* (forma contr. *'d*) **+ infinitivo sin «to»**

+ **If I had a car, I'd drive you to the station.** (but I haven't got a car)
  Si tuviese el coche, te llevaría a la estación. (pero no tengo el coche)
  If I were* you, I'd stop smoking. (but I'm not you)
  Si yo fuese tú, dejaría de fumar. (pero no soy tú)
  If war broke out, thousands of people would die.
  Si estallase la guerra, millones de personas morirían.

? **What would you do if you won a lot of money?**
  ¿Qué harías si ganases mucho dinero?
  Would you tell him if you were me?
  ¿Se lo dirías si estuvieras en mi lugar?

− **If I didn't have so many problems, I'd be happy.**
  Si no tuvieras tantos problemas serías feliz.
  If the world wasn't so polluted, people would be healthier.
  Si el mundo no estuviese tan contaminado las personas estarían mejor.

En la lengua hablada, **would** se contrae así: **I would=I'd, you would=you'd, he/she/it would=he'd, she'd, it'd, we would=we'd, they would= they'd**.
La forma negativa es: **would not= wouldn't**
* En la frase condicional se usa a menudo **were** en el lugar de **was**.

En las frases condicionales se usan, además de **would**, otros verbos modales:

> **If it weren't so late, we could go to the cinema.**
> *Si no fuese tan tarde, podríamos ir al cine.*
> **If he arrived now, he would have to put the children to bed.**
> *Si llegase ahora, debería meter a los niños en la cama.*
> **If we didn't continue with the research, we couldn't offer new solutions.**
> *Si no siguiésemos con la investigación, no podríamos ofrecer nuevas soluciones.*

The Third Conditional – *La frase condicional de tercer grado*

Con el **Third Conditional** se expresan hipótesis remotas. Se forma de este modo:

If + suj. + past perfect + suj. + *would* + *have* + participio pasado

> **If I had known it was Mary's birthday I would have bought her a present**
> *Si hubiese sabido que era el cumpleaños de Mary le habría comprado un regalo. (pero no lo sabía, de modo que no le he comprado un regalo)*
> El tiempo ha pasado y el condicional no puede realizarse porque la acción expresada en la frase con **if** no se ha producido.

+ **If you had come with me you would have had a great time.**
  Si hubieses venido conmigo te habrías divertido mucho.
? **What would you have done if you had known?**
  ¿Qué habrías hecho si lo hubieses sabido?
− **If I hadn't come to Spain I wouldn't have met you.**
  Si no hubieses venido a España no la habrías conocido.

> Para otros usos del Past Perfect, véase «Unit fourteen - Unidad catorce».
>
> **Condicionales mixtas**
> Son condicionales que tienen más de una referencia temporal.
> **If I had taken the aeroplane that crashed I would be dead now.**
> *Si hubiese tomado el aeroplano que se ha estrellado, ahora estaría muerto.*
> **I wouldn't have listened to you if I didn't trust you.**
> *No te habría escuchado si no confiara en ti.*
>
> **Condicionales «zero»**
> Son condicionales que no están ligadas a un referencia temporal sino que se refieren a condiciones que se dan siempre.
> **If you fill in the form you get a free gift.**
> *Si rellena el formulario recibirá un obsequio.*

Reflexive verbs – *Verbos reflexivos*

El pronombre reflexivo se refiere al sujeto que precede al verbo, es decir, el sujeto y el pronombre reflexivo se refieren a la misma persona.

George washes himself. – *George se lava.*

No todos los verbos reflexivos en español son reflexivos en inglés:

I get up at five o'clock every morning. – *Me levanto a las cinco de la mañana.*

Reflexive pronouns – *Pronombres reflexivos*

PRONOMBRE PERSONAL	REFLEXIVE PRONOUN	PRONOMBRE REFLEXIVO
I	myself	*me*
you	yourself	*te*
he, she, it	himself, herself, itself	*se*
one	oneself	*se*
we	ourselves	*nos*
you	yourselves	*os*
they	themselves	*se*

Atención a la diferencia entre la segunda persona singular y plural.

El pronombre reflexivo *oneself* se refiere a un sujeto indefinido:

Talking to oneself is considered to be a bad sign.
Hablar solo (consigo mismo) está considerado una mala señal.

Algunos verbos son reflexivos tanto en inglés como en español:

I introduced myself to my new colleagues. *Me presentó a mis nuevos colegas.*
We amused ourselves enormously at the party. *Nos hemos divertido muchísimo en la fiesta.*
He burned himself while cooking dinner. *Se ha quemado mientras preparaba la cena.*

Otros verbos son reflexivos en español y no en inglés:

When the teacher arrives, the students sit down. *Cuando el profesor llega, los estudiantes se sientan.*
He decided to look for a new job. *Se ha decidido a buscar un nuevo trabajo.*
I have got tired of listening to your problems. *Me he cansado de escuchar tus problemas.*

«Used to» – *Situaciones y acciones habituales del pasado*

Se usa la construcción **used to** para describir **acciones habituales pasadas** y **situaciones pasadas**.

+ I <u>used to</u> live in Madrid. (and now I live in London.)
  Vivía en Madrid (y ahora vivo en Londres).

? **Where did you use to live?**
¿Donde vivías?
– **I didn't use to live in London. (but I do now)**
No vivía en Londres (pero ahora sí).

When I was a child I used to go to bed at 8 p.m.
Cuando era pequeño me iba a la cama a las 8 de la tarde.
They used to be in love, but now they are always fighting.
Estaban enamorados, pero ahora siempre se pelean.
Those buildings are new. There used to be a park in their place.
Esos edificios son nuevos. Antes había un parque en ese lugar.
What did you use to do when you lived in Madrid?
¿Qué hacías cuando vivías a Madrid?
Did you use to go to school with Peter?
¿Ibas a la escuela con Peter?
I didn't use to play tennis. I started last month.
Antes no jugaba al tenis. Empecé el mes pasado.

Should – *Debería, haría bien en*

El verbo modal **should** se utiliza en segunda persona, en la forma afirmativa para dar consejos y en la forma negativa para expresar desacuerdo.

Si se emplea en primera persona indica deber u obligación:

I should stay in London and work this summer.
Este verano debería quedarme en Londres a trabajar.

Sujeto + SHOULD + infinitivo sin «to»

+ **You should stop smoking. It's very bad for your health. (ADVICE)**
Deberías dejar de fumar. Es muy malo para tu salud. (CONSEJO)
– **You shouldn't complain. You are very lucky to have a house in Liguria. (DISAPPROVAL)**
No deberías quejarte. Eres muy afortunado por tener una casa en Liguria. (DESACUERDO)

▶ Exercises – *Ejercicios*

Ejercicio 1. Complete las frases siguientes con la forma correcta del condicional.

1. If I .... (be) you, I .... (to help) him at once.
2. If he hadn't made so many phone calls, he .... (to have) more money left.

3. If you want to arrive at the airport on time, you .... (to have to) leave early.
4. If he works a lot, he .... (to be able to) afford a new car.
5. If it hadn't rained, we .... (to go) for a walk.
6. If I .... (not/to have) children my life .... (to be) more peaceful.

Ejercicio 2. *Traduzca las frases siguientes.*

1. Me he cansado de vuestras lamentaciones *(complaints)*.
2. Si no consigues venir a recogerme *(to fetch)* al aeropuerto cogeré un taxi.
3. La mayor parte de la gente parece haber perdido la creatividad.
4. Si tuviese más tiempo haría un largo viaje.
5. ¿Te gustaría un café en el bar de aquí cerca?
6. Si nunca hubiese probado no habría sabido nunca que puedo escribir poesías.
7. Me he decidido a buscarme un nuevo puesto de trabajo.
8. ¿Cuándo piensas irte de vacaciones?
9. Esta mañana me he levantado a las cinco.

Ejercicio 3. *Complete las frases con el pronombre reflexivo apropiado.*

1. Did you enjoy .... at the party last night?
2. He asked .... whether his brains were still functioning well.
3. I introduced .... to the new colleague.
4. Many elderly people *(gente mayor)* talk to ....
5. If you don't believe me, see for ....
6. Please help .... to the food *(servirse comida)*!
7. She knows how to help ....
8. We are only trying *(intentar)* to protect *(proteger)* ....
9. God helps those who know to help ....

Ejercicio 4. *Las frases siguientes hablan de situaciones o acciones habituales del pasado. Transfórmelas usando «used to».*

Ej.: He lived in Madrid when he was a child.
He **used to live** in Madrid.

1. When I was younger, I worked in a farm during summer time.
2. We washed things by hand before the invention of the washing machine.
3. We used typewriters before the computer was invented.
4. At one time there were trees in this garden.
5. In the past we didn't eat frozen foods.

Ejercicio 5. *Complete las frases siguientes usando el «past simple» o el «present perfect» del verbo que se encuentra entre paréntesis.*

1. The catalogue .... (arrive).
2. The catalogue .... yesterday (arrive).

3. The catalogue .... just .... (arrive).
4. The catalogue .... already (arrive).
5. The catalogue .... last week (arrive).
6. The catalogue .... five minutes ago (arrive)
7. The catalogue .... in time (arrive).
8. .... the catalogue .... yet? (arrive)
9. When .... the catalogue ....? (arrive)

Ejercicio 6. *Use «should» para dar un consejo o expresar desaprobación.*

1. Mary is always tired at work in the mornings. She stays up late.
2. Jane has a jealous boyfriend. She is always sad and worried *(preocupada)*.
3. John has a temperature and a headache.
4. David's hair is long and untidy.
5. Laura has an examination and she is not studying hard enough.

Ejercicio 7. *Construya frases condicionales.*

Ej.: My alarm clock didn't go off this morning. (If.............../ late for work)
If my alarm clock had gone off I wouldn't have been late for work.

1. My TV is broken. (If............... /can/watch a good film)
2. I'm so poor. (If...............richer/to be happier)
3. I'm going on holiday abroad. (If...............remember/send/postcard)
4. It's raining. (If.............../to stay at home/not/to get wet).
5. You've cut yourself! (If...............more careful/not/cut yourself)

UNIT ELEVEN – UNIDAD ONCE

Text – *Texto*

The night brings counsel – *La noche trae un consejo*

Emma got out of bed, dressed quietly, picked up her bag and carefully closed the bedroom door. Although it was very early she felt wide awake. She stopped at the top of the stairs, listening. She could hear her father snoring in her parents' room. She went downstairs on tiptoe because she was afraisd of waking them. She wrote a note for her parents and left it on the kitchen table. She knew that she was behaving thoughtlessly, she explained in the letter, but although she knew that what she was doing was wrong, she could no longer deny the feeling she had inside...

Emma se levantó de la cama, se vistió sin prisa, cogió su bolso y cerró con cuidado la puerta del dormitorio. A pesar de que era muy temprano se sentía muy despierta. Se quedó encima de las escaleras y se puso a escuchar a su padre que roncaba en la habitación de sus padres. Bajó las escaleras de puntillas porque temía poder despertarlos. Escribió dos líneas para sus padres y las dejó sobre la mesa de la cocina. En la carta explicaba que sabía que se comportaba de forma desconsiderada, pero incluso sabiendo que lo que hacía era una equivocación, no podía seguir negando los sentimientos que experimentaba...

She stepped outside into the morning air, which was so cold that she clutched her bag to her chest with a gasp. Suddenly she felt so small and alone that she broke down. Did she really want to sacrifice her studies, her friends and her family, who had always treated her well, for a man twice her age who lived 400 miles away? She thought of their appointment at the train station ... in 10 minutes' time. If she did not leave now, she would miss the train. No, she couldn't go through with it!

Salió al aire de la mañana, que era tan frío que le hizo apretar el bolso contra el pecho y estremecerse. De repente se sintió pequeñísima y sola y se derrumbó. ¿De verdad quería sacrificar sus estudios, sus amigos y su familia, que siempre la ha-

bía tratado bien, por un hombre que tenía el doble de años que ella y que vivía a 400 millas de su casa? Pensó en su cita en la estación ... era dentro de 10 minutos. Si no se iba enseguida, perdería el tren. ¡No, no podía llegar hasta el final!

She turned the key in the lock and found herself in the warm kitchen again. She put her head on her arms and cried into her handkerchief until she fell asleep ...
Giró la llave en la cerradura y se volvió a encontrar en el calor de la cocina. Apoyó la cabeza en los brazos y lloró sobre su pañuelo hasta que se quedó dormida...

"Hello love, you're up early!» said Mum brightly. Emma looked up at her mother affectionately. Impulsively, she hugged her tightly. «Yes, mum. I had a bad dream. But everything's back to normal now! Bye.» And she rushed out to meet the day, which suddenly seemed bright and full of promise. She was certain that she had made the right decision.
«¡Buenos días, tesoro! Te has levantado temprano!», dijo su madre alegremente. Emma levantó la mirada hacia su madre con afecto. De un impulso la abrazó con fuerza. «Sí, mamá, he tenido una pesadilla. ¡Pero ahora todo va bien! Adiós.» Y se precipitó hacia fuera, hacia el día, que de repente le pareció espléndido y lleno de promesas. Estaba segura de haber tomado la decisión justa.

Her parents watched her from the window, smiling. «Aren't we lucky to have such a happy, home-loving daughter, Paul?» said Mrs. Smith contentedly.
Sus padres la miraron sonriendo desde la ventana. «¿No tenemos suerte de tener una hija tan feliz y tan unida a su familia, Paul?» dijo la señora Smith satisfecha.

▶ Vocabulary - *Glosario*

affection	[əfækʃion]	afecto
alone	[ə'lo:n]	solo, -a
appointment	[ə'pointment]	cita
at the top of the stairs	[æt ðə tɔp ov ðə stærs]	encima de las escaleras
bad dream	[bæd dri:m]	pesadilla
bedroom	[bedru:m]	dormitorio
brightly	[braitli]	alegremente
chest	[tʃæst]	pecho
counsel	[kaunsəl]	consejo
door	[do:]	puerta
gasp	[ga:sp]	estremecimiento, susto
handkerchief	[hændkətʃif]	pañuelo
home-loving	[houm lʌvin]	unido a la familia
impulsively	[impʌlsivli]	de un impulso, impulsivamente
inside	[in'said]	dentro de
key	[ki:]	llave

kitchen	[kitʃen]	cocina
letter	[letə]	carta
life	[laif]	vida
note	[nout]	nota, apunte
on tiptoe	[ɔn tiptou]	de puntillas
promise	[prɔmiz]	promesas
quietly	[kuai'etli]	silenciosamente, con calma
sailently	[sailentli]	silenciosamente
thought	[θɔ:tlesli]	pensamiento
thoughtlessly	[θɔ:tlesli]	desconsideradamente, sin cuidado
to break down	[tu breik daun]	derrumbarse, caer
to clutch	[tu klʌtʃ]	apretar, sujetar
to cry	[tu krai]	gritar
to dress	[tu dres]	vestirse
to deny	[tu de'nai]	negar
to fall asleep	[tu fɔl əsli:p]	quedarse dormido
to go downstairs	[tu go: daunstærs]	bajar las escaleras
to go through with something	[tu go: θru: uiθ sʌmθiŋ]	llegar hasta el final
to hug tightly	[tu hʌg taitli]	abrazar con fuerza
to meet	[tu mi:t]	verse, encontrarse (con)
to pick up	[tu pik ʌp]	recoger
to rush	[tu rʌʃ]	precipitarse
to sacrifice	[sækrifais]	sacrificar
to snore	[tu sno:]	roncar
to step outside	[tu step autsaid]	salir fuera
to treat	[tu tri.t]	tratar
to turn	[tu tœ:n]	girar
to wake	[weik]	despertarse
wide awake	[waid əweik]	muy despierto
wrong	[roŋ]	equivocado

Grammar - *Gramática*

Subordinate clauses/sub clauses - *Proposiciones subordinadas*

Una frase puede contener un verbo principal y una o más proposiciones subordinadas. Una subordinada está formda por un grupo de palabras, entre ellas un sujeto y un verbo, y es parte de una frase.

Las proposiciones subordinadas están ligadas a la principal mediante conjunciones, las más comunes de las cuales son **and** *(y)* y **but** *(pero)*.

En la unidad precedente hemos analizado la conjunción **if**, que introduce una proposición condicional. El uso de las proposiciones subordinadas permite expresarse de modo más detallado y ofrecer matices complementarios al concepto que se quiere comunicar.

Estos son algunos ejemplos de posibles conjunciones, subdivididas en categorías:

of place (lugar)	**where** *(donde)*
of time (tiempo)	**till, until, since, as, while, before** *(hasta, hasta que, desde, desde que, antes)*
of reason (causa)	**since, because, as** *(ya que, porque, como)*
of purpose (finalidad)	**so that, in order that, in case** *(así que, al final de, en caso de que)*
of concession (concesivas)	**although, however** *(aunque, no obstante)*
of comparison (comparación)	**as, than** *(como)*
of condition (condicionales)	**if, unless, provided that, whether** *(si, si no, visto que, si)*
of result (consecutivas)	**so ... that, such ... that** *(tan... que, tal... que)*

We arrived at the spot <u>where</u> the accident had taken place.
Llegamos al punto donde el accidente se había producido.
I'll wait <u>until</u> you get back
Esperaré hasta que vuelvas.
He married her <u>because</u> he loved her.
Se casó con ella porque la amaba.
He came early <u>so that</u> we would have plenty of time to prepare.
Vino pronto, así que tuvo mucho tiempo para prepararse.
<u>Although</u> I was in a hurry I stopped to help her.
Aunque tenía prisa me detuve a ayudarla.
My dog is <u>as</u> big <u>as</u> yours but your dog is stronger than mine.
Mi perro es tan grande como el tuyo pero tu perro es más fuerte que el mío.
I won't buy this television <u>unless</u> you give me a discount.
No compraré esta televisión si no me haces un descuento.
It rained <u>so</u> hard <u>that</u> all the vegetable garden was destroyed.
Llovió tan fuerte que el huerto quedó destruido.

Existen tres posibilidades para unir las proposiciones:

Pronombres interrogativos (**what, why, who, which, when**, etc.).

Do you know what happened to that little girl? – *¿Sabes lo que le ha sucedido a esa muchachita?*

Pronombres relativos (**who, which, that, whose, whom**).

You know – the girl who was knocked down by a car. – *Ya sabes, la chica que fue atropellada por un coche.*

Conjunciones (**as**, **because**, **if**, **since**, **until**, **till**, **when**, **while**, etc.).

Yes, she's got to stay in hospital until her leg's better. – *Sí, debe quedarse en el hospital hasta que su pierna esté mejor.*

Word order in subordinadas clauses – *Orden de las palabras en la proposición subordinada*

El orden de las palabras en la proposición subordinada es idéntico al de la proposición principal, por lo tanto:

SUJETO + VERBO + COMPLEMENTO + CONJUNCIÓN + SUJETO + VERBO + COMPLEMENTO

I + can't come + tomorrow + because + I + have broken + my arm.
(Yo) + no puedo ir + mañana + porque + (yo) + me he roto + el brazo.

That clauses – *Proposiciones con «that» (que, de que)*

Muchos verbos van seguidos de la proposición **that**, por ejemplo: **to say** *(decir)*, **to tell** *(decir, contar)*, **to answer** *(responder)*, **to mention** *(mencionar)*, **to believe** *(creer, pensar)*, **to imagine** *(imaginar)*, **to suppose** *(suponer)*, **to think** *(pensar, creer)*, **to decide** *(decidir)*, **to hope** *(esperar)*, **to realize** *(darse cuenta de)*, **to suggest** *(proponer, sugerir)*.

James told the docor that he wasn't feeling very well. – *James le dijo al médico que no estaba muy bien.*
He said that he'd had a headache for four days. – *Dijo que le dolía la cabeza desde hacía cuatro días.*
The doctor thought that his patient was simulating. – *El médico pensó que su paciente estaba fingiendo.*
He didn't believe that James was really ill. – *No creía que James estuviese enfermo de verdad.*
He supposed that he was just trying to get a few days off work. – *Supuso que sólo intentaba ausentarse un par de días del trabajo.*
He decided that he would teach him a lesson. – *Decidió darle una lección.*
The doctor suggested that James should hold his breath for five minutes. – *El médico sugirió que James debería aguantar la respiración durante cinco minutos.*
Suddenly he realized that James was unconscious. – *De repente se dio cuenta de que James había perdido el conocimiento.*

Después algunos verbos como **to want** *(querer)* y **to thank** *(agradecer)* no puede añadirse la preposición **that**:

James wanted the doctor to prescribe him some pills. – *James quería que el médico le prescribiese unos medicamentos.*
He thanked the doctor for helping him. – *Agradeció al médico que lo hubiese ayudado.*

The adverb – *El adverbio*

Ya hemos visto (véase «Unit nine - sUnidad nueve») que la mayor parte de los adverbios ingleses se forma añadiendo la desinencia **-ly** al adjetivo: **frequent – frequently** *(frecuentemente, a menudo)*, **slow – slowly** *(despacio, lentamente)*.

Mientras que los adjetivos tienen la finalidad de especificar un sustantivo (a frequent question – *una pregunta frecuente*, a slow car – *un coche lento*) los adverbios se usan para definir otras características de un verbo, de un adjetivo, de un adverbio, de una proposición.

VERBO + ADJETIVO Y SUSTANTIVO + ADJETIVO

He is a slow worker. *Es un trabajador lento.*
The heat is unpleasant. *El calor es molesto.*
His intelligence is surprising. *Su inteligencia es sorprendente.*
He did it with extreme care. *Lo hizo con extrema prudencia.*
That's a direct question. *Esta es una pregunta directa.*

ADVERBIO + VERBO

He works slowly. *Trabaja lentamente.*
You can do it easily. *Puedes hacerlo fácilmente.*

ADVERBIO + ADJETIVO

It's unpleasantly hot. *Es un calor molesto.*
He is surprisingly intelligent. *Tiene una inteligencia sorprendente.*

ADVERBIO + ADVERBIO

He did it extremely carefully. *Lo hizo con extrema cautela.*
Frankly, I don't agree with you. *Francamente, no estoy de acuerdo contigo.*
Many people consider him a fool, but, personally, I don't think he is.
Mucha gente lo considera un loco pero, personalmente, no lo creo (tal).

Además de los adverbios que se obtienen añadiendo el sufijo **–ly** al adjetivo, en inglés hay otros que no derivan de ningún adjetivo:

again *(de nuevo)*, **almost** *(casi)*, **already** *(ya)*, **also** *(también)*, **anyway** *(en todo caso, de todas formas)*, **besides** *(además)*, **early** *(temprano, pronto)*, **else** *(otro)*, **enough** *(bastante)*, **even** *(hasta, incluso)*, **further** *(más, más lejos)*, here *(aquí)*, **however** *(no obstante)*, **indeed** *(efectivamente)*, **instead** *(en cambio)*, **just** *(precisamente)*, **little** *(poco)*, **maybe** *(quizás)*, **meanwhile** *(mientras tanto)*, **more** *(más)*, **much** *(mucho)*, **never** *(nunca)*, **next** *(próximo)*, **now** *(ahora)*, **often** *(a menudo)*, **otherwise** *(de lo contrario)*, **outside** *(fuera)*, **perhaps** *(quizás)*, **quite** *(bastante)*, **rather** *(bastante)*, **seldom** *(raramente)*, **so** *(tan)*, **somehow** *(de alguna manera)*, **sometimes** *(a veces, de vez en cuando)*, **somewhat** *(algo, un tanto)*, **soon** *(pronto, dentro de poco)*, **still** *(todavía)*, **then** *(luego, después)*, **there** *(allí)*, **though** *(sin embargo)*, **thus** *(así, de esta manera)*, **today** *(hoy)*, **tomorrow** *(mañana)*, **tonight** *(esta noche)*, **too** *(también)*, **very** *(muy)*, **yesterday** *(ayer)*, **yet** *(todavía, aún, hasta ahora)*, etc.

> Hay que prestar especial atención al uso de **well** como adverbio derivado de **good**:
> **His English is very good.** *Su inglés es muy bueno.*
> **He speaks English very well.** *Habla muy bien inglés.*

Posición del adverbio

En inglés el adverbio precede a menudo al verbo:

They frequently drink tea. *Beben té a menudo.*
We often play tennis with our friends. *Jugamos a menudo al tenis con nuestros amigos.*

Cuando el verbo está compuesto por un auxiliar + un verbo principal, el adverbio se coloca delante del verbo principal:

We will probably take the six o'clock train. *Probablemente tomaremos el tren de las seis.*
You can easily solve this problem. *Puedes resolver fácilmente este problema.*
Doesn't he usually teach adults? *¿No suele enseñar a adultos?*

Cuando el verbo está compuesto por un auxiliar + otro auxiliar + el verbo principal, por lo general el adverbio se coloca delante del segundo verbo auxiliar:

We would certainly have accepted the offer. *Seguramente deberíamos haber aceptado la oferta.*
Couldn't he simply have bought a new dictionary? *¿No podía simplemente comprar un diccionario nuevo?*

El adverbio puede también ir colocado al principio o al final de la frase:

They delivered the goods punctually. *Han entregado la mercancía puntualmente.*
He did the job rather carelessly. *Ha hecho el trabajo de un modo bastante negligente.*

Naturally they rejected the proposals. *Naturalmente han rechazado las propuestas.*
Unfortunately they didn't understand my English. *Por desgracia no han comprendido mi inglés.*

Exercises – *Ejercicios*

Ejercicio 1. *Responda a las preguntas.*

1. How did she feel when she woke up?
2. Did she feel guilty about what she was intending to do? What words from the passage tell you this?
3. What was she intending to do?
4. Why did she change her mind?
5. Was she going to travel by car?
6. Why did she hug her mother?
7. How did she feel when she left the house after seeing her mother?
8. Did her mother realise the confusion her daughter was in? What words from the passage tell you this.

Ejercicio 2. *Una las dos frases.*

Ej.: I very much enjoyed the evening. We spent it together.
I very much enjoyed the evening (which) we spent together.

1. There's a poem by William Wordsworth called «The daffodils». I like it very much.
2. She always buys the products. They advertise them on TV.
3. These are the pictures. He took them in London.
4. This is one of the songs. Paul McCartney wrote it.
5. I've read all the books. Jon gave me the books.

Ejercicio 3. *Complete las frases siguientes con las conjunciones: «so that», «that», «although», «if», «while», «before».*

1. .... I was reading the newspaper, my sister made at least *(al menos)* ten phone calls.
2. We want to leave early .... we arrive in time at the airport.
3. .... he works hard, he .... afford a new car.
4. .... it hadn't rained, we would have gone for a walk.
5. We don't know .... Mark will come to the party.

Ejercicio 4. Inserte el adverbio.

1. He speaks Spanish very .... (good).
2. The salad tasted .... (strong) of garlic.
3. He stood .... (direct) in front of me.
4. She .... (quick) discovered what went wrong.
5. The new secretary looked .... (careful) through the papers.
6. They offered us a .... (new) decorated room.
7. The plane landed .... (safe).
8. The girl cried .... (bitter).
9. She was .... (deep) hurt by his remark.
10. I was walking very .... (slow) because I was really tired.

Ejercicio 5. Escriba una breve historia de una chica solitaria que decide dejar la casa y la familia.

Ejercicio 6. Encuentre una canción que le guste mucho. Copie y traduzca el texto y explique el motivo por el cual le gusta esta canción.

Ejercicio 7. ¿Adjetivo o adverbio?

1. She's .... (pretty) but .... (stupid).
2. Your prices are rather .... (high).
3. He left a .... (short) time ago.
4. This is a .... (hard) problem to solve.
5. We pay him .... (punctual).

UNIT TWELVE - UNIDAD DOCE

▶ Text - Texto

A trip abroad – *Un viaje al extranjero*

Here we are at the language school again. Pedro, one of the students, has just come back from a trip to the United States.
Estamos de nuevo en la escuela de idiomas. Pedro, uno de los estudiantes, acaba de regresar de un viaje a Estados Unidos.
The other students want to know whether he managed with his knowledge of English and ask him many questions.
Los otros estudiantes quieren saber si se las ha arreglado con su conocimiento del inglés y le hacen muchas preguntas.

Ana wants to know what the weather was like.
Ana quiere saber cómo ha estado el tiempo.
Lucy asks him whether he was able to visit New York.
Lucy le pregunta si ha podido visitar Nueva York.
Jaime wants to know if the American girls are pretty.
Jaime quiere saber si las chicas americanas son bonitas.
Roberta asks him if he could follow the conversations well.
Roberta le pregunta si podía seguir bien las conversaciones.
Stefan wants to know how much time he needed to find his hotel.
Stefan quiere saber cuánto tiempo necesitó para encontrar su hotel.
Tom asks him whether the trip has been a success.
Tom le pregunta si el viaje ha sido un éxito.
Martin is curious to know whether he liked American food.
Martin tiene curiosidad por saber si le ha gustado la comida americana.
Wolf asks him how he spent his evenings.
Wolf le pregunta cómo ha pasado las noches.
Luca wants to know if he had to speak English every day.
Luca quiere saber si tuvo que hablar inglés todos los días.

Hiroshi wants to know whether the Americans pay less taxes than the British.
Hiroshi quiere saber si los americanos pagan menos tasas que los británicos.
Claudio wants to know whether the Americans work more than eight hours a day too.
Claudio desea saber si también los americanos trabajan más de ocho horas al día.
Sylvie asks him whether American women are as well-dressed as French women.
Sylvie le pregunta si las mujeres americanas se visten tan bien como las francesas.

Dialogue – *Diálogo*

Ana: What was the weather like?
¿Cómo ha estado el tiempo?
Lucy: Were you able to visit New York?
¿Has podido visitar Nueva York?
Jaime: Are the American girls pretty?
¿Las chicas americanas son bonitas?
Roberta: Could you follow the conversations well?
¿Podías seguir bien las conversaciones?
Stefan: How much time did you need to find your hotel?
¿Cuánto tiempo has necesitado para encontrar tu hotel?
Tom: Has your trip been a success?
¿Tu viaje ha sido un éxito?
Martin: Did you like American food?
¿Te ha gustado la comida americana?
Wolf : How did you spend the evenings?
¿Cómo has pasado las noches?
Luca: Did you have to speak English every day?
¿Tuviste que hablar inglés todos los días?
Hiroshi: Do the Americans pay less taxes than the British?
¿Los americanos pagan menos tasas que los británicos?
Claudio: Do the Americans work more than eight hours a day too?
¿También los americanos trabajan más de ocho horas al día?
Sylvie: Are American women as well-dressed as French women?
¿Las mujeres americanas se visten tan bien como las francesas?

Vocabulary – *Glosario*

business trip	[biznəs trip]	*viaje de negocios*
conversation	[konvə'seiʃən]	*conversación*
food	[fu:d]	*comida*
just	[dʒʌst]	*apenas*
knowledge	[noledʒ]	*conocimiento*
less	[les]	*menos*
one of the students	[wʌn of ðə stju:dents]	*uno de los estudiantes*

pretty	[priti]	*guapo -a, bonito, -a*
success	[sʌksæs]	*éxito*
tax	[tæks]	*tasa*
to follow	[tu folo:]	*seguir*
to manage	[tu mænidʒ]	*conseguir, poder*
to need	[tu ni:d]	*emplear, necesitar*
to spend	[tu spend]	*transcurrir, pasar*
weather	[weðə]	*tiempo*
well	[wel]	*bien*
well–dressed	[wel dresd]	*vestirse bien*
whether	[weðə]	*si*

▶ Grammar - *Gramática*

The present perfect continuous - *Pretérito perfecto continuo*

Con el **present perfect continuous** se describe una acción **repetida** o **continuada** que comenzó en el pasado, continúa en el presente y puede continuar en el futuro.

Se forma del siguiente modo: sujeto + **have been** + gerundio

FOR/SINCE

+ **I've been studying English since I was at school (I'm still studying English now)**
  Estudio inglés desde que iba a la escuela. (lo sigo estudiando)
+ **I've been taking tennis lessons for a year. (I'm still taking them)**
  Tomo lecciones de tenis desde hace un año. (las sigo tomando)
? **How long have you been taking tennis lessons?**
  ¿Cuánto tiempo hace que tomas lecciones de tenis?
? **Have you been going to tenis lessons for long?**
  ¿Hace mucho que vas a clases de tenis?
– **No, I haven't been going to them for long. I only started last year.**
  No, no hace mucho que voy. Empecé sólo hace un año.

> **I have = I've**. **Have** se contrae del mismo modo que **have got**.
>
> La pregunta **How long...?** (*¿Cuánto hace que...?*) obliga al uso del **present perfect continuous** porque se refiere a una acción o situación repetida o continuada que no ha terminado todavía.

Se usa el **present perfect continuous** para describir una acción **continuada o repetida** que ha acabado pero cuyos resultados son evidentes en el presente.

? **Why are you red and sweating?** *¿Por qué estás rojo y sudado?*
+ **Because I've been running.** *Porque he estado corriendo.*
? **Why have you been running?** *¿Por qué corrías?*
+ **Because I'm late.** *Porque llegaba tarde.*

Past perfect continuous – *Pretérito pluscuamperfecto continuo*

sujeto + **had been** + gerundio
I + had been + working for two hours when he arrived.
Llevaba dos horas trabajando cuando él llegó.

? **Had you been working long when I arrived?**
¿Llevabas mucho tiempo trabajando cuando llegué?
− **No, I hadn't been working long.**
No, no llevaba mucho trabajando.

They have been learning Russian since they started high school.
Estudiaban ruso desde que empezaron el instituto.
She has been staying in the hotel for 10 days.
Llevaba en el hotel 10 días.
How long have you been working at your present job?
¿Cuánto hace que trabajas en tu empleo actual?
Have you been waiting long?
¿Hace mucho que esperas?
No, I haven't been waiting long. I've only just arrived.
No, no hace mucho. Acabo de llegar.
Why are the baby's eyes red? – Because he/she's been crying.
¿Por qué tiene el niño los ojos rojos? – Porque ha estado llorando.

Reported speech – *Estilo indirecto*

Mientras que en el estilo directo se realiza una cita exacta (normalmente entre comillas), de lo dicho por otra u otras personas, en el estilo indirecto se comunica lo dicho sin limitarse a repetir las palabras exactas que se usaron:

He says: «I want to go home». *Dice: «Quiero ir a casa».*
He says (that) he wants to go home. *Dice que quiere ir a casa.*
He said (that) you had to stay in bed. *Ha dicho que debías guardar cama.*

Después del verbo que introduce el estilo indirecto se puede poner «that».

ESTILO INDIRECTO: AJUSTE DEL VERBO SEGÚN EL TIEMPO USADO
EN EL ESTILO DIRECTO

Al pasar del estilo directo al estilo indirecto, el verbo que introduce el estilo indirecto debe adecuarse al tiempo en que se desarrolla la acción descrita en el estilo directo.

Si el verbo que introduce el estilo directo está conjugado en los tiempos **presente simple**, **pretérito perfecto** o **futuro**, el tiempo del verbo se mantiene en el estilo indirecto.

Silvia: «I want to finish programming my computer».
Silvia: «Quiero terminar de programar mi ordenador».
Silvia says she wants to finish programming her computer.
Silvia dice que quiere terminar de programar su ordenador.

«I'm not going to help you.» *«No te ayudaré.»*
I've told you more than once that I'm not going to help you.
Te he dicho varias veces que no te ayudaré.

Mark: «I don't love you any more!» *Mark: «¡Ya no te amo!»*
When he sees her this evening he'll tell her he doesn't love her any more.
Cuando la vea esta tarde le dirá que ya no la ama.

El tiempo «baja» un nivel (⇒ *backshift*), es decir, el presente del estilo directo se convierte en pasado en el estilo indirecto.

Silvia: «I want to finish programming my computer».
Silvia: «Quiero terminar de programar mi ordenador».
Silvia said she wanted to finish programming her computer.
Silvia dijo que quería terminar de programar su ordenador.

Reported speech tense shifts –
Cambios de tiempo del estilo directo al estilo indirecto

ESTILO DIRECTO	ESTILO INDIRECTO
present simple	past simple
present continuous	past continous
present perfect simple	past perfect
present perfect continuous	past perfect continuous
future – *will*	conditional – *would*
future – *going to*	was/were going to
future continuous	conditional continuous
present (de los verbos modales) (*can, must, may*)	past (de los verbos modales) (*could, had to, might*)

Los otros tiempos **no** cambian:

«The best thing would be to take a taxi!»
«¡Lo mejor sería coger un taxi!»
I suggested the best thing would be to take a taxi.
He sugerido que lo mejor sería coger un taxi.

Además, es preciso adecuar los adverbios de tiempo y lugar, teniendo siempre en cuenta que el mensaje no está narrado necesariamente en el mismo momento en que la acción del estilo directo se produce:

El relato se realiza durante **ese mismo día**:

> Silvia: «I can't come tomorrow».
> Silvia:«No puedo venir mañana».
> **Silvia said she couldn't come tomorrow.**
> Silvia ha dicho que no podrá venir mañana.

El relato se produce **el día después**:

> Silvia: «I'm leaving tomorrow».
> Silvia: «Me voy mañana».
> **Silvia said she was leaving today.**
> Silvia dijo que se iba hoy. (la partida de Silvia y el relato tienen lugar el mismo día.)

El relato se lleva a cabo **como mínimo dos días después**:

> Silvia: «I'm leaving tomorrow».
> Silvia: «Me voy mañana».
> **Silvia said she was leaving the next day.**
> Silvia dijo que se iría al día siguiente.

CAMBIOS TÍPICOS

tomorrow	the next day
mañana	el día después
yesterday	the day before
ayer	el día anterior
last week	the week before
la semana pasada	la semana anterior
last month	the month before
el mes pasado	el mes anterior
last year	the year before
el año pasado	el año anterior
two minutes ago	two minutes before
hace dos minutos	dos minutos antes
two days ago	two days before
hace dos días	dos días antes
two weeks ago	two weeks before
hace dos semanas	dos semanas antes
now	then/at that moment
ahora	entonces/en aquel momento

También el complemento de lugar se modifica:

> **Silvia: «It's very boring (aburrido) here».**
> *Silvia: «Esto (de aquí) es muy aburrido».*
> **Silvia said it was very boring there.**
> *Silvia dijo que aquello (de allí) era muy aburrido.*

here	aquí	there	allí

Hay otros cambios que afectan a los adjetivos y pronombres demostrativos:

this	este	that	ese, aquel
these	estos	those	esos, aquellos

También los pronombres personales y posesivos cambian según la persona que cuenta el relato:

> **Mario: «I was looking forward to seeing you».**
> *Mario: «No veía la hora de verte».*
> **Mario told Silvia he had been looking forward to seeing her.**
> *Mario dijo a Silvia que no veía la hora de verla.*

> **Silvia: «I've ordered a new car. My old one is broken down».**
> *Silvia: «He encargado un coche nuevo. El viejo se ha roto».*
> **Silvia said she had ordered a new car as her old one had broken down.**
> *Silvia dijo que había encargado un coche nuevo porque el viejo se había roto.*

> **Robert and Fred: «Oh Mum, you promised to buy us new bikes».**
> *Robert y Fred: «Mamá, tú prometiste comprarnos bicicletas nuevas».*
> **Her sons protested that she had promised to buy them new bikes.**
> *Sus hijos protestaron porque ella les había prometido comprarles bicicletas nuevas.*

Los mismos cambios se producen en caso de preguntas e imperativos indirectos.

Indirect questions – *Frases interrogativas indirectas*

Las preguntas indirectas van introducidas por verbos específicos: **to ask** *(preguntar/pedir)*, **to know** *(saber)*, **to wonder** *(preguntarse)*. Los cambios que se producen afectan a:

— el uso de **to do**;
— la secuencia de las palabras;
— el *backshift* de los tiempos.

> **«When do the shops close in Britain?»**
> *«¿Cuándo cierran las tiendas en Gran Bretaña?»*

He asked me/wanted to know/wondered when the shops closed in Britain.
Me preguntó/quiso saber/se preguntó cuándo cerraban las tiendas en Gran Bretaña.

«Why didn't you answer my letter?»
«*¿Por qué no has contestado a mi carta?*»
She asked him why he hadn't answered her letter.
Le preguntó por qué no había contestado a su carta.

Las interrogativas indirectas en las que no aparece un pronombre interrogativo van introducidas por las conjunciones **if** o **whether** *(si)*:

«Is it true that some shops stay open all night?»
«*¿Es verdad que algunas tiendas se quedan abiertas toda la noche?*»
He wanted to know whether it was true that some shops stayed open all night.
Quiso saber si era verdad que algunas tiendas se quedaban abiertas toda la noche.

«Will you come shopping with me?»
«*¿Vienes a hacer la compra conmigo?*»
She wondered if I would go shopping with her.
Se preguntaba si yo iría con ella a hacer la compra.

Indirect imperatives - *Imperativos indirectos*

Una invitación o una petición en el estilo indirecto se expresan mediante una construcción de infinitivo:

ESTILO DIRECTO	ESTILO INDIRECTO
«Close the door please.»	She asked me to close the door.
«Give me the keys!»	I told him to give me the keys.
«Let me drive, Jon.»	Ann asked him to let her drive.
«Don't be silly!»	She told them not to be silly.

En resumen:
Introducción: presente/futuro ⇒ en el estilo indirecto el tiempo se mantiene.
Introducción: pasado ⇒ en el estilo indirecto se produce el *backshift*.
En las preguntas indirectas el orden de las palabras es regular.
El imperativo se expresa mediante el infinitivo.

Exercises - *Ejercicios*

Ejercicio 1. Ponga las frases siguientes en estilo indirecto utilizando un verbo introductorio en pasado («to say», «to protest», «to tell», «to ask», «to want to know»).

Ej.: Mark: «I must go home». – Mark said that he had to go home.

1. «I don't know where he lives.» (Lucy)
2. His friends: «We must thank them for their help.»
3. Tom: «This is a fantastic idea!»
4. Silvia/Matthew: «I can't come to your party.»
5. Fred: «I've bought a new car. The old one wasn't big enough.»
6. Robert and Ann: «Mum, you promised to go swimming with us.»
7. Teacher/students: «Please close the window!»
8. Mario/Ana: «I was looking forward to *(no ver la hora)* seeing you».
9. George/Laura: «Are you married *(casado)*?»
10. Ted/his friends: «Did you have a nice trip?»

Ejercicio 2. Ponga las siguientes frases en estilo indirecto.

1. «The new Government will change everything.»
   He promised that ....
2. «Experts will work out solutions for all our problems.»
   He promised that ....
3. «The workers will get higher wages *(sueldo)*.»
   He promised that ....
4. «Prices will become lower (to become lower = *bajar*)».
   He promised that ....
5. «People will have to pay less taxes.»
   He promised that ....
6. «A lot of new houses will be built.»
   He promised that ....
7. «Petrol will cost less.»
   He promised that ....
8. «There will be a lot of positive changes.»
   He promised that ....
9. «Many new jobs will be created.»
   He promised that ....
10. «The introduction of the Euro will be positive for the the country's economy.
    He promised that ....

Ejercicio 3. Transforme las siguientes frases utilizando el «present perfect continuous».

Ej.: Jim comes to English lessons (6 months) –
Jim has been coming to English lessons for 6 months.

1. I'm reading that book (a week)
2. Jean's waiting for Philip (half an hour)
3. George lives in Barcelona (1995)
4. Harry works in New York (last March)
5. Peter plays football professionally (2 years)

Ejercicio 4. Ponga estos imperativos en estilo indirecto usando el infinitivo.

Ej.: «Go away!» – He told them to go away.

1. «Shut up!» *(cierra la boca)*
2. «Be quiet!» *(cállate)*
3. «Don't watch this silly programme!»
4. «Don't believe them!»
5. «Please help me with the dishes!»
6. «Go into your room!»
7. «Try this computer programme!»
8. «Be patient!» *(ten/tenga/tengamos paciencia)*
9. «Don't be silly!» *(no hacer el tonto)*
10. «Don't forget to buy some bread!»

Ejercicio 5. Ponga las siguientes frases en estilo indirecto.

1. «I don't want to marry him.»
   She says that ....
2. «My next job will be much more interesting.»
   She believed that ....
3. «I must get a new car.»
   He says that ....
4. «We didn't expect him to come.»
   They told us that ....
5. «I've never seen anything like that before.»
   She said that ....
7. «Will you help me with the new computer programme?»
   She asked us whether ....
8. «Did you see him yesterday?»
   He asked if we ....
9. «Can I come with you?».
   She asked him whether ....
10. «May I ask you another question?»
    She wanted to know whether ....
11. «Have you ever been to Italy?»
    He wondered whether I ....

UNIT THIRTEEN – UNIDAD TRECE

Text - texto

A winning smile - *Una sonrisa de victoria*

Travelling is the best way to get to know a country and the people.
Viajar es el mejor modo de conocer un país y su gente.
Travelling through Britain by car is very pleasant if you have plenty of time.
Viajar en coche por Gran Bretaña resulta muy agradable si dispones de mucho tiempo.
So, when driving up from London to Scotland a couple of years ago, I took my time, stopping here and stopping there, taking pictures and going for a walk whenever I felt like it.
De modo que, cuando fui en coche de Londres a Escocia hace un par de años, me tomé mi tiempo, parándome aquí y allí, haciendo fotos y paseando siempre que quería.
I was passing through one of the beautiful river valleys of Yorkshire when I saw a pretty young girl standing beside her car in front of a lovely old farmhouse.
Pasaba por uno de los hermosos valles de los ríos de Yorkshire, cuando vi una bonita muchacha cerca de su coche delante de una vieja y encantadora casa de campo.
Noticing that one of the tyres of her car was flat, I got out and asked her if she would like me to help her.
Al notar que uno de los neumáticos de su coche estaba desinflado bajé del coche y le pregunté si necesitaba ayuda.
Smiling, she accepted my offer, and I set to work.
Sonriendo aceptó mi oferta y yo me puse a trabajar.
Having no experience in changing wheels, it took me a long time to do the job.
Como no tenía ninguna experiencia en lo de cambiar ruedas, empleé mucho tiempo en hacer el trabajo.

When I had finally finished working, I said proudly, «There, that should take you home!»
Cuando por fin hube terminado de trabajar dije con orgullo: «¡Ya está, ahora debería llevarla a casa!»
She thanked me with a smile.
Me lo agradeció con una sonrisa.
«It should do», she replied softly. «I live here!»
«Debería», contestó suavemente. «¡Vivo justo aquí!»

Vocabulary – Glosario

beautiful	[bjutiful]	bello, -a, hermoso, -a
country	[kʌntri]	país
experience	[iks'pi:ri'ens]	experiencia
flat	[flæt]	desinflado; liso
in advance	[in ədva:ns]	por adelantado
lovely	[lavli]	encantador, bellísimo
offer	[tu ofer]	oferta
pleasant	[plezent]	agradable
plenty	[plenti]	mucho
pretty	[priti]	bonito, -a, guapo, -a
proudly	[praudli]	orgullosamente, con orgullo
river	[river]	río
Scotland	[skotland]	Escocia
softly	[softli]	suavemente, dulcemente
to accept	[tu æc'sept]	aceptar
to change wheels	[tu tʃeindʒ wi:ls]	cambiar las ruedas
to drive up	[tu draiv ʌp]	ir en coche
to get out	[tu get aut]	bajar
to get to know	[tu get tu no:]	conocer
to notice	[tu notis]	notar, darse cuenta
to pass through	[tu pa:s θru:]	pasar
to reply	[tu ri:'plai]	responder
to set to work	[tu set tu wœ:k]	ponerse a trabajar
to smile	[tu smail]	sonreír
to stop	[tu stop]	parar, detenerse
to take one's time	[tu teik taim]	tomarse su tiempo
to thank	[tu θænk]	agradecer
to travel	[tu trævəl]	viajar
valley	[væli]	valle
young	[jʌŋ]	joven

Grammar - *Gramática*

The gerund - *El gerundio*

En español, cuando un verbo hace la función de un sustantivo, se emplea en infinitivo; en inglés se puede usar el infinitivo, con o sin **to**, o bien el gerundio: **working** (trabajando), **living** (viviendo), etc. Como ya sabemos, para transformar un verbo en infinitivo en su forma de gerundio es suficiente con añadir la desinencia **-ing** al infinitivo.

consider	considering	*(considerar)*
visit	visiting	*(visitar)*
see	seeing	*(ver)*
pay	paying	*(pagar)*
worry	worrying	*(preocuparse)*

En los verbos que terminan en **-y** muda, esta se omite:

advise	advising	*(aconsejar)*
change	changing	*(cambiar)*
hope	hoping	*(esperar)*
make	making	*(hacer)*
struggle	struggling	*(luchar)*

Algunos verbos doblan la consonante final antes de añadir **-ing**:

admit	admitting	*(admitir)*
dig	digging	*(cavar)*
plan	planning	*(planificar, programar)*
stop	stopping	*(parar)*
prefer	preferring	*(preferir)*

Los verbos bisilábicos doblan la **-l** final antes de añadir **-ing**:

control	controlling	*(controlar)*
quarrel	quarrelling	*(pelearse)*
travel	travelling	*(viajar)*

Excepción: **reveal – revealing** *(revelar)*.

En los verbos que terminan en **-ie** esta teminación se transforma en **-ying**:

die	dying	(morir)
lie	lying	(mentir; echarse, estar acostado)
tie	tying	(atar, unir)

THE GERUND AS SUBJECT AND IN COMBINATION WITH THE VERB TO BE –
EL GERUNDIO SUJETO Y EN COMBINACIÓN CON EL VERBO SER

Gerundio sujeto

<u>Doing nothing</u> is my favourite occupation.
<u>No hacer nada</u> es mi ocupación preferida.

En combinación con *to be*

My favourite occupation is <u>doing nothing</u>.
Mi ocupación preferida es <u>no hacer nada</u>.

THE GERUND AFTER PREPOSITIONS – *EL GERUNDIO TRAS UNA PREPOSICIÓN*

After selling her house she emigrated to Italy.
Después de vender su casa emigró a Italia.
She talked him into buying a sports car.
Lo convenció de que comprara un coche deportivo.
He escaped without being recognized.
Escapó sin haber sido reconocido.
Instead of watching TV you should do something constructive.
En vez de mirar la televisión deberías hacer algo constructivo.
What about doing it yourself?
¿Qué me dices de hacerlo tú solo?
How about going to the cinema?
¿Qué te parece ir al cine?

VERB + PREPOSITION + GERUND – *VERBO + PREPOSICIÓN + GERUNDIO*

I must apologize for disturbing you at this hour.
Debo perdirte disculpas por molestarte a estas horas.
You must concentrate on getting the job done.
Debes concentrarte en cómo terminar este trabajo.
I don't feel like swimming today.
No me apetece nadar hoy.
He insisted on paying the bill.
Insistió en pagar la cuenta.
I'm looking forward to seeing you again soon.
No veo la hora de volver a verte.

OTROS VERBOS QUE SUELEN IR SEGUIDOS DE UNA PREPOSICIÓN + GERUNDIO

to accuse of	[əkju:s]	acusar de
to admit of/to	[əd'mit]	admitir en; reconocer
to amount to	[ə'maunt]	alcanzar a; equivaler a
to assist in	[ə'sist]	asistir a
to begin by	[bi'gin]	comenzar a
to benefit by/from	[benefit]	beneficiarse de, aprovechar
to boast about/of	[bo:st]	jactarse de, presumir de
to bother about	[boðər]	preocuparse de, molestarse en
to care about	[kær]	tener interés en, preocuparse por/de
to come from	[kʌm]	provenir de
to complain about/of	[kom'plein]	lamentarse de, quejarse de
to conclude by	[kon'klu:d]	concluir con
to confess to	[kon'fes]	confesar
to consist in	[kon'sist]	consistir en
to count on	[kaunt]	contar con
to decide against	[de:said]	pronunciarse contra, decidirse por no hacer algo
to delight in	[de:'lait]	disfrutar con, encantar encontrar placer en
to despair of	[dis'pær]	perder la esperanza de
to devote to	[de:'vout]	dedicarse a
to disapprove of	[disə'pru:v]	desaprobar no estar de acuerdo con
to dream about/of	[dri:m]	soñar con
to engage in	[en'geidʒ]	empeñarse en, dedicarse a
to escape from	[es'keip]	escaparse de, fugarse de
to fail in		suspender, fallar
to gamble on	[gembl]	apostar a, correr el riesgo de
to get about to	[get]	salir, viajar hacia
to hurry into	[hʌri]	precipitarse
to indulge in	[in'dʌldʒ]	concederse
to keep from	[ki:p]	impedir
to negotiate about	[ni'gouʃi'eit]	tratar, negociar, discutir
to object to	[ob'dʒekt]	oponerse a, poner objeciones a
to persist in	[pərsist]	empeñarse en
to refrain from	[ri:'frein]	abstenerse de
to rely on	[ri:'lai]	contar con, confiar en, depender de
to see about	[se:]	encargarse de
to specialize in	[speʃə'laiz]	especializarse en

to succeed in	[sʌksi:d]	conseguir, lograr
to talk about/of	[tɔ:k]	hablar de/sobre
to think about/of	[θink]	pensar en
to vote against	[vout]	votar contra
to warn against	[wɔ:rn]	prevenir contra
to worry about	[wəri]	preocuparse de

ADJECTIVE + PREPOSITION + GERUND –
ADJETIVO + PREPOSICIÓN + GERUNDIO

I'm looking forward to finishing my studies
No veo la hora de terminar mis estudios.
She was afraid of losing her way in the dark.
Tuvo miedo de perderse en la oscuridad.
He isn't clever/good at making money.
No es muy inteligente/bueno haciendo dinero.
The meeting was late in starting.
La reunión empezó tarde.
These peaches are ripe for eating.
Estos melocotones están listos para ser consumidos.
I'm sick/tired/weary of repeating the same things.
Estoy cansada de repetir siempre las mismas cosas.

I'm looking forward **to** finishing my studies.
I am used **to** studying all night.
En estos ejemplos, «**to**» es una preposición y no parte del infinitivo. Las expresiones verbales de este tipo que terminan con «**to**» siempre van seguidas de un gerundio.

VERBOS QUE EXPRESAN PREFERENCIA + GERUNDIO

Entre los verbos más importantes que rigen el gerundio se encuentran aquellos que expresan preferencia:
to like, to dislike, to enjoy, to hate, to prefer, to detest
gustar, no gustar, divertirse, odiar, preferir, detestar

+	**I like playing football.**	– *Me gusta jugar al fútbol.*
?	**Do you like playing football?**	– *¿Te gusta jugar al fútbol?*
–	**I don't like playing football.**	– *No me gusta jugar al fútbol.*

También los verbos **to start** (empezar) y **to stop** (terminar) siguen esta regla:
He started speaking. – *Empezó a hablar.*
I have stopped smoking. – *He dejado de fumar.*

También hay adjetivos que a menudo van seguidos de preposición + gerundio.

to be accustomed to	[ə'kʌstemd]	estar acostumbrado a
to be adequate for	[əde'kwit]	ser adecuado para
to be alarmed at	[əla:rmd]	estar alarmado
to be amazed at	[ə'meizd]	quedarse boquiabierto por
to be angry at	[æŋgri]	estar enfadado por
to be appropriate for	[ə'propriet]	ser apropiado para, ser conveniente para
to be ashamed of	[ə'ʃeimd]	avergonzarse de
to be astonished at	[ə'stoniʃd]	quedarse asombrado
to be available for	[ə'veilebl]	estar disponibile para
to be certain of	[sarten]	ser seguro de
to be conscious of	[kɔnʃes]	ser consciente de
to be crazy about	[kreizi]	estar loco por
to be delighted at	[de:'laited]	disfrutar con
to be disappointed at	[disəpointed]	estar decepcionado de
to be engaged in	[engeidʒd]	estar comprometido en
to be enthusiastic about	[en'θu:seəstik]	entusiamarse con
to be equivalent to	[y'kwivəlent]	equivaler a
to be excited about	[ek'saitid]	estar emocionado con
to be famous for	[feiməs]	ser famoso por
to be fond of	[fɔnd]	sentir mucho cariño por
to be fortunate in	[fortjunet]	ser afortunado en
to be glad about	[glæd]	alegrarse por
to be guilty of	[gilti]	ser culpable de
to be happy about	[hæpi]	estar contento/feliz de
to be intent on	[in'tent]	estar resuelto/decidido a
to be interested in	[intrested]	estar interesado de
to be necessary for	[nesesæri]	ser necesario para
to be nervous about	[nœrvəs]	estar nervioso por
to be optimistic about	[opti'mistik]	ser optimista sobre
to be pessimistic about	[pesi'mistik]	ser pesimista sobre
to be preferable to	[preferebl]	ser preferible
to be preoccupied with	[pri'okju:paid]	estar preocupado por
to be proficient at	[pro'fiʃent]	ser competente en
to be proud of	[praud]	estar orgulloso de
to be right in	[rait]	llevar la razón en
to be serious about	[se:riəs]	tomar en serio
to be slow in	[slou]	ser lento
to be suitable for	[sju:'təbl]	ser adecuado/conveniente para
to be used to	[ju:zd]	estar acostumbrado a
to be useful for	[ju:sful]	ser útil, práctico, ventajoso para

NOUN + PREPOSITION + GERUND – SUSTANTIVO + PREPOSICIÓN + GERUNDIO

Do you think there's any chance of getting a job?
Según tú, ¿hay alguna posibilidad de encontrar un trabajo?
Are you in the habit of smoking in bed?
¿Tienes la costumbre de fumar en la cama?
I had no intention of hurting you.
No tenía ninguna intención de hacerte daño.
Surely he must be given the opportunity of earning the money somewhere.
Sin duda hay que darle la oportunidad de sacar el dinero de alguna parte.
He has a talent/an aptitude/a flair/a genius for doing the wrong things.
Tiene talento para/aptitudes para/un don para/la capacidad de hacer las cosas mal.

El número de los sustantivos que pueden ir seguidos de preposición + gerundio es muy grande.

Estos son algunos ejemplos:

advantage of	[ədvɑ:ntidʒ]	*ventaja/provecho de*
alternative to	[al'tœrne'tiv]	*alternativa a*
aversion to	[a'vœrʃən]	*aversión/antipatía por*
basis for	[bæsis]	*base/fundamento para*
belief in	[bili:f]	*confianza en*
blame for	[bleim]	*responsabilidad de*
capability of	[keipe'biliti]	*capacidad de*
choice between	[tʃois]	*elección entre*
compromise between	[kompro'mais]	*compromiso entre*
danger of	[deindʒer]	*peligro de*
(a great) deal of	[greit de:l]	*muchísimo, -os, bastante, -s*
death by	[deθ]	*muerte de*
delight in	[de:'lait]	*placer de*
difference between	[dife'rens]	*diferencia entre*
difficulty in	[difikjulti]	*dificultad para*
dislike for/of	[dislaik]	*antipatía por*
excuse for	[ekskju:s]	*excusa para*
experience in	[eks'pi:riens]	*experiencia de*
facility for	[fæ'siliti]	*facilidad para*
fear of	[fi:r]	*miedo a*
fondness for	[fondnes]	*cariño hacia, afición por, amor a*
hesitation in	[hezi'teiʃən]	*indecisión por*
hope of	[houp]	*esperanza de*

impression of	[im'preʃən]	*impresión de*
interest in	[intrest]	*interés por*
love for	[lʌv]	*amor por*
(by) means of	[bai mi:ns]	*por medio de*
method of	[meθəd]	*método de*
need for	[ni:d]	*necesidad de*
objection to	[ob'dʒektʃən]	*objeción*
occasion for	[o'keiʒiən]	*ocasión para*
pleasure in/of	[pleʒiər]	*disfrute de*
(there's no) point in	[point]	*no sirve de nada*
possibility of	[posi'biliti]	*posibilidad de*
preference for	[preferens]	*preferencia por*
priviledge of	[privi'ledʒ]	*privilegio de*
reason for	[ri:zən]	*motivo/razón para*
reputation for/of	[repju:tæʃən]	*reputación de*
satisfaction in	[sætis'fæk æʃən]	*satisfacción de*
taste for	[teist]	*predileción/gusto por*
tendency towards	[tendensi]	*tendencia a, inclinación a*
trouble	[trabl]	*dificultad de*
(with a) view to	[vju:]	*con miras a, con intención de*
way of	[wei]	*modo/forma de*

THE GERUND AFTER VERBS – *EL GERUNDIO DESPUÉS DEL VERBO*

to admit	[əd'mit]	*admitir que*
to adore	[ə'do:r]	*adorar*
to advocate	[ədvokeit]	*defender, apoyar, abogar por*
to allow	[əlau]	*permitir, dejar*
can't/couldn't stand	[ka:nt kudent stænd]	*no soporto/no soportaba*
to deny	[de'nai]	*negar, denegar*
to detest	[de'test]	*detestar, odiar, no soportar*
to discontinue	[dis'con'tinju:]	*interrumpir, detener*
to escape	[es'keip]	*huir, fugarse*
to fancy	[fænsi}	*creer, imaginarse*
to favour	[feivər]	*favorecer, ser partidario de*
to finish	[finiʃ]	*terminar*
to give up	[giv ʌp]	*dejar de*
to imagine	[los'mædʒin]	*imaginar*
to involve	[involv]	*implicar, involucrar*
to keep (on)	[ki:p]	*continuar*
to leave off	[li:v]	*dejar de*
to mention	[menʃən]	*mencionar*

not to mind	[maind]	*no estar dispuesto a*
to miss	[mis]	*errar, fallar; dejar pasar*
to oppose	[o'pouz]	*oponerse a*
to prevent from	[pri:'vent]	*impedir*
to recall	[ri:'kɔ:l]	*recordar*
to recollect	[ri:'kolekt]	*recordar*
to recommend	[ri:ko'mend]	*recomendar*
to resent	[ri:'sent]	*ofenderse por*
to resume	[ri:'zjum]	*retomar, recomenzar a*
to risk	[risk]	*arriegarse a*
to suggest	[sə'dʒest]	*sugerir, aconsejar*
to take up	[teik ʌp]	*asumir; empezar a*

We went swimming/shopping/dancing. *Fuimos a nadar/de compras/a bailar.*
He lay/sat/stood gazing into the fire. *Estaba allí tendido/sentado/de pie mirando el fuego.*
She remained standing/sitting. *Se quedó de pie/sentada.*
She fled weeping from the room. *Ella salió de la habitación a toda prisa y llorando.*
He came running into the garden. *Vino corriendo por el jardín.*

THE GERUND AFTER NO VERBAL EXPRESSIONS – *EL GERUNDIO DESPUÉS DE EXPRESIONES IMPERSONALES*

There's no knowing. *No se puede saber.*
There was no mistaking. *No hubo errores.*
It's no use complaining. *Es inútil lamentarse.*
It's no good calling the doctor. *Es inútil llamar el médico.*
This proposal is worth considering. *Esta propuesta merece ser considerada.*
These ideals are worth fighting for. *Estos ideales merecen ser defendidos.*
It was a pleasure/It was fun/It was nice having you to stay with us. *Fue un placer/Fue divertido/Fue agradable tenerle con nosotros.*
It's useless trying to convince him. *Es inútil intentar convencerlo.*
He's busy writing letters. *Está ocupado escribiendo cartas.*
We were late getting here. *Llegamos aquí con retraso.*
At first I had difficulty/trouble understanding him. *Al principio tenía dificultades para comprenderlo.*
She was a long time answering the doorbell. *Se tomó mucho tiempo antes de abrir la puerta.*

May/might – *Poder/ser posible (posibilidad)*

Los verbos modales **may** y **might** se emplean para expresar **posibilidad**, pero *might* es más incierto que *may*.

Sujeto   may/might   verbo

May y *might* son invariables y se usan sin «**to**».

I **may** go to the cinema this evening. I haven't decided yet.
Podría ir al cine esta noche. Todavía no lo he decidido.
We **may not** have enough petrol to get home.
Es posible que no tengamos suficiente gasolina para llegar a casa.
Wear your raincoat. Otherwise you **might** get wet.
Ponte el impermeable, de lo contrario podrías mojarte.
I've got a meeting after work. I **might not** be back in time for dinner.
Tengo una cita después del trabajo. Puede que no vuelva a tiempo para la cena.

▶ Exercises – *Ejercicios*

Ejercicio 1. Una las dos frases usando el gerundio.

Ej.: She forgot that it was Sunday. She got up at half past five.
Forgetting that it was Sunday, she got up at half past five.

1. I noticed that one of the tyres was flat. I stopped and got out.
2. I heard the phone ring. I got out of the bath.
3. I saw that her glass was empty. I got her another whisky.
4. She hoped that she would be invited to the party. She bought a new dress.
5. He realised (darse cuenta) that it was late. He took a taxi.
6. He discovered that learning a foreign language could be very useful. He decided to spend a month in London.
7. He knew that she was unhappy in her new job. He offered to help her.

Ejercicio 2. Exponga unas preguntas y respóndalas. Use los adjetivos comparativos y el gerundio.

Ej.: pleasant - travel by car - go by train
What's more pleasant, travelling by car or going by train?
I think travelling by car might be more pleasant.

1. good - learn English - learn German
2. nice - go to Australia - go to Italy
3. interesting - go to the cinema - stay at home
4. difficult - write French - speak French

5. expensive - fly to Rome - fly to New York
6. exciting - go on a safari - see the midnight sun
7. dangerous - go by car - go by train
8. easy - find a house in London - find a house in Barcelona
9. bad - invite your parents - invite our neighbours
10. relaxing - spend a weekend at the seaside - spend a weekend at Madrid visiting the famous museums.

Ejercicio 3. Complete el ejercicio utilizando «might».

Why is it a good idea to:

Ej.: book concert tickets in advance?
Because otherwise you might not get a ticket.

Why is it a good idea to:
1. dry the bathroom floor after having a shower?
   Because otherwise...
2. time spaghetti when you cook it?
   Because otherwise...
3. arrive at the airport early
   Because otherwise ....
4. listen carefully to instructions
   Because otherwise ....
5. write down the things you have to remember
   Because otherwise ....

Ejercicio 4. Forme frases.

What Lucy did after work.

After Lucy had left the office, she took the tube.

1. After taking ...., she arrived at her flat.
2. ...., she prepared a little snack.
3. ...., she took a bath.
4. ...., she put on her new dress.
5. ...., she phoned John to fetch her.
6. ...., she left the house.
7. ...., she met John.
8. ...., she went to a night club with him.

Ejercicio 5. Traduzca las siguientes frases.

1. Después de haberle dicho la verdad se marchó.
2. Dejó la habitación sin decir una palabra.

3. ¿Qué dices, vamos a nadar esta tarde?
4. Sentimos molestarle a esta hora.
5. No veo la hora de volver a verlo.
6. Es conveniente aceptar su oferta.
7. Sólo nos queda intentar resolver el problema solos.
8. Después de haber saludado a sus padres partió de nuevo para Italia.
9. En vez de hablar durante horas podrías echarme una mano.
10. Se lamentó de tener que pasar las vacaciones en casa.

Ejercicio 6. *Complete las construcciones con gerundio usando la preposición correcta.*

1. She is afraid .... losing him.
2. We are enthusiastic .... learning a new computer programme.
3. He is interested ...... improving his knowledge of English.
4. I am looking forward .... meeting you soon.
5. The meeting was late .... starting.
6. I'm sick .... explaining the same things every day.
7. He isn't very good .... making compliments.
8. Do you think there's any chance .... finding them?
9. You really have a talent ... asking the wrong questions!
10. Are you in the habit ...... smoking in bed?

Ejercicio 7. *Cuente lo que le sucedió durante sus últimas vacaciones.*

UNIT FOURTEEN
UNIDAD CATORCE

Text – *Texto*

An «exciting» honeymoon – *Una luna de miel movida*

John shut the door and slumped wearily against it. «We're here at last. I can hardly believe it!» «Do you want me to call the room service?» said his wife gently. «Yes, darling. Ask them to bring us some supper and some cool cocktails. Oh, and tell them not to disturb us in the morning.»

John cerró la puerta y se dejó caer en ella con cansancio. «Por fin estamos aquí. ¡Casi no puedo creérmelo!» «¿Quieres que llame al servicio de habitaciones?», le dijo su mujer amablemente. «Sí, cariño. Diles que nos traigan algo para cenar y algún cóctel fresco. Ah, y diles que no nos molesten por la mañana.»

It had been the longest day of their lives! Their flight had been delayed for eight hours. They had felt so angry and disappointed. First they were told to wait in the lounge. Then they were given a lunch voucher and invited to go to the airport restaurant. After eating, they tried to pass the time shopping and reading, but waiting is never easy and eight hours is a very long time.

¡Había sido el día más largo de su vida! Su vuelo había sufrido un retraso de ocho horas. Se habían sentido muy enfadados y decepcionados. Primero les dijeron que esperaran en la sala de espera. Luego les habían dado un vale para comer y los invitaron a que fueran al restaurante del aeropuerto. Después de haber comido, intentaron pasar el tiempo haciendo compras y leyendo, pero la espera nunca es fácil y ocho horas es mucho tiempo.

Finally, an announcement was made over the loudspeaker. Their flight was ready to board! All the passengers rushed excitedly to the gate like a tidal wave. It was instant pandemonium! Old ladies were being pushed aside. Tired children were being told to stop crying. John helped a bewildered old lady to pick up her handbag. She told him that he was a very kind young man.

Por fin dieron un aviso por el altavoz. ¡Su vuelo estaba listo para el embarque! Todos los pasajeros se precipitaron a la puerta como un maremoto. ¡Enseguida se formó un gran alboroto! A las señoras mayores las apartaban. A los cansados niños les decían que dejaran de llorar. John ayudó a una ancianita confundida a recoger su bolso del suelo. Ella le dijo que era un jovencito muy amable.

When the aeroplane landed, they were taken into the centre of town by coach. After standing at a taxi rank for twenty minutes in vain, they realised, to their horror, that there was a taxi strike! How they managed to cross an entire city with all their luggage, not knowing a single word of the local language is anybody's guess!

Cuando el avión aterrizó, fueron llevados al centro de la ciudad con un autobús. Después de haber esperado en vano veinte minutos en la cola de los taxis, ¡se dieron cuenta horrorizados de que había huelga de taxistas! ¡Cómo consiguieron atravesar la ciudad entera con todas las maletas y sin saber una sola palabra de la lengua local, no se sabe!

But here they were at last. After having cool relaxing showers, they sat, tired but relieved, on the balcony sipping their cocktails. John smiled warmly at his wife, «Well,» he said, «From now on things can only get better!» «Yes,» she agreed. «The rest of our lives together can't be worse than the first day of our honeymoon!»

Pero al final aquí estaban. Después de haberse dado una ducha fresca y relajante, se habían sentado en la terraza, cansados pero aliviados, a beber a sorbos sus cócteles. John sonrió afectuosamente a su mujer: «Bueno —dijo—, de ahora en adelante las cosas sólo pueden mejorar!». «¡Sí, —asintió ella—, el resto de nuestra vida juntos no podrá ser peor que el primer día de nuestra luna de miel!»

▶ Vocabulary - *Glosario*

against	[ə'geinst]	contra
angry	[æŋgri]	enfadado
announcement	[æ'naunsmənt]	aviso, anuncio
bewildered	[biwildərd]	desconcertado
coach	[kəutʃ]	autobús
cool	[ku:l]	fresco
darling	[da:liŋ]	tesoro, cariño
disappointed	[disəpɔintid]	decepcionado
excitedly	[ik'saitidli]	nerviosamente
flight	[flait]	vuelo
gently	[dʒentli]	amablemente
handbag	[hændbeg]	bolso
honeymoon	[hani'mu:n]	luna de miel

I can hardly believe it	[ai kæn ha:dli bili:v it]	casi no puedo creerlo
in vain	[in vein]	en vano
is anybody's guess	[iz enibadiz ges]	no se sabe
kind	[kaind]	amable
lives (sing. life)	[laivs]	vidas (sing. vida)
loudspeaker	[laud'spi:kə]	altavoz
passenger	[pæsəndʒə]	pasajero
relieved	[rili:vd]	aliviado
room service	[ru:m sə:vis]	servicio de habitaciones
strike	[straik]	huelga
supper	[sʌpə]	cena
tidal wave	[taidəl weiv]	maremoto
to be delayed	[tu bi dileid]	ir con retraso
to board	[tu bɔ:d]	embarcarse
to bring	[tu briŋ]	llevar
to disturb	[tu distœ:b]	molestar
to invite	[tu invait]	invitar
to land	[tu lænd]	aterrizar
to pass the time	[tu pa:s ðə taim]	pasar el tiempo
to reach	[tu ri:tʃ]	alzanzar, llegar a
to rush	[tu rʌʃ]	precipitarse
to shut	[tu ʃʌt]	cerrar
to slump	[tu slʌmp]	dejarse caer, desplomarse
to their horror	[tu ðyə hɔrər]	con horror
to wait	[tu weit]	esperar
warmly	[wɔ:mli]	calurosamente
wearily	[wi.ɹili]	con cansancio

Grammar – *Gramática*

The past perfect tense – *El pretérito pluscuamperfecto*

El **past perfect** se utiliza para hablar de una acción pasada anterior a otra también pasada.

> She was crying because she <u>had received</u> bad news.
> *Estaba llorando porque <u>había recibido</u> una mala noticia.*

SUJETO + **HAD** + PARTICIPIO PASADO

+	**I had worked** – *había trabajado*
?	**had I worked?** – *¿había trabajado?*
–	**I hadn't worked** – *no había trabajado*

> El **past perfect** (pretérito pluscuamperfecto), al contrario que el **present perfect** (pretérito perfecto), sirve para referirse tanto a un tiempo definido como a un tiempo indefinido. Se puede usar con *since*.

She had never left the village. She <u>had lived</u> there <u>since</u> she was born.
No había dejado el pueblo nunca. <u>Había vivido</u> allí <u>desde que nació</u>.

> El **past perfect** suele emplearse para relatar una historia. En ese contexto no es preciso poner todos los verbos en **past perfect**. Cuando el ambiente ha sido definido y el oyente ha comprendido que la historia tiene lugar «dos pasos atrás en el pasado», se puede pasar al **past simple**.

It <u>had been</u> the longest day of their lives! Their flight <u>had been delayed</u> for eight hours. They <u>had felt</u> so angry and disappointed.
¡<u>Había sido</u> el día más largo de sus vidas! Su vuelo <u>había sufrido un retraso</u> de ocho horas. <u>Se habían sentido</u> muy enfadados y decepcionados.

The past continuous tense – *El pasado continuo*

El **past continuous** se usa sobre todo para describir acciones que estaban iniciadas y en proceso en un momento determinado del pasado. A menudo se emplea para describir un contexto o ambiente del pasado.

PASADO DE «TO BE»   PASADO CONTINUO

+	he was working – *estaba trabajando*
?	was he working? – *¿estaba trabajando?*
–	he wasn't working – *no estaba trabajando*

At 8 a.m. she was working at the computer.
A las 8 estaba trabajando con el ordenador.
He was cooking when I arrived.
Estaba cocinando cuando yo llegué.
The sky was getting brighter.
El cielo se estaba aclarando.
The sun was shining and the birds were singing
El sol estaba brillando y los pájaros cantaban.

The passive voice – *La voz pasiva*

La voz pasiva se utiliza cuando no interesa o no es importante quién es el autor de una acción porque lo realmente importante o interesante es la acción o su resultado.

Para pasar una frase a la forma pasiva, se pone el verbo «to be» en el tiempo del verbo original y luego se añade el participio pasado del verbo original:

They <u>clean</u> the offices in the evening.
Limpian las oficinas por la tarde.
The offices <u>are cleaned</u> in the evening.
Las oficinas se limpian por la tarde.

Mary <u>wrote</u> the letter.	The letter <u>was written</u> (by Mary).
Mary escribió una carta.	*La carta fue escrita (por Mary).*
They <u>have built</u> a skyscraper.	A skyscraper <u>has been built</u>.
Han construido un rascacielos.	*Un rascacielos ha sido costruido.*
She <u>will serve</u> the meal.	The meal <u>will be served</u>.
Ella servirá la comida.	*La comida será servida.*

> En la frase pasiva la persona que actúa (el agente) puede ser mencionada como información añadida:
> **The news was announced by a spokesman.** – *La noticia fue anunciada por un portavoz.*
> O bien para completar la frase:
> **The poem was written by William Wordsworth** – *El poema fue escrito por William Wordsworth.*
> El **agente** va unido a la frase mediante la preposición **by**.

La voz pasiva se emplea sobre todo en la lengua escrita.

They were asked to wait in the lounge. – *Se les pidió que esperaran en la sala de espera.*
An announcement was made over the loudspeaker. – *Se dio un aviso por el altavoz.*
Old ladies were being pushed aside. *Las señoras mayores eran apartadas.*
The news was announced in London yesterday. – *La noticia se difundió ayer en Londres.*
The oil field has been described as «very extensive». – *El campo petrolífero ha sido descrito como «muy extenso».*
«Petrol prices will be adjusted to the increased costs», said a spokesperson for B.O. Oil yesterday. – *«Los precios para la gasolina se adaptarán al aumento de los costes», dijo el portavoz de la sociedad B.O. Oil ayer.*

En español se prefiere, en lugar de la voz pasiva, la forma impersonal con «se», mientras que en inglés la voz pasiva se emplea con mayor frecuencia.

English is spoken all over the world. – *Se habla inglés en todo el mundo.*
English is thought to have a vocabulary of nearly a million words. – *Se estima que el inglés comprende un vocabulario de casi un millón de palabras.*

The active voice and the passive voice – *Voz activa y voz pasiva*

Tiempo	Voz activa	Voz pasiva	Español
Present Simple	considers	is considered	*es considerado*
Present Continuous	is considering	is being considered	*está siendo considerado*
Past Simple	considered	was considered	*fue considerado*
Past Continuous	was considering	was being considered	*estaba siendo considerado*
Pres. Perf. Simple	has considered	has been considered	*ha sido considerado*
Past Perf. Simple	had considered	had been considered	*había sido considerado*
Future	will consider	will be considered	*será considerado*
Conditional	would consider	would be considered	*sería considerado*
Present Infinitive	to consider	to be considered	*ser considerado*
Perfect Infinitive	to have considered	to have been considered	*haber sido considerado*
Pres. Participle	considering	being considered	*siendo considerado*
Per. Participle	having considered	having been considered	*habiendo sido considerado*

> Construcción pasiva con los **verbos modales**:
> verbo modal + be + participio pasado:
> *I can be asked, you must be helped, it may be written.*
> *I could be asked, you had to be helped.*

Infinitive constructions after passive verbs – *Construcción infinitiva después de los verbos pasivos*

Algunos verbos en la forma pasiva van seguidos del infinitivo. En español no existe un equivalente de esta construcción y estas frases suelen hacerse con la forma impersonal activa del verbo seguida de una conjunción. Prestemos atención a los ejemplos que vienen a continuación y a su traducción.

to believe *(creer)*, **to consider** *(considerar)*, **to report** *(contar, informar)*, **to say** *(decir)*, **to suppose** *(suponer, imaginarse)*, **to think** *(pensar)* + **infinitivo con «to»**:

> **He is said to be one of the richest men in Europe.**
> *Se dice que es uno de los hombres más ricos de Europa.*

Unit fourteen - Unidad catorce

He is reported to possess a fortune of a couple of million dollars.
Se cuenta que tiene un patrimonio de cerca de dos millones de dólares.
He is believed to have started out as dishwasher.
Se cree que empezó como friegaplatos.
America is still supposed to be the country of unlimited possibilities.
Se considera que América sigue siendo la tierra de las posibilidades ilimitadas.

EL VERBO «TO GET»

El verbo *to get* se emplea en lugar de *to be*, sobre todo en la lengua informal:

I got caught in the rain. – *He sido sorprendida por la lluvia.*
Yesterday we got soaked. – *Ayer la lluvia nos ha calado hasta los huesos.*

Además de las combinaciones con adjetivos como **to get dark** *(oscurecerse)*, **to get angry** *(enfadarse)*, **to get nervous** *(ponerse nervioso)*, **to get old** *(envejecer)*, **to get worse** *(empeorar)*, **to get better** *(mejorar)*, etc., en la lengua coloquial el verbo **to get** se usa también para formar la voz pasiva en lugar del verbo **to be**:

to get dressed *(vestirse)*, **to get married** *(casarse)*, **to get divorced** *(divorciarse)*, **to get lost** *(perderse)*, **to get excited** *(excitarse, emocionarse)*, **to get killed** *(ser matado)*, **to get bitten** *(ser mordido)*, **to get struck** *(ser golpeado)*, **to get tired** *(cansarse)*, **to get drunk** *(emborracharse)*, **to get engaged** *(prometerse)*, etcétera.

Hurry up and get dressed. – *¡Date prisa y vístete!*
Have you heard? Mara and Massimo are getting maried. – *¿Has oído? Mara y Máximo se casan.*
Don't get lost tonight! – *¡No te pierdas esta noche!*
The Browns are getting divorced. – *Los Brown se están divorciando.*

Infinitive constructions - *Construcciones de infinitivo*

En la unidad anterior hemos visto las construcciones de gerundio, pero muchos verbos ingleses van seguidos del infinitivo. El mejor modo de aprender estas construcciones es aprendérselas de memoria.

ALGUNAS DE LAS CONSTRUCCIONES DE INFINITIVO MÁS ÚTILES:

to advise s.o to do sth.	*aconsejar a alguien que haga algo*
to allow s.o. to do sth.	*permitir a alguien que haga algo*
to ask s.o. to do sth.	*pedir a alguien que haga algo*
to help s.o. to do sth.	*ayudar a alguien a hacer algo*
to offer to do sth.	*ofrecerse a hacer algo*

to remember to do sth.	acordarse de hacer algo
to tell s.o. to do sth.	decir a alguien que haga algo
to trust so. to do sth.	encargar a alguien que haga algo
to want s.o. to do sth.	querer que alguien haga algo

John helped an old lady to pick up her bag.
John ayudó a una señora mayor a recoger su bolso.
Do you want me to call room service?
¿Quieres que llame al servicio de habitaciones?
Ask them to bring us some supper.
Pídeles que traigan algo para cenar.
Tell them not to disturb us in the morning.
Diles que no nos molesten por la mañana.

> En la forma negativa, el orden de las palabras es el siguiente:
> to tell/ask, advise/want s.o. **NOT** to do sth.

Exercises - *Ejercicios*

Ejercicio 1. Complete las frases con uno de los verbos siguientes utilizando la forma pasiva correcta.

Ej.: The music at the party was very loud and could be heard from far away.

arrest – check – translate – find – drive – make – spend – carry – wake

1. A decision will not .... until the next meeting.
2. I don't mind driving but I prefer to .... by other people.
3. Police are looking for the missing boy. He can't .... anywhere.
4. I told the hotel receptionist that I wanted to .... up at 6.30.
5. Her new book will probably .... into a number of foreign languages.
6. If you kicked a policeman, you'd ....
7. When you go through Customs, your luggage may .... by a customs officer.
8. Do you think that less money should .... on arms?
9. The old man couldn't walk and had to ....

Ejercicio 2. Ponga las frases siguientes en voz pasiva.

Ej.: We can solve the problem. – The problem **can be solved**.

1. People should send their complaints to the head office.
   Complaints ....

2. They had to postpone the meeting because of illness.
   The meeting ......
3. Somebody might have stolen your car if you had left the keys in it.
   Your car ....
4. They are going to hold next year's congress in Madrid.
   Next year's congress ......
5. They shouldn't have played the football match in such bad weather.
   The football match ....

Ejercicio 3. Pase las siguientes frases a la voz activa.

1. He was bitten by our neighbours' dog.
2. Her new book will be published by the end of the year.
3. The new pupil has been asked to write his name on the blackboard.
4. Our new neighbours must be invited to our party too.
5. A new hard disk was installed on the computer by a technician.

Ejercicio 4. Lea de nuevo el texto y responda a las preguntas siguientes.

1. Find a sentence containing a superlative.
2. Find 5 adverbs in the passage.
3. What exactly does John's wife say to room service? (reported speech)
   She asked them ....
   She told them ....
4. What were her direct words?
5. What exactly does the old lady say to John? (her direct words)
6. Find 5 adjectives in the passage.
7. Find an example of an infinitive construction.
8. Find an example of a gerund construction.
9. Find two examples of the passive.
10. What did John say when he smiled at his wife? (reported speech)
    He said that..

Ejercicio 5. Lea las frases siguientes. Pase la construcción de infinitivo al estilo indirecto.

1. Don't come!
   He (tell/me)..
2. What do you want?
   He (ask/them) ....
3. Can I help you to carry your case?
   He (ask/me) ....
4. I want to go out this evening.
   She (say) ....
5. If I were you I wouldn't smoke.
   She (advise/me) ....

ELEMENTOS RECAPITULATIVOS DE GRAMÁTICA

Personal pronouns - *Pronombres personales*

Singular – *Singular*
I   [ai]   *yo*
you   [ju:]   *tú/usted*
he   [hi:]   *él*
she   [ʃe:]   *ella*
it   [it]   *eso*

Plural – *Plural*
we   [ui:]   *nosotros*
you   [ju:]   *vosotros/ustedes*
they [ðei]   *ellos/ellas*

The verb «to be» - *El verbo «ser»*

THE AFFIRMATIVE FORM – *LA FORMA AFIRMATIVA*

I **am** – *yo soy*	we **are** – *nosotros somos*
you **are** – *tú eres/usted es*	you **are** – *vosotros sois/ustedes son*
he/she/it **is** – *él/ella/eso es*	they **are** – *ellos/ellas son*

THE INTERROGATIVE FORM – *LA FORMA INTERROGATIVA*

Para formular una pregunta con el verbo **to be**, hay que invertir el sujeto y el verbo.

am I? – *¿yo soy?*	**are** we? – *¿nosotros somos?, etc.*

The present simple tense - *El presente de indicativo*

El presente se usa para hablar de costumbres y acciones cotidianas.

La **forma afirmativa** es igual al infinitivo del verbo, a excepción de la tercera persona, en la que se añade una **-s** al final.

Infinitivo: **to live** [tu liv] – *vivir*

I live [ai liv] – *yo vivo*	we live [ui: liv] – *nosotros vivimos*
you live [ju: liv] – *tú vives*	you live [ju: liv] – *vosotros vivís*
he/she/it live<u>s</u> [hi:/ ʃi:livz] – *él/ella/eso vive*	they live [ðei liv] – *ellos viven*

La **forma interrogativa** se forma utilizando el **verbo auxiliar** «to do» [tu du:], que en español no se traduce:

FORMA INTERROGATIVA

DO I work?	DO we work?
DO you work?	DO you work? (pl.)
DO<u>ES</u> he/she/it work?	DO they work?

La **forma negativa** se forma utilizando el **verbo auxiliar** «to do» en negativo.

FORMA NEGATIVA

I DO NOT work	we DO NOT work
you DO NOT work	you DO NOT work (pl.)
he/she/it DO<u>ES</u> NOT work	they DO NOT work

Possessive adjectives – *Adjetivos posesivos*

my [mai]	mi, mis
your [jɔ:]	tu, tus; su, sus (de usted)
his, her, its [hiz, hœ:, its]	su, sus (de él, de ella)
our [auə]	nuestro, nuestra, nuestros, nuestras
your [jɔ:]	vuestro, vuestra, vuestros, vuestras; su, sus (de ustedes)
their [ðyə]	su, sus (de ellos, de ellas)

Possessive pronouns – *Pronombres posesivos*

mine [main]	mío, mía, míos, mías
yours [jɔ:z]	tuyo, tuya, tuyos, tuyas; suyo, suya, suyos, suyas (de usted)
his, hers, its [hiz, hœ:z, its]	suyo, suya, suyos, suyas (de él, de ella)
ours [auəz]	nuestro, nuestra, nuestros, nuestras
yours [jɔ:z]	vuestro, vuestra, vuestros, vuestras;
	suyo, suya, suyos, suyas (de ustedes)
theirs [ðyəz]	suyo, suya, suyos, suyas (de ellos, de ellas)

There is/there are – *Hay*

Cuando un nombre que representa una persona o una cosa indefinida (por ejemplo, un hombre, un libro) es el sujeto del verbo **to be**, se inserta **there** antes del verbo y se pone el nombre después del verbo.

+ **There is** a table in the kitchen. – *Hay una mesa en la cocina.*
  There are two books on it. – *Hay dos libros sobre ella.*
? **Is there** a table in the kitchen? – *¿Hay una mesa en la cocina?*
  Are there any books on the table? – *¿Hay libros sobre ella?*
– **There isn't** (is not) a table in the kitchen. – *No hay una mesa en la cocina.*
  There aren't (are not) any books on it. – *No hay libros sobre ella.*

Adjectives – *Adjetivos*

En inglés los adjetivos son invariables y preceden siempre al nombre.

PREDICATIVE ADJECTIVES – *ADJETIVOS PREDICATIVOS*
(con el verbo «to be»)

I am new here. – *Soy nueva aquí*
I am thirsty. – *Tengo sed.*
They are not Spanish. – *Ellos no son españoles.*

I am thirsty. [aim θœrsti] – *Tengo sed* (equivale a «estoy sediento»).
I am hungry. [aim hʌngri] – *Tengo hambre* (equivale a «estoy hambriento»).

ATTRIBUTIVE ADJECTIVES – *ADJETIVOS ATRIBUTIVOS*
(seguidos de un nombre)

He is a good teacher – *Es un buen profesor.*
London is an interesting city – *Londres es una ciudad interesante.*
We are English students – *Somos estudiantes ingleses.*

The definite article – *El artículo determinado «the»* [ðə]

En inglés los nombres no tienen género, por lo que delante de todos los nombres se utiliza «**the**», que es invariable.

the boy   the boys
the girl   the girls
the lesson the lessons

Elementos recapitulativos de gramática

The indefinite article - *El artículo indeterminado* «a/an» [æ/ æn]

El artículo «a» se usa delante de una consonante

a Coke, a student, a teacher   *una Coca Cola, un estudiante, un profesor*

y delante del sonido /iu/

a university [ə iunivəsiti]   *una universidad*

The present continuous tense - *El presente continuo*

El presente continuo describe una acción que se está produciendo <u>ahora</u>.

Tom is speaking on the phone.
Tom está hablando por teléfono.
Mary's friends are hanging the decorations.
Los amigos de Mary están colgando los adornos.

LA FORMA AFIRMATIVA

Sujeto + presente de «to be» [tu bi] + gerundio:

I am (I'm) working (*yo estoy trabajando*)
you are (you're) working (*tú estás trabajando*)
he/she is (he's/she's) working (*él/ella está trabajando*)

LA FORMA INTERROGATIVA

Presente de «to be» + sujeto + gerundio:

Am I working? (*¿estoy trabajando?*)
are you working? (*¿estás trabajando?*)
is he/she working? (*¿está trabajando?*)

LA FORMA NEGATIVA

Sujeto + presente de «to be» + gerundio:

I am not working (I'm not working) *yo no estoy trabajando*
you are not working (you aren't/ you're not working) *tú no estás trabajando*
he/she is not working (he's not/she's not working) *él/ella no está trabajando*

The future with *going to* - *El futuro con «going to»*

Going to se usa para indicar **planes e intenciones futuras**. La intención o el plan es siempre premeditado y a menudo está implícita la idea de que ya se han hecho algunos preparativos para realizar la acción.

La forma afirmativa

Sujeto + presente de «to be» + GOING TO + infinitivo:

▪ I + am + going to + have a party. – *Voy a dar una fiesta.*

La forma interrogativa

Presente de «to be» + sujeto + GOING TO + infinitivo:

▪ Are + you + going to + teach tonight, Tom? – *¿Esta tarde vas a dar clase, Tom?*

La forma negativa

Sujeto + presente de «to be» + NOT GOING TO + infinitivo:

▪ I + am + not going to + watch TV. – *No voy a ver la televisión.*

Numbers – *Los números*

Cardinal numbers – *Números cardinales*

1 one [wan]	11 eleven [ileven]	21 twenty-one [tuentiuan]
2 two [tu:]	12 twelve [tuelv]	22 twenty-two [tuentitu:]
3 three [θri:]	13 thirteen [θœ'ti:n]	30 thirty [θœrti]
4 four [fɔ:]	14 fourteen [fɔ'ti:n]	31 thirty-one [θœrtiuan]
5 five [faiv]	15 fifteen [fif'ti:n]	40 forty [forti]
6 six [sics]	16 sixteen [sics'ti:n]	50 fifty [fifti]
7 seven [seven]	17 seventeen [seven'ti:n]	60 sixty [sicsti]
8 eight [eit]	18 eighteen [ei'ti:n]	70 seventy [seventi]
9 nine [nain]	19 nineteen [nain'ti:n]	80 eighty [eiti]
10 ten [ten]	20 twenty [tuenti]	90 ninety [nainti]

100	(one) hundred [wan hʌndrəd]
101	one hundred and one
110	one hundred and ten
200	two hundred
986	nine hundred and eighty-six
1,000	(one) thousand, a thousand [wan θauzənd]
1,001	one thousand and one
10,000	ten thousand
1,000,000	a million, one million [ə/wan milion]
6,830,500	six million eight hundred and thirty thousand five hundred

Elementos recapitulativos de gramática 153

ORDINAL NUMBERS – *NÚMEROS ORDINALES*

Aparte de los tres primeros números, los ordinales se forman añadiendo al número cardinal la desinencia *-th*. Los cardinales que terminan en *-y* toman la desinencia *-ieth* (*ie* sustituye a la letra *y*).

1st – first	*primero*	11th – eleventh	21st – twenty-first
2nd – second	*segundo*	12th – twelfth	22nd – twenty-second
3rd – third	*tercero*	13th – thirteenth	30th – thirtieth
4th – fourth	*cuarto*	14th – fourteenth	40th – fortieth
5th – fifth	*quinto*	15th – fifteenth	50th – fiftieth
6th – sixth	*sexto*	16th – sixteenth	60th – sixtieth
7th – seventh	*séptimo*	17th – seventeenth	70th – seventieth
8th – eighth	*octavo*	18th – eighteenth	80th – eightieth
9th – ninth	*noveno*	19th – nineteenth	90th – ninetieth
10th – tenth	*décimo*	20th – twentieth	100th – hundredth

The date – *La fecha*

En inglés las fechas se escriben y se leen de dos formas distintas.

Today is March 20th (today is the twentieth of March) *Hoy es 20 de marzo.*
Madrid, 7th April 2001 (Madrid, April the seventh, two thousand and one)
I start school on 15th September (I start school on the fifteenth of September).

Para indicar la fecha en una carta se escribe: 7 April 2001.

The time of the day – *Las partes del día*

early in the morning *(por la mañana temprano)*	evening *(tarde)*
morning *(mañana)*	in the evening *(por la tarde)*
in the morning *(por la mañana)*	midnight *(medianoche)*
noon *(mediodía)*	night *(noche)*
afternoon *(tarde)*	at night *(por la noche)*
in the afternoon *(por la tarde)*	during the night *(durante la noche)*

The days of the week – *Los días de la semana*

Monday	*lunes*	**Friday**	*viernes*
Tuesday	*martes*	**Saturday**	*sábado*
Wednesday	*miércoles*	**Sunday**	*domingo*
Thursday	*jueves*		

on Sundays	los domingos
on Wednesdays	los miércoles

The months of the year - Los meses del año

January	enero	May	mayo	September	septiembre
February	febrero	June	junio	October	octubre
March	marzo	July	julio	November	noviembre
April	abril	August	agosto	December	diciembre

The four seasons - Las cuatro estaciones

spring	primavera	autumn/fall	otoño
summer	verano	winter	invierno

Time - La hora

Para indicar la hora en inglés se suelen usar los números sólo hasta las 12. Para distinguir entre la mañana y la tarde, cuando se escribe se añade *a.m. (ante meridiem)* o bien *p.m. (post meridiem): at 7 a.m. (a las siete de la mañana), at 7 p.m. (a las siete de la tarde),* mientras que en el lenguaje hablado, si el contexto puede dar lugar a dudas, se especifica **in the morning, in the afternoon, in the evening**: the bus leaves **at 7 o'clock in the afternoon** = el autobús sale a las 19.

What time is it?	¿Qué hora es?
It's eight o'clock.	Son las ocho.
It's half past ten/ten thirty.	Son las diez y media.
It's a quarter to nine.	Son las nueve menos cuarto.
It's a quarter past seven.	Son las siete y cuarto.
It's ten to five.	Son las cinco menos diez.
It's twenty past eleven.	Son las once y veinte.

Modal verbs - Los verbos modales

CAN/BE ABLE – *PODER/SABER*

Can se usa para expresar la capacidad de hacer algo. Tiene la misma forma para todas las personas y va seguido del infinitivo del verbo sin «*to*».

+ **He can drive** – *Sabe conducir.*
? **Can he drive?** – *¿Sabe conducir?*
– **He can't drive** – *No sabe conducir.*

Can se usa para el presente y **could** para el pasado. Para los demás tiempos se utiliza el verbo **to be able** con el mismo significado. Este verbo existe en todos los tiempos y va seguido del infinitivo del verbo con «**to**».

MUST/HAVE TO – DEBER/TENER QUE

Must:
+ **I must go** – *Debo ir.*
? **must I go?** – *¿Debo ir?*
– **I must not (mustn't) go** – *No debo ir.*

La forma interrogativa se obtiene invirtiendo el sujeto y el verbo.

Have to:
+ **They have to do it** – *Deben hacerlo.*
? **Do they have to do it?** – *¿Deben hacerlo?*
– **They don't have to do it** – *No deben hacerlo.*

> **Must** existe sólo en el tiempo presente. En los demás tiempos, para expresar una obligación hay que utilizar **have to**.

Should – *Debería / Harías bien en*

El verbo modal **should** se utiliza en segunda persona, en la forma afirmativa para dar consejos y en la forma negativa para expresar desacuerdo. Si se emplea en primera persona indica deber u obligación:

I should stay in London and work this summer.
Este verano debería quedarme en Londres a trabajar.

Sujeto + SHOULD + infinitivo sin «to»

+ **You should stop smoking. It's very bad for your health. (ADVICE)**
  Deberías dejar de fumar. Es muy malo para tu salud. (CONSEJO)
– **You shouldn't complain. You are very lucky to have a house in Liguria. (DISAPPROVAL)** *No deberías quejarte. Eres muy afortunado por tener una casa en Liguria. (DESACUERDO)*

Have got and have – *Tener*

I have (got)	yo tengo	we have (got)	nosotros tenemos
you have (got)	tú tienes	you have (got)	vosotros tenéis
he, she, it has (got)	él/ella/eso tiene	they have (got)	ellos tienen

HAVE	HAVE GOT
+ I have.	I have got (I've got)
? Do I have?	Have I got?
− I don't have	I have not got (I haven't got)

Countable and uncountable nouns - *Nombres contables e incontables*

Algunos nombres se denominan contables, es decir, que se pueden contar:

a boy – un chico   **two boys** – dos chicos
an egg – un huevo   **two eggs** – dos huevos

y otros se denominan «*uncountable*», incontables:

bread – *pan*; **chocolate** – *chocolate*; **sugar** – *azúcar*

Quantitative adjectives - *Adjetivos cuantitativos*

SOME AND ANY

Cuando se quiere expresar una cantidad indefinida de algo (sea contable o incontable), se utilizan los adjetivos cuantitativos *some* si la frase es afirmativa y *any* si es interrogativa o negativa.

Con los **nombres contables** el verbo se usa en **plural**:

+ **There are some books on the table.** – *Hay libros sobre la mesa.*
? **Are there any books on the table?** – *¿Hay libros sobre la mesa?*
− **There aren't any books on the table.** – *No hay libros sobre la mesa.*

Con los **nombres incontables** el verbo se usa en **singular**:

+ **There is some bread on the table.** – *Hay pan en la mesa.*
? **Is there any bread on the table?** – *¿Hay pan en la mesa?*
− **There isn't any bread on the table.** – *No hay pan en la mesa.*

MUCH/MANY - *MUCHO, -A, -OS, -AS*

Much se usa delante de los nombres incontables:

We haven't got much milk. – *No tenemos mucha leche.*

Many se usa delante de los nombres contables:

He doesn't have many friends. – *No tiene muchos amigos.*

Estos adjetivos cuantitativos son utilizados principalmente en las formas interrogativa y negativa. En la forma afirmativa, suelen ser sustituidos por la expresión *a lot of*.

HOW MUCH/HOW MANY – *CUÁNTO, -A, -OS, -AS*

How much se usa delante de los nombres incontables:

   How much milk have we got? – *¿Cuánta leche tenemos?*

How many se usa delante de los nombres contables:

   How many friends has he got? – *¿Cuántos amigos tiene?*

The multiplying number – *El número multiplicativo*

once – *una vez*
twice – *dos veces*
three times – *tres veces*
four times – *cuatro veces*
five times – *cinco veces*
single – *solo, único*
double – *doble*
triple – *triple*
fourfold – *cuádruple, cuatro veces*
fivefold – *quíntuple, cinco veces*
sixfold – *séxtuple, seis veces*

The imperative – *El imperativo*

El imperativo se usa con mucha frecuencia en la primera y la segunda persona y se emplea solamente en las formas positiva y negativa.

The **first person imperative** is formed thus:

LET + noun/pronoun + infinitive without «to»

+ **Let's go!**   *¡Vamos!*
– **Let's not go!**   *¡No vamos!*

The **second person imperative** is the same as the infinitive without «to»:

+ singular: **Go!**   *¡Ve!*
+ plural: **Go!**   *¡Id!*

- singular **Don't go!** ¡*No vayas!*
- plural **Dont' go!** ¡*No vayáis!*

El pronombre «**you**» se sobreentiende.
No existe una forma equivalente de *usted* como fórmula de cortesía.

The genitive – *El genitivo sajón*

Para expresar posesión se usa el apóstrofo seguido de **-s**.

Ana's story   *el relato de Ana*
my **friend's** car   *el coche de mi amigo*

Con los sustantivos plurales que terminan en **-s**, se añade sólo el apóstrofo.

my **parents'** house   *la casa de mis padres*
the **boys'** room   *la habitación de los chicos*

Cuando se refiere a cosas, lugares, etc., es mejor usar **of**:

the beginning **of** the film   *el comienzo de la película*
the name **of** the company *el nombre de la compañía*
the capital **of** England   *la capital de Inglaterra*

Relative pronouns used in defining relative clauses – *Pronombres relativos usados en las proposiciones de relativo específicas*

PRONOMBRES RELATIVOS PARA PERSONAS:

Sujeto:	who, (that)	*que*
Objeto:	whom, who, that	*que*
Posesivo:	whose	*cuyo, -a, -os, -as*

PRONOMBRES RELATIVOS PARA COSAS:

Sujeto:	which, that	*que*
Objeto:	which, that	*que*
Posesión:	whose, of which	*cuyo, -a, -os, -as*

Relative pronouns used in no-defining relative clauses – *Pronombres relativos usados en las frases de relativo explicativas*

PRONOMBRES RELATIVOS PARA PERSONAS:

Sujeto:	who	Posesión:	whose
Objeto:	whom, who	Preposición + whom	

PRONOMBRES RELATIVOS PARA COSAS:

Sujeto:	which	Posesión:	whose, of which
Objeto:	which	Preposición + whom	

The past simple tense. Regular verbs – El pasado simple. Verbos regulares

El pasado simple expresa una acción que empieza y termina en el pasado.

LA FORMA AFIRMATIVA

El **past simple** de los verbos regulares se forma añadiendo **-ed** al infinitivo.

I work**ed**	*trabajé*	we work**ed**	*trabajamos*
you work**ed**	*trabajaste*	you (pl.) work**ed**	*trabajasteis*
he,she,it work**ed**	*trabajó*	they work**ed**	*trabajaron*

LA FORMA INTERROGATIVA

Se forma utilizando «did» (pasado remoto del verbo «to do»), que en español no se traduce:

did I work?	*¿trabajé?*
did you work?	*¿trabajaste?*
did he/she/it work?	*¿trabajó?*
did we work?	*¿trabajamos?*
did you work? (pl.)	*¿trabajasteis?*
did they work?	*¿trabajaron?*

LA FORMA NEGATIVA

Se forma utilizando el **verbo auxiliar** «did» en la forma negativa.

I DID NOT work	*no trabajé*
you DID NOT work	*no trabajaste*
he/she/it DID NOT work	*no trabajó*
we DID NOT work	*no trabajamos*
you DID NOT work (pl.)	*no trabajasteis*
they DID NOT work	*no trabajaron*

> En el inglés hablado la forma negativa se contrae del siguiente modo:
> **I didn't work,**   **he didn't work,**   etc.
> *No trabajé,*   *no trabajó*

The past simple of to have, to be and to do – *El pasado simple de los verbos «to have», «to be» y «to do»*

TO HAVE	TO BE	TO DO
I had *tuve*	I was *fui/estuve*	I did *hice*
you had *tuviste*	you were *fuiste/estuviste*	you did *hiciste*
he, she, it had *tuvo*	he, she, it was *fue/estuvo*	he, she, it did *hizo*
we had *tuvimos*	we were *fuimos/estuvimos*	we did *hicimos*
you had *tuvisteis*	you were *fuisteis/estuvisteis*	you did *hicisteis*
they had *tuvieron*	they were *fueron/estuvieron*	they did *hicieron*

Adverbs of frequency – *Adverbios de frecuencia*

Estos adverbios van siempre **después** de los tiempos simples del verbo «to be».

▪ **He is always on time.** – *Es siempre puntual.*

Pero **antes** de los tiempos simples de todos los demás verbos.

▪ **He always works overtime.** – *Hace siempre horas extraordinarias.*

POSITIVE FORM – *FORMA POSITIVA*

SUJETO + ADVERBIO DE FRECUENCIA + VERBO + COMPLEMENTO DE OBJETO Y/O ADVERBIO

Paul + never + works + overtime
I + always + take + work home
I + usually + leave + the office at seven o'clock
He + never + works + overtime.
We + often + work + on Saturdays.

INTERROGATIVE FORM – *FORMA INTERROGATIVA*

INTERROGATIVA + VERBO AUX. + SUJETO + ADVERBIO DE FRECUENCIA + VERBO

Why + do + you + always + arrive late?
Why + does + he + never + arrive on time?
Where + do + they + always + go on Sundays?

Demonstrative adjective – *El adjetivo demostrativo*

El adjetivo demostrativo indica personas u objetos concretos y precede al sustantivo. Es el único adjetivo que concuerda con el nombre respectivo, aunque sólo en número.

SINGULAR	PLURAL
this – *este, -a*	**these** – *estos, -estas*
that – *ese, -a; aquel, aquella*	**those** – *esos, -as; aquellos, -as*

The demonstrative pronoun – *El pronombre demostrativo*

Indica personas u objetos precisos y sustituye a un sustantivo.

This is my brother. His name is Thomas.
Este es mi hermano. Se llama Thomas.

The past continuous tense – *El pasado continuo*

Normalmente se utiliza el **pasado continuo** para expresar una acción realizada en el pasado que tuvo cierta duración o continuidad.

I met him while I was teaching in London.
Lo conocí cuando enseñaba en Londres.

Se forma con el pasado del verbo «**to be**» + el **gerundio** del verbo que expresa la acción.

+ **He was working.** *Estaba trabajando.*
− **Was he working?** *¿Estaba trabajando?*
? **He was not (wasn't) working.** *No estaba trabajando.*

La actividad comienza antes que la acción expresada por el **pasado simple**.

Tag questions

La lengua inglesa tiene una particularidad en la formación de algunas preguntas que radica en que a la pregunta propiamente dicha se añade la llamada *tag question*, que equivale a «¿verdad?», «¿no es verdad?», «¿es así?», «¿no es así?», en el español hablado y que consiste en la repetición del sujeto y del verbo auxiliar en la forma opuesta a la presente en la frase principal. Con esta adición se espera una confirmación del contenido de la pregunta.

El sujeto de la **tag question** es siempre un pronombre, nunca un nombre: **isn't he? aren't you?**

Cuando la frase es positiva la **tag question** es negativa. Cuando la frase es negativa la **tag question** es positiva. El tiempo de la **tag question** depende del tiempo del verbo principal.

+ **You're English, aren't you?** *Eres inglés, ¿verdad?*
  You've got three brothers, haven't you? *Tienes tres hermanos, ¿verdad?*
− **You're not Spanish, are you?** *No eres español, ¿verdad?*
  You haven't got any sisters, have you? *No tienes hermanas, ¿verdad?*

Con los verbos **to be, to have** (y los compuestos que contienen **to be, to have**), **can, will, should, must** el verbo se repite en la **tag question**.

She is going to come to the party, isn't she? *Vendrá a la fiesta, ¿no es cierto?*
They can't swim, can they? *No saben nadar, ¿verdad?*
You've been abroad, haven't you? *Has estado en el extranjero, ¿verdad?*
We should have listened, shouldn't we? *Habríamos debido escuchar, ¿verdad?*
You will be able to come to the party, won't you? *Podrás venir a la fiesta, ¿verdad?*
He won't be late, will he? *No se retrasará, ¿verdad?*

Con todos los demás verbos, se usa el verbo auxiliar **to do**:

You often work overtime, don't you? *Haces horas extraordinarias a menudo, ¿verdad?*
She lives abroad, doesn't she? *Ella vive en el extranjero, ¿verdad?*
You didn't go to the conference, did you? *No has ido a la conferencia, ¿verdad?*
They met once a week, didn't they? *Se veían una vez a la semana, ¿verdad?*

The present perfect simple – *El pretérito perfecto*

Se usa el **present perfect simple** para expresar una acción comenzada en el pasado que continúa en el presente y puede seguir en el futuro.

Se forma con: **HAVE + participio pasado**

El participio pasado de los verbos regulares es exactamente igual al pasado simple:

worked – *trabajado*   **lived** – *vivido*   **loved** – *amado*

FORMA POSITIVA

SUJETO +HAVE + PARTICIPIO PASADO + COMPLEM./ADV.

I + have lived + here all my life (and I still live here now).
Yo + he vivido + aquí toda mi vida (y todavía vivo aquí).

FORMA INTERROGATIVA

HAVE + SUJETO + PARTICIPIO PASADO + COMPLEMENTO/ADVERBIO

Have + you + finished + your English homework?
¿Has + (tú) + terminado + tus deberes de inglés?

FORMA NEGATIVA

SUJETO + HAVE NOT + PARTICIPIO PASADO + COMPLEMENTO/ADVERBIO

No, I + haven't finished + it yet.
No, (yo) + no lo he acabado + todavía

El participio pasado de los verbos irregulares debe estudiarse de memoria. A continuación se expone el pretérito perfecto de los dos verbos irregulares más usados.

TO BE *(SER/ESTAR)*, TO HAVE *(TENER)*

I have been (I've been)
he sido/estado
you have been (you've been)
has sido/estado
he/she/it has been (he's been)
ha sido/estado
we have been (we've been)
hemos sido/estado
you (pl.) have been
habéis sido/estado
they have been (they've been)
han sido/estado

I have had (I've had)
he tenido
you have had (you've had)*
has tenido
he/she/it has had (she's had)
ha tenido
we have had (we've had)
hemos tenido
you (pl.) have had
habéis tenido
they have had (they've had)
han tenido

SOME IRREGULAR VERBS – *ALGUNOS VERBOS IRREGULARES*
(PARA APRENDÉRSELOS DE MEMORIA)

to be	was/were	been	ser
to bring	brought	brought	traer, llevar
to buy	bought	bought	comprar
to come	came	come	venir
to do	did	done	hacer
to drink	drank	drunk	beber
to drive	drove	driven	conducir
to eat	ate	eaten	comer
to find	found	found	encontrar
to fly	flew	flown	volar
to forget	forgot	forgotten	olvidar
to get	got	got	recibir

to give	gave	given	*dar*
to go	went	gone	*ir*
to have	had	had	*tener*
to hear	heard	heard	*sentir*
to know	knew	known	*saber, conocer*
to learn	learnt	learnt	*aprender, enterarse de*
to leave	left	left	*dejar*
to lend	lent	lent	*prestar*
to let	let	let	*dejar, permitir*
to lie	lay	lain (down)	*echarse, estar tumbado*
to make	made	made	*hacer*
to mean	meant	meant	*querer decir, significar*
to meet	met	met	*encontrar, verse con, conocer*
to put	put	put	*meter*
to read	read	read	*leer*
to ring	rang	rung	*sonar*
to say	said	said	*decir*
to see	saw	seen	*ver*
to send	sent	sent	*enviar, mandar*
to show	showed	shown	*mostrar*
to sit	sat	sat	*sentarse, estar sentado*
to speak	spoke	spoken	*hablar*
to spend	spent	spent	*pasar, gastar necesitar*
to take	took	taken	*tomar*
to tell	told	told	*contar, decir*
to think	thought	thought	*pensar, creer*
to understand	understood	understood	*comprender*
to write	wrote	written	*escribir*

The future «will» – *El futuro «will»*

El futuro con **will** se forma así: **will** + **infinitivo** (sin **to**). Esto sirve para todos los verbos, incluidos los irregulares, y todas las personas del verbo.

FORMA AFIRMATIVA

I will go	*iré*	we will go	*iremos*
you will go	*irás*	you will go	*iréis*
he, she, it will go	*irá*	they will go	*irán*

Forma interrogativa

will I go	iré
will you go	irás
will he, she, it go	irá
will we go	iremos
will you go	iréis
will they go	irán

Forma negativa

I will not go (I won't go)	no iré
you will not go (you won't go)	no irás
he, she, it will not go (he won't go)	no irá
we will not go (we won't go)	no iremos
you will not go (you won't go)	no iréis
they will not go (they won't go)	no irán

Uso del futuro con *will*

Para expresar decisiones espontáneas.

> **The fruit shop's closed. Never mind, I'll (I will) go to the supermarket.**
> *La frutería está cerrada. No te preocupes, iré al supermercado.*

Para ofrecerse a hacer algo.

> **My English homework is very difficult.** *Mis deberes de inglés son muy difíciles.*
> **Don't worry, I'll help you.** *No te preocupes, yo te ayudaré.*

Para expresar determinación.

> **I will pass my English exam. (I definitely intend to work hard so as to pass it)**
> *Haré el examen de inglés. (Me he propuesto trabajar duro para aprobarlo).*

Para hablar de acciones habituales que pensamos que pueden suceder.

> **Your birthday will come again next year.**
> *Tu cumpleaños llegará de nuevo el año que viene.*
> **Other people will live on Earth when we are all gone.**
> *Otras personas vivirán en la Tierra cuando nosotros hayamos muerto.*

Para expresar opiniones, previsiones, reflexiones, etc.

> **I'm sure you'll have a great time!** *¡Estoy seguro de que te divertirás mucho!*
> **They'll probably leave without us.** *Probablemente se irán sin nosotros.*
> **Let's phone him. Perhaps he'll be at home.** *Llamémoslo. Tal vez esté en casa.*

The future with «will»/«going to»/present continous tense – *El futuro con «will»/«going to»/presente continuo*

Como hemos podido ver en los capítulos anteriores, en inglés hay varios modos de expresar el futuro.

Se utiliza el **presente continuo** o *going to* para indicar **proyectos** e **intenciones futuras**. La forma *going to* sirve también para las **previsiones**.

Al contrario, uno de los principales usos de *will* corresponde a **decisiones espontáneas** (acciones **no premeditadas**).

> El modo más adecuado para comprender esta diferencia es comparar las dos formas:
>
> **Ana sees Mark coming out of his house with a bucket and sponge.**
> *Ana ve a Mark salir de casa con un cubo y una esponja.*
>
> Ana: What <u>are you doing</u>, Mark? (what do you intend to do)
> *¿Qué haces, Mark? (qué tienes intención de hacer)*
> Mark: <u>I'm going to</u> wash my car. (intention)
> *Voy a lavar el coche. (intención)*
> Ana: But look at those clouds! <u>It's going to</u> rain. (prediction)
> *Pero, ¡mira qué nubes! Está a punto de llover. (previsión)*
> Mark: Oh, you're right. Thanks for telling me.
> *Oh, tienes razón. Gracias por habérmelo dicho.*
> I'<u>ll</u> wash it tomorrow. (spontaneous decision)
> *Lo lavaré mañana. (decisión espontánea)*

The First Conditional – *La frase condicional de primer grado*

Will se usa también para formar el **First Conditional**, es decir, la frase condicional de primer grado. El **First Conditional** con *if* y *when* se emplea para expresar condiciones posibles que pueden tener probables resultados futuros. Se forma:

If/When + presente, + will + infinitivo sin «to»

+ If you don't use sun cream, <u>you'll</u> burn.
  Si no usas la crema solar te quemarás.
  When I get my salary, <u>I'll</u> take you out for a meal.
  Cuando reciba el sueldo te llevaré a cenar fuera.
? What <u>will you do</u> if you don't find a job?
  ¿Qué vas a hacer si no encuentras trabajo?
  What <u>will he tell</u> her when he gets home?
  ¿Qué les dirá cuando vuelva a casa?

- If we don't hurry, we'll miss the train.
  Si no nos damos prisa perderemos el tren.
- If she doesn't come, she won't get the present.
  Si no llega, no recibirá el regalo.

> La forma contraída de **will not** es **won't**.

The Second Conditional - *La frase hipotética de segundo grado*

Se usa el **Second Conditional** para dar consejos *(si yo fuese tú)*, formular hipótesis *(si ganase a la lotería)* y expresar condiciones imposibles o irreales *(si fuese la reina)*. Se forma de este modo:

If + suj. + past simple + suj. + *would* (forma contr. *'d*) **+ infinitivo sin «to»**

+ If I had a car, I'd drive you to the station. (but I haven't got a car)
  Si tuviese el coche, te llevaría a la estación. (pero no tengo el coche).

  If I were* you, I'd stop smoking. (but I'm not you)
  Si yo fuese tú, dejaría de fumar. (pero no soy tú)

  If war broke out, thousands of people would die.
  Si estallase la guerra, millones de personas morirían.

? What would you do if you won a lot of money?
  ¿Qué harías si ganases mucho dinero?

  Would you tell him if you were me?
  ¿Se lo dirías si estuvieras en mi lugar?

- If I didn't have so many problems, I'd be happy.
  Si no tuvieras tantos problemas serías feliz.

  If the world wasn't so polluted, people would be healthier.
  Si el mundo no fuese tan contaminado las personas estarían mejor.

> En la lengua hablada, **would** se contrae de la siguiente forma: **I would=I'd, you would=you'd, he/she/it would=he'd, she'd, it'd, we would=we'd, they would= they'd.**
> La forma negativa es: **would not= wouldn't**
> * En la frase condicional se usa a menudo **were** en lugar de **was**.
>
> En las condicionales se usan, además de **would**, otros verbos modales:
> **If it weren't so late, we could go to the cinema.**
> *Si no fuese tan tarde, podríamos ir al cine.*
> **If he arrived now, he would have to put the children to bed.**
> *Si llegase ahora, debería meter a los niños en la cama.*
> **If we didn't continue with the research, we couldn't offer new solutions.**
> *Si no siguiésemos con la investigación, no podríamos ofrecer nuevas soluciones.*

El Third Conditional - *La frase condicional de tercer grado*

Se usa el **Third Conditional** para expresar posibilidad remota. Se forma de este modo:

If + suj. + past perfect, + suj. + *would* **+** *have* **+ participio pasado**

If I had known it was Mary's birthday I would have bought her a present
Si hubiese sabido que era el cumpleaños de Mary le habría comprado un regalo. (Pero no lo sabía, de modo que no le he comprado un regalo).
El tiempo ha pasado y el condicional no puede realizarse porque la acción expresada en la frase con **if** no se ha producido.

+ **If you had come with me you would have had a great time.**
  Si hubieses venido conmigo te habrías divertido mucho.
? **What would you have done if you had known?**
  ¿Qué habrías hecho si lo hubieses sabido?
− **If I hadn't come to Spain I wouldn't have met you.**
  Si no hubieses venido a España no la habrías conocido.

The future perfect - *El futuro perfecto*

El futuro perfecto es la forma con la que se expresa una acción que terminará en el futuro. El futuro perfecto se emplea siempre con una expresión temporal y está formado por *will* **+** *have* **+** participio pasado:

I will have finished this chapter by tomorrow.
Habré terminado este capítulo mañana.

FORMA AFIRMATIVA

I will have finished	habré terminado
you will have finished	habrás terminado
he, she, it will have finished	habrá terminado
we will have finished	habremos terminado
you will have finished	habréis terminado
they will have finished	habrán terminado

FORMA INTERROGATIVA

Will I have finished?	¿habré terminado?
Will you have finished?	¿habrás terminado?
Will he/she/it have finished?	¿habrá terminado?
Will we have finished?	¿habremos terminado?
Will you have finished?	¿habréis terminado?
Will they have finished?	¿habrán terminado?

Forma negativa

I will not (won't) have finished	*no habré terminado*
you will not (won't) have finished	*no habrás terminado*
he/she/it will not (won't) have finished	*no habrá terminado*
we will not (won't) have finished	*no habremos terminado*
you will not (won't) have finished	*no habréis terminado*
they will not (won't) have finished	*no habrán terminado*

Adjectives and adverbs – *Adjetivos y adverbios*

En inglés la forma del adjetivo es invariable:
He is a nice guy. – *Es un chico simpático.*
She is a pretty girl. – *Es una chica muy guapa.*
They are crazy people. – *Son unos locos.*

Adverbs ending in «-ly» – *Adverbios que terminan en «-ly»*

La mayor parte de los adverbios de modo (**slowly** – *lentamente*) y algunos adverbios de intensidad (**fairly** – *bastante*) se forman añadiendo el sufijo «**-ly**» a los adjetivos correspondientes.

nice – nicely   *simpático – con simpatía*
immediate – immediately *inmediato – inmediatamente, enseguida*
sad – sadly   *triste – tristemente*
extreme – extremely   *extremo – extremadamente*

> Atención: en los adjetivos que terminan en:
> - **y** cambia a **-ily**: hap**py** – happ**ily** (felizmente)
> - **ll** se añade sólo la - **y**: du**ll** – du**lly** (aburridamente)
> - **le** precedido de consonante cambia a - **ly** comfortab**le** – comfortab**ly** (cómodamente)
> - **ic** se añade - **ally**: specif**ic** – specif**ically** (específicamente)
> - **y** precedida de vocal se pierde la - **y**: tr**ue** – tr**uly** (verdaderamente).

Además de los adverbios que se obtienen añadiendo el sufijo **–ly** al adjetivo, en inglés hay otros que no derivan de ningún adjetivo:

again *(de nuevo)*, **almost** *(casi)*, **already** *(ya)*, **also** *(también)*, **anyway** *(en todo caso, de todas formas)*, **besides** *(además)*, **early** *(temprano, pronto)*, **else** *(otro)*, **enough** *(bastante)*, **even** *(hasta, incluso)*, **further** *(más, más lejos)*, **here** *(aquí)*, **however** *(no obstante)*, **indeed** *(efectivamente)*, **instead** *(en cambio)*, **just** *(precisamente)*, **little** *(poco)*, **maybe** *(quizás)*, **meanwhile** *(mientras tanto)*, **more** *(más)*, **much** *(mucho)*, **never** *(nunca)*, **next** *(próximo)*, **now** *(ahora)*, **often** *(a menudo)*, **otherwise** *(de lo contrario)*, **outside** *(fuera)*, **perhaps** *(quizás)*, **quite** *(bastante)*, **rather** *(bastante)*, **seldom** *(raramente)*, **so** *(tan)*, **somehow** *(de alguna manera)*, **some-**

times *(a veces, de vez en cuando)*, **somewhat** *(algo, un tanto)*, **soon** *(pronto, dentro de poco)*, **still** *(todavía)*, **then** *(luego, después)*, **there** *(allí)*, **though** *(sin embargo)*, **thus** *(así, de esta manera)*, **today** *(hoy)*, **tomorrow** *(mañana)*, **tonight** *(esta noche)*, **too** *(también)*, **very** *(muy)*, **yesterday** *(ayer)*, **yet** *(todavía, aún, hasta ahora)*, etc.

Comparative and superlative adjectives – *Adjetivos comparativos y superlativos*

En inglés la formación del comparativo y del superlativo de los adjetivos depende de la cantidad de sílabas del adjetivo en sí.

En los adjetivos monosilábicos se añade, a la forma positiva, **-er** (comparativo) o **-est** (superlativo):

small	**smaller**	**smallest**
pequeño	*más pequeño (menor)*	*el más pequeño (el menor)*
big	**bigger**	**biggest**
grande	*más grande (mayor)*	*el más grande (el mayor)*

En los adjetivos con tres o más sílabas se inserta delante de la forma positiva **more** (comparativo) o **most** (superlativo):

interesting	**more interesting**	**most interesting**
interesante	*más interesante*	*el más interesante*
important	**more important**	**most important**
importante	*más importante*	*el más importante*

Los adjetivos bisílabos pueden seguir una u otra de las reglas indicadas.

En general, los que terminan en **-ful** o **-re** van precedidos de **more** o **most**:

peaceful	**more peaceful**	**most peaceful**
tranquilo	*más tranquilo*	*el más tranquilo*

En los que terminan en **-er**, **-y** o **-ly** se añade **-er** (comp.) o **-est** (sup.):

easy	**easier**	**easiest**
fácil	*más fácil*	*el más fácil*
lively	**livelier**	**liveliest**
vivo	*más vivo*	*el más vivo*
clever	**cleverer**	**cleverest**
inteligente	*más inteligente*	*el más inteligente*

En los adjetivos que terminan en **-e** se añade sólo **-r** (comp.) o **-st** (sup.):

large	**larger**	**largest**
grande	*más grande*	*el más grande*
nice	**nicer**	**nicest**
bello	*más bello*	*el más bello*

En los adjetivos que terminan en consonante esta se dobla antes del sufijo:

big	bigger	biggest
grande	*más grande*	*el más grande*
hot	hotter	hottest
caliente	*más caliente*	*el más caliente*

En los adjetivos que terminan en -y esta se transforma en -i antes del sufijo:

happy	happier	happiest
feliz	*más feliz*	*el más feliz*
pretty	prettier	prettiest
bello	*más bello*	*el más bello*

IRREGULAR COMPARISONS – *COMPARATIVOS Y SUPERLATIVOS IRREGULARES*

ADJECTIVES – *ADJETIVOS*

bad	worse	worst
malo	*peor (más malo)*	*pésimo/el peor*
good	better	best
bueno	*mejor (más bueno)*	*óptimo/buenísimo/el mejor*

ADVERBS – *ADVERBIOS*

much	more	most	little	less	least
mucho	*más*	*muchísimo*	*poco*	*menos*	*poquísimo*
well	better	best	bad(ly)	worse	worst
bien	*mejor*	*muy bien*	*mal*	*peor*	*muy mal*

Constructions with comparisons – *Estructuras con comparativos*

En el comparativo de igualdad los dos términos de la comparación van introducidos por **as…as**; en el comparativo de superioridad el segundo término de la comparación va introducido por **than**:

My car is <u>as</u> big <u>as</u> his. *Mi coche es tan grande como el suyo.*

Comparisons with possessive pronouns – *Los comparativos con los pronombres posesivos*

Para evitar la repetición de un sustantivo ya mencionado en la frase, se pueden usar los pronombres posesivos (véase Unidad 1) *mine, yours, his, hers, its own, ours, yours* y *theirs*, que al contrario de los adjetivos posesivos *my, your, his, her, its, our, your* y *their*, que preceden un sustantivo, pueden aparecer solos.

This is my car. John's car is faster than <u>mine</u> (my car).
Este es mi coche. El coche de John es más rápido que el mío.

Reflexive verbs - *Verbos reflexivos*

El pronombre reflexivo se refiere al sujeto que precede al verbo, es decir, el sujeto y el pronombre reflexivo se refieren a la misma persona.

George washes himself – *George se lava.*

No todos los verbos reflexivos en español son reflexivos en inglés:

I get up at five o'clock every morning. – *Me levanto a las cinco de la mañana.*

Reflexive pronouns - *Pronombres reflexivos*

PRONOMBRE PERSONAL	REFLEXIVE PRONOUN	PRONOMBRE REFLEXIVO
I	myself	me
you	yourself	te
he, she, it	himself, herself, itself	se
one	oneself	se
we	ourselves	nos
you	yourselves	os
they	themselves	se

«Used to» - *Situaciones y acciones habituales del pasado*

Se usa la costrucción «used to» para describir **acciones habituales pasadas** y **situaciones pasadas**.

+ I <u>used to</u> live in Madrid. (and now I live in London)
  Vivía en Madrid (y ahora vivo en Londres).
? Where <u>did you use to</u> live?
  ¿Dónde vivías?
– I <u>didn't use to</u> live in London. (but I do now)
  No vivía en Londres (pero ahora sí).

Conjunctions - *conjunciones*

Estos son algunos ejemplos de posibles conjunciones, subdivididas en categorías:

of place (lugar)	where *(donde)*
of time (tiempo)	till, until, since, as, while, before *(hasta, hasta que, desde, desde que, antes)*
of reason (causa)	since, because, as *(ya que, porque, como)*
of purpose (finalidad)	so that, in order that, in case *(así que, al final de, en el caso de que)*
of concession (concesivas)	although, however *(aunque, no obstante)*
of comparison (comparación)	as, than *(como)*
of condition (condicionales)	if, unless, provided that, whether *(si, si no, visto que, si)*
of result (consecutivas)	so ... that, such ... that *(tan... que, tal... que)*

That clauses – *Proposiciones con «that» (que, de que)*

Muchos verbos van seguidos de la proposición **that**, por ejemplo: **to say** *(decir)*, **to tell** *(decir, contar)*, **to answer** *(responder)*, **to mention** *(mencionar)*, **to believe** *(creer, pensar)*, **to imagine** *(imaginar)*, **to suppose** *(suponer)*, **to think** *(pensar, creer)*, **to decide** *(decidir)*, **to hope** *(esperar)*, **to realize** *(darse cuenta de)*, **to suggest** *(proponer, sugerir)*.

The present perfect continuous – *Pretérito perfecto continuo*

Con el **present perfect continuous** se describe una acción **repetida** o **continuada** que comenzó en el pasado, continúa en el presente y puede continuar en el futuro.

Se forma del siguiente modo:

sujeto + have been + gerundio

FOR/SINCE

+ I've been studying English <u>since</u> I was at school (I'm still studying English now)
  Estudio inglés desde que iba a la escuela. (lo sigo estudiando)
? How long have you been taking tenis lessons?
  ¿Cuánto tiempo hace que tomas lecciones de tenis?
− I haven't been going to them for long. I only started last year.
  No hace mucho que voy. Empecé hace sólo un año.

> **I have = I've**. **Have** se contrae del mismo modo que **have got**.
> La pregunta **How long...?** *(¿Cuánto hace que...?)* obliga al uso del **present perfect continuous** porque se refiere a una acción o situación repetida o continuada que no ha terminado todavía.

Se usa el **present perfect continuous** para describir una acción **continuada o repetida** que ha acabado pero cuyos resultados son evidentes en el presente.

? **Why are you red and sweating?** *¿Por qué estás rojo y sudado?*
+ **Because I've been running.** *Porque he estado corriendo.*
? **Why have you been running?** *¿Por qué corrías?*
+ **Because I'm late.** *Porque llegaba tarde.*

Past perfect continuous - *Pretérito pluscuamperfecto continuo*

sujeto + **had been** + gerundio

I + had been + working (for two hours when he arrived) – *Llevaba dos horas trabajando cuando él llegó.*

? Had you been working long when I arrived?
¿Llevabas mucho tiempo trabajando cuando llegué?
− No, I hadn't been working long
No, no llevaba mucho trabajando.

Reported speech tense shifts
Cambios de tiempo del estilo directo al estilo indirecto

ESTILO DIRECTO	ESTILO INDIRECTO
present simple	past simple
present continuous	past continous
present perfect simple	past perfect
present perfect continuous	past perfect continuous
future – *will*	conditional – *would*
future – *going to*	*was/were going to*
future continuous	conditional continuous
present (de los verbos modales) (*can, must, may*)	past (de los verbos modales) (*could, had to, might*)

Es preciso adecuar los adverbios de tiempo y lugar, teniendo en cuenta que el mensaje no se narra necesariamente en el momento en que la acción del estilo directo se produce:

Cambios típicos

tomorrow *mañana*	**the next day** *el día después*
yesterday *ayer*	**the day before** *el día anterior*
last week *la semana pasada*	**the week before** *la semana anterior*

last month	the month before
el mes pasado	*el mes anterior*
last year	the year before
el año pasado	*el año anterior*
two minutes ago	two minutes before
hace dos minutos	*dos minutos antes*
two days ago	two days before
hace dos días	*dos días antes*
two weeks ago	two weeks before
hace dos semanas	*dos semanas antes*
now	then/at that moment
ahora	*entonces/en aquel momento*

También el complemento de lugar se modifica:

Silvia: «It's very boring (noioso) here.»
Silvia: «Esto (de aquí) es muy aburrido».
Silvia said it was very boring there.
Silvia dijo que aquello (de allí) era muy aburrido.

here *aquí*	there *allí*

Hay otros cambios que afectan a los adjetivos y pronombres demostrativos:

this *este*	that *ese, aquel*
these *estos*	those *esos, aquellos*

Los pronombres personales y posesivos cambian según la persona que habla:

Mario: «I was looking forward to seeing you.»
Mario: «No veía la hora de verte».
Mario told Silvia he had been looking forward to seeing her.
Mario dijo a Silvia que no veía la hora de verla.

Indirect questions – *Frases interrogativas indirectas*

Las preguntas indirectas van introducidas por verbos específicos: **to ask** *(preguntar/pedir)*, **to know** *(saber)*, **to wonder** *(preguntarse)*. Los cambios que se producen afectan al uso de **to do**, a la secuencia de las palabras y al *backshift* de los tiempos.

«When do the shops close?»
«¿Cuándo cierran las tiendas?»
He asked me/wanted to know/wondered when the shops closed.
Me preguntó/quiso saber/se preguntó cuándo cerraban las tiendas.

Las interrogativas indirectas en las que no aparece un pronombre interrogativo van introducidas por las conjunciones **if** o **whether** *(si)*:

«Is it true that some shops stay open all night?»
«¿*Es verdad que algunas tiendas se quedan abiertas toda la noche?*»
He wanted to know whether it was true that some shops stayed open all night.
Quiso saber si era verdad que algunas tiendas se quedaban abiertas toda la noche.

Indirect imperatives – *Imperativos indirectos*

Una invitación o una petición en el estilo indirecto se expresan mediante una construcción de infinitivo:

ESTILO DIRECTO	ESTILO INDIRECTO
«Close the door please.»	She asked me to close the door.

The gerund – *El gerundio*

En español, cuando un verbo hace la función de un sustantivo, se emplea en infinitivo; en inglés se puede usar el infinitivo, con o sin **to**, o bien el gerundio: **working** (trabajando), **living** (viviendo), etc. Para pasar un verbo en infinitivo al gerundio es suficiente con añadir la desinencia **-ing** al infinitivo.

consider	considering	*(considerar)*
visit	visiting	*(visitar)*
see	seeing	*(ver)*
pay	paying	*(pagar)*
worry	worrying	*(preocuparse)*

En los verbos que terminan en **-y** muda, esta se omite:

advise	advising	*(aconsejar)*
change	changing	*(cambiar)*
hope	hoping	*(esperar)*
make	making	*(hacer)*
struggle	struggling	*(luchar)*

Algunos verbos doblan la consonante final antes de añadir **-ing**:

admit	admitting	*(admitir)*
dig	digging	*(cavar)*
plan	planning	*(planificar, programar)*
stop	stopping	*(parar)*
prefer	preferring	*(preferir)*

Los verbos bisilábicos doblan la **-l** final antes de añadir **-ing**:

control	**controlling**	*(controlar)*
quarrel	**quarrelling**	*(pelearse)*
travel	**travelling**	*(viajar)*

Excepción: **reveal – revealing** *(revelar)*.

En los verbos que terminan en **-ie** esta teminación se transforma en **-ying**:

die	**dying**	*(morir)*
lie	**lying**	*(mentir; echarse, estar acostado)*
tie	**tying**	*(atar, unir)*

THE GERUND AS SUBJECT AND IN COMBINATION WITH THE VERB TO BE – *EL GERUNDIO SUJETO Y EN COMBINACIÓN CON EL VERBO SER*

Gerundio sujeto

Doing nothing is my favourite occupation.
No hacer nada es mi ocupación favorita.

THE GERUND AFTER PREPOSITIONS – *EL GERUNDIO TRAS UNA PREPOSICIÓN*

After selling her house she emigrated to Italy.
Después de vender su casa emigró a Italia.

VERB + PREPOSITION + GERUND – *VERBO + PREPOSICIÓN + GERUNDIO*

I must apologize for disturbing you at this hour.
Debo perdirte disculpas por molestarte a estas horas.

ADJECTIVE + PREPOSITION + GERUND – *ADJETIVO + PREPOSICIÓN + GERUNDIO*

I'm looking forward to finishing my studies
No veo la hora de terminar mis estudios.
She was afraid of losing her way in the dark.
Tuvo miedo de perderse en la oscuridad.

VERBOS QUE EXPRESAN PREFERENCIA + GERUNDIO

Entre los verbos más importantes que rigen el gerundio se encuentran aquellos que expresan preferencia:
to like, to dislike, to enjoy, to hate, to prefer, to detest
gustar, no gustar, divertirse, odiar, preferir, detestar

+ **I like playing football.** – *Me gusta jugar al fútbol.*
? **Do you like playing football?** – *¿Te gusta jugar al fútbol?*
− **I don't like playing football.** – *No me gusta jugar al fútbol.*

También los verbos **to start** (empezar) y **to stop** (terminar) siguen esta regla:

He started speaking. – *Empezó a hablar.*
I have stopped smoking. – *He dejado de fumar.*

NOUN + PREPOSITION + GERUND – *SUSTANTIVO + PREPOSICIÓN + GERUNDIO*

Do you think there's any chance of getting a job?
Según tú, ¿hay alguna posibilidad de encontrar un trabajo?

THE GERUND AFTER NO VERBAL EXPRESSIONS – *EL GERUNDIO DESPUÉS DE EXPRESIONES IMPERSONALES*

There's no knowing.   **There was no mistaking.**
No se puede saber.   *No hubo errores.*

May/might – *Poder/ser posible (posibilidad)*

Los verbos modales **may** y **might** se emplean para expresar **posibilidad**, pero **might** es más incierto que **may**.

Sujeto + may/might + verbo

May y *might* son invariables y se usan sin el «**to**».

I **may** go to the cinema this evening. I haven't decided yet.
Podría ir al cine esta noche. Todavía no lo he decidido.
We **may not** have enough petrol to get home.
Es posible que no tengamos suficiente gasolina para llegar a casa.
I've got a meeting after work. I **might not** be back in time for dinner.
Tengo una cita después del trabajo. Puede que no vuelva a tiempo para la cena.

The past perfect tense – *El pretérito pluscuamperfecto*

El **past perfect** se utiliza para hablar de una acción pasada anterior a otra también pasada.

She was crying because she had received bad news.
Estaba llorando porque <u>había recibido</u> una mala noticia.

SUJETO + HAD + PARTICIPIO PASADO

+ I had worked – *había trabajado*
? had I worked? – *¿había trabajado?*
– I hadn't worked – *no había trabajado*

> El **past perfect**, a diferencia del **present perfect**, puede utilizarse para referirse tanto a un tiempo definido como a un tiempo indefinido. Por lo tanto, se puede usar con *since*.

She had never left the village. She <u>had lived</u> there <u>since</u> she was born.
No había dejado el pueblo nunca. <u>Había vivido</u> allí <u>desde que nació</u>.

The past continuous tense – *El pasado continuo*

El **past continuous** se usa sobre todo para describir acciones que estaban iniciadas y en proceso en un momento determinado del pasado. A menudo se emplea para describir un contexto o ambiente del pasado.

Pasado de «to be» + gerundio

+ he was working – *estaba trabajando*
? was he working? – *¿estaba trabajando?*
– he wasn't working – *no estaba trabajando*

At 8 a.m. she was working at the computer.
A las 8 estaba trabajando con el ordenador.
He was cooking when I arrived.
Estaba cocinando cuando yo llegué.

The passive voice – *La voz pasiva*

La voz pasiva se utiliza cuando no interesa o no es importante quién es el autor de una acción porque lo realmente importante es la acción o su resultado.

Para pasar una frase a la forma pasiva, se pone el verbo «**to be**» en el tiempo del verbo original y luego se añade el participio pasado del verbo original:

Mary <u>wrote</u> the letter.	The letter <u>was written</u> (by Mary).
Mary escribió una carta.	*La carta fue escrita (por Mary).*
They <u>have built</u> a skyscraper.	A skyscraper <u>has been built</u>.
Han construido un rascacielos.	*Un rascacielos ha sido construido.*
She <u>will serve</u> the meal.	The meal <u>will be served</u>.
Ella servirá la comida.	*La comida será servida.*

En la frase pasiva, la persona que actúa (el agente) puede ser mencionada como información añadida o bien para completar la frase. El agente va unido a la frase mediante la preposición *by*.

The news was announced by a spokesman. – *La noticia fue anunciada por un portavoz.*
The poem was written by William Wordsworth – *El poema fue escrito por William Wordsworth.*

La voz pasiva se emplea sobre todo en la lengua escrita.

They were asked to wait. – *Se les pidió que esperaran.*
An announcement was made. – *Dieron un aviso.*
Old ladies were being pushed aside. – *Las señoras mayores eran apartadas.*
The news was announced yesterday. – *La noticia se difundió ayer en Londres.*
The oil field has been described as «very extensive». – *El campo petrolífero ha sido descrito como «muy extenso».*
«Petrol prices will be adjusted to the increased costs», said a spokesperson for B.O. Oil yesterday. – *«Los precios para la gasolina se adaptarán al aumento de los costes», dijo el portavoz de la sociedad B.O. Oil ayer.*

En español se prefiere, en lugar de la voz pasiva, la forma impersonal con «se», mientras que en inglés la voz pasiva se emplea con mayor frecuencia.

English is spoken all over the world. – *Se habla inglés en todo el mundo.*

The active voice and the passive voice – *Voz activa y voz pasiva*

Tiempo	Voz activa	Voz pasiva	Español
Present Simple	considers	**is considered**	*es considerado*
Present Continuous	is considering	**is being considered**	*está siendo considerado*
Past Simple	considered	**was considered**	*fue considerado*
Past Continuous	was considering	**was being considered**	*estaba siendo considerado*
Pres. Perf. Simple	has considered	**has been considered**	*ha sido considerado*
Past Perf. Simple	had considered	**had been considered**	*había sido considerado*
Future	will consider	**will be considered**	*será considerado*
Conditional	would consider	**would be considered**	*sería considerado*
Present Infinitive	to consider	**to be considered**	*ser considerado*

Tiempo	Voz activa	Voz pasiva	Español
Perfect Infinitive	to have considered	**to have been considered**	*haber sido considerado*
Pres. Participle	considering	**being considered**	*siendo considerado*
Per. Participle	having considered	**having been considered**	*habiendo sido considerado*

> Construcción pasiva con los **verbos modales**:
> verbo modal + be + participio pasado:
> *I can be asked, you must be helped, it may be written.*
> *I could be asked, you had to be helped.*

Infinitive constructions – *Construcciones de infinitivo*

Hay muchos verbos ingleses que van seguidos del infinitivo. El mejor modo de aprender estas construcciones es aprendérselas de memoria.

ALGUNAS DE LAS CONSTRUCCIONES DE INFINITIVO MÁS ÚTILES:

to advise s.o to do sth.	*aconsejar a alguien que haga algo*
to allow s.o. to do sth.	*permitir a alguien que haga algo*
to ask s.o. to do sth.	*pedir a alguien que haga algo*
to help s.o. to do sth.	*ayudar a alguien a hacer algo*
to offer to do sth.	*ofrecerse a hacer algo*
to remember to do sth.	*acordarse de hacer algo*
to tell s.o. to do sth.	*decir a alguien que haga algo*
to trust so. to do sth.	*encargar a alguien que haga algo*
to want s.o. to do sth.	*querer que alguien haga algo*

John helped an old lady to pick up her bag.
John ayudó a una señora mayor a recoger su bolso.
Do you want me to call room service?
¿Quieres que llame al servicio de habitaciones?
Ask them to bring us some supper.
Pídeles que traigan algo para cenar.
Tell them not to disturb us in the morning.
Diles que no nos molesten por la mañana.

> En la forma negativa, el orden de las palabras es el siguiente:
> to tell/ask, advise/want s.o. **NOT** to do sth.

CLAVES DE LOS EJERCICIOS

UNIT ONE

Ejercicio 1	1. am; 2. come; 3. live; 4. study.
Ejercicio 3	1. are; 2. live/work; 3. teach/are.
Ejercicio 4	1. She; 2. He; 3. They; 4. He; 5. He.
Ejercicio 5	1. He learns English; 2. What is your name?; 3. Where are you from?; 4. Where is Madrid?; 5. She is from London; 6. We live in Manchester.
Ejercicio 6	1. is; 2. comes; 3. comes; 4. lives; 5. teaches; 6. Her; 7. from; 8. Manchester; 9. come; 10. are.
Ejercicio 7	1. Where; 2. What; 3. Is; 4. Are; 5. Is.
Ejercicio 8	1. She is from Vigo; 2. My name is Mark; 3. No, it isn't; 4. Yes, I am./No, I am not; 5. No, she isn't. She is Spanish.

UNIT TWO

Ejercicio 1	1. an; 2. an; 3. an; 4. a; 5. a.
Ejercicio 2	1. Are; 2. Do; 3. Do; 4. Is; 5. Is.
Ejercicio 3	1. works; 2. is; 3. is; 4. are; 5. live.
Ejercicio 4	1. interesting; 2. thirsty; 3. new; 4. Spanish; 5. good.
Ejercicio 5	1. I don't live near the school; 2. He doesn't work in the bar; 3. She doesn't teach English; 4. They don't come from Madrid; 5. We don't like Manchester.
Ejercicio 6	1. Ana is thirsty; 2. Mark works in the school snack bar; 3. Thomas is from Manchester; 4. Karen doesn't teach English; 5. My flat is near the school.
Ejercicio 7	1. Do you work here? Yes, I do./No, I don't; 2. Are you Spanish? Yes, I am/No, I am not; 3. Are you hungry? Yes, I am/No, I'm not; 4. Does she teach here? Yes, she does/No, she doesn't.
Ejercicio 8	1. Yes, she is; 2. No, I'm not; 3. No, they aren't; 4. Yes, I do; 5. No, he isn't.

Claves de los ejercicios 183

UNIT THREE

Ejercicio 1 1. on; 2. to; 3. in; 4. in; 5. with.
Ejercicio 2 1. I'm very well; 2. Where's Mary?; 3. She's here; 4. You're hungry; 5. She's at the bar.
Ejercicio 3 1. We know an English bar; 2. The children are at school; 3. They have a sister; 4. The men are in the bar; 5. The students are hungry.
Ejercicio 4 1. This is the first lesson with them; 2. Today is his/her birthday; 3. Tom is talking (talks?) on the phone; 4. You are really lucky.
Ejercicio 5 1. He's final; 2. They're hanging the decorations; 3. No, he isn't; 4. His sister is in Manchester; 5. He is working tonight.
Ejercicio 6 1. I am working tonight; 2. They are speaking on the phone; 3. My sister is coming to visit me at the weekend; 4. You are studying very hard these days; 5. I am writing a letter to my boyfriend.
Ejercicio 7 1. What is he doing?; 2. Why are you learning English?; 3. What is he drinking? ; 4. When is he going to England?; 5. What time are you going to the party?
Ejercicio 8 1. She is going to have a party tonight; 2. Tom is going to teach tonight; 3. The students are going to study English next year; 4. We are going to have a drink; 5. It is going to rain.

UNIT FOUR

Ejercicio 1 1. At six o'clock; 2. She goes to work by bus; 3. She types letters and makes phone calls; 4. She has a break from half past twelve till a quarter past one; 5. She works for eight hours.
Ejercicio 2 12.00 It's twelve o'clock; 06.10 It's ten past six; 16.30 It's half past four; 19.45 It's a quarter to eight; 05.50 It's ten to six; 24.00 It's midnight.
Ejercicio 3 1. must; 2. have to; 3. has to; 4. don't have to; 5. must not.
Ejercicio 4 1. When does he usually have a drink?; 2. When does she go shopping?; 3. What must you do?; 4. Where is the bar; 5. What do you have to do?
Ejercicio 6 1. may; 2. can; 3. can't; 4. can; 5. can.

UNIT FIVE

Ejercicio 1 1. have; 2. Thomas has got; 3. The students have got a lot of questions to ask; 4. We have got a flat with four rooms; 5. The children have got new toys.
Ejercicio 2 1. How many books has she got?; 2. How many cars have you got?; 3. How many children have you got?; 4. How many minutes have they got to catch the train; 5. How many questions has he got?
Ejercicio 3 1. Yes, I have; 2. No, he hasn't; 3. No, they haven't; 4. Yes, I have; 5. Yes, she has.

Ejercicio 5	1. Come here!; 2. Let's go; 3. Answer my question!; 4. Listen!; 5. Tell me the truth; 6. Let's have a little break.
Ejercicio 6	1. much ; 2. many; 3. much; 4. a lot of ; 5. many.
Ejercicio 7	1. any; 2. any; 3. any; 4. some; 5. some.

UNIT SIX

Ejercicio 1	1.Tom's; 2. Mr Miller's; 3. The teachers'; 4. My father's; 5. The children's.
Ejercicio 2	1. Her; 2. His; 3. Their; 4. His; 5. Her.
Ejercicio 3	1. Whose sister is very pretty? 2. Whose son is a bit crazy?; 3. Whose answers are funny?; 4. Whose job is very interesting ?; 5. Whose friend is from Como?
Ejercicio 4	1. Where does she work?; 2. What is very big?; 3. Where are the books?; 4. What is in front of the railway station?; 5. What time did she arrive?
Ejercicio 5	1. in; 2. on; 3. at; 4. on; 5. in front of.
Ejercicio 6	1. Did you want to go home?; 2. Did they answer the teacher's question?; 3. Did the tourist want to visit the British Museum? 4. Did my colleague arrive late yesterday?
Ejercicio 7	1. whom; 2. which/that; 3. which/that; 4. which/that.
Ejercicio 8	1. She didn't answer his question; 2. They didn't find the railway station; 3. He didn't work hard; 4. Yesterday I didn't arrive late to the office; 5. We didn't watch television last night.
Ejercicio 9	1. When did he leave the house?; 2. When did he answer the letter?; 3. What time did we try to call you?; 4. When did she type the letters?; 5. What time did you have supper?; 6. When did he die?; 7. When did the new secretary start work?; 8. When did Bill repair the car?; 9. When did they meet him?; 10. When did she arrive in Madrid?

UNIT SEVEN

Ejercicio 1	1. Ana is learning English; 2. George is talking to a colleague; 3. The students are taking a test; 4. Robert and Mark are playing football; 5. I am writing a book.
Ejercicio 2	1. George was in the office; 2. He was very angry; 3. He worked overtime; 4. I took work home; 5. I read the Financial Times; 6. That fellow drank coffee and smoked cigarettes; 7. I studied our sales figures and production programs.
Ejercicio 3	1. In Spanish companies the staff works long hours; 2. At the moment we are having an English lesson; 3. He's fat because he eats a lot; 4. John's tired. He is resting in the bedroom; 5. Mateo often travels abroad for his company.
Ejercicio 4	Yesterday morning I went on an excursion to the sea side. I invited some friends to come with me. I got up at 6.30 in the morning and

	met them in a bar near my home. We drove to the seaside in my car. We saw a lot of beautiful and interesting things. We swam in the sea and had lunch in a café on the beach. We came home in the evening, tired but happy.
Ejercicio 5	1. I was reading a book; 2. I was listening to the radio; 3. I was repairing the car; 4. I was writing a letter; 5. I was preparing lunch.
Ejercicio 6	1. Wait a moment, I'm talking to my colleague!; 2. Let's have a small break!; 3. I don't understand my boss' decision; 4. Ana is writing a letter; 5. Do I have to answer?; 6. I was reading the newspaper when the phone rang; 7. I called him immediately; 8. Yesterday I didn't go to the office; 9. We want to leave early; 10. It's very easy to make a mistake; 11. Can you imagine the situation?; 12. What luck!; 13. They have all the systems of the new technology at their disposal; 14. This is very funny!; 15. He/she noticed the mistake at once; 16. I told him/her to delete the message.

UNIT EIGHT

Ejercicio 1	1. She wrote two letters last week; 2. Ann talked to the boss ten minutes ago; 3. Did you see them last month?; 4. He saw her new book when he was in Madrid; 5. They found the dictionary a few hours ago.
Ejercicio 2	1. Yes, six months ago in Africa; 2. Yes, last week when my secretary wasn't in the office; 3. Yes, last summer during my holidays; 4. Yes, when I was a child; 5. Yes, yesterday.
Ejercicio 3	1. have also been; 2. arrived; 3. went; 4. booked; 5. started; 6. have never seen; 7. smoked; 8. has lived; 9. was; 10. has just returned.
Ejercicio 4	1. aren't they?; 2. isn't he?; 3. weren't they?; 4. aren't you?; 5. was she?; 6. hasn't he?; 7. don't you?; 8. isn't she?; 9. isn't he?; 10. aren't they?
Ejercicio 5	1. be/was/were; 2. have/had/had; 3. see/saw/seen; 4. bring/brought/brought; 5. fly/flew/flown; 6. put/put/put; 7. read/read/read; 8. write/wrote/written; 9. understand/understood/understood; 10. leave/left/left; 11. spend/ spent/spent; 12. find/found/found; 13. come/came/come.
Ejercicio 7	1. Querría un vaso de vino, por favor; 2. ¿Puede dejarme ver la fotografía otra vez?; 3. Nosotros vivíamos en una zona periférica de Londres; 4. No le gusto; 5. Ellos no me han dicho la verdad.
Ejercicio 8	1. will put; 2. will open; 3. will walk; 4. will go on; 5. Will you help.

UNIT NINE

Ejercicio 1	1. I'm going to go shopping; 2. I'm going to play with the children; 3. I'm going to go to the cinema; 4. I'm going to visit my parents.
Ejercicio 2	1. If they have enough time, they'll visit Madrid; 2. If she sees him, she'll ask him for the money; 3. If I have enough money, I'll buy him a present; 4. If the doctor can't help him, he'll die; 5. If we get the money, we'll buy the car.

Ejercicio 3	1. What is he going to ask her money for?; 2. What are they going to talk about?; 3. What is he worried about?; 4. What must we thank them for ?; 5. What is she listening to?
Ejercicio 4	1. in; 2. of; 3. to; 4. at; 5. in front of.
Ejercicio 5	1. nice nicer than the nicest; 2. good better than the best; 3. happy happier than the happiest; 4. fast faster than the fastest; 5. difficult more difficult than the most difficult; 6. easy easier than the easiest; 7. unexpected more unexpected than the most unexpected; 8. slow slower than the slowest; 9. intelligent more intelligent than the most intelligent; 10. bad worse than the worst; 11. lovely lovelier than the loveliest; 12. fresh fresher than the freshest.
Ejercicio 6	1. Yours; 2. mine; 3. His; 4. Hers; 5. ours; 6. mine.
Ejercicio 7	1. It's even larger than ours; 2. It's even stronger than ours; 3. They are nastier than yours; 4. He's even busier than hers; 5. They are even more reliable than yours; 6. They are even more modern than yours; 7. He's even better than yours; 8. There are even more; 9. It's even faster than mine; 10. I'm even happier than you are.
Ejercicio 8	1. are going to; 2. will help; 3. is going to play; 4. will turn on; 5. am going to have.
Ejercicio 9	1. will have finished; 2. will have left; 3. will have seen; 4. will have done; 5. will have destroyed.

UNIT TEN

Ejercicio 1	1. If I were you, I would help him at once; 2. If he hadn't made so many phone calls, he would have had more money left; 3. If you want to arrive at the airport on time, we'll have to leave early; 4. If he works a lot, he'll be able to afford a new car; 5. If it hadn't rained, we could have gone for a walk; 6. If I hadn't had children, my life would have been more peaceful.
Ejercicio 2	1. I've got tired of your complaints; 2. If you can't fetch me at the airport, I'll take a taxi; 3. Most people seem to have lost their creativity; 4. If I had more time, I would do a long trip; 5. Would you like to have a cup of coffee at the bar near here?; 6. If I hadn't tried, he would have never known that he could write poems; 7. I decided to look for a job; 8. When will you go on vacations?; 9. I woke up at five o'clock this morning.
Ejercicio 3	1. yourself ; 2. himself; 3. myself; 4. themselves; 5. yourself; 6. yourself; 7. herself; 8. ourselves; 9. themselves.
Ejercicio 4	1. When I was younger, I used to work on a farm during summer time; 2. We used to wash things by hand before the invention of the washing machine; 3. We used to use typewriters before the computer was invented; 4. There used to be trees in this garden; 5. In the past we didn't use to eat frozen foods.
Ejercicio 5	1. has arrived; 2. arrived; 3. has just arrived; 4. has already arrived; 5. arrived; 6. arrived; 7. did the catalogue arrive?; 8. When did the catalogue arrive?

Claves de los ejercicios 187

Ejercicio 6 1. She shouldn't stay up late; 2. She shouldn't worry; 3. He should go to the doctor; 4. He should get a hair cut; 5. She should study harder.

Ejercicio 7 1. If my T.V. wasn't broken, I could watch a good film; 2. If I were rich, I would be happier; 3. If I remember, I will send a postcard; 4. If I stay at home, I won't get wet; 5. If you had been more careful, you wouldn't have cut yourself.

UNIT ELEVEN

Ejercicio 1 1. She felt wide awake; 2. Yes, she did. The passage says, «She knew she was behaving thoughtlessly» and «she knew that what she was doing was wrong.»; 3. She was going to run away with a man and live far away; 4. When she left the house, she suddenly felt very small and very alone; 5. She was going to travel by train; 6. She suddenly realised how important her family was to her; 7. She felt happy and sure that she had made the right decision; 8. No, she didn't. Because she describes her daughter as «happy» and «home-loving».

Ejercicio 2 1. There's a poem by William Wordsworth called «The daffodils» that I like very much; 2. She always buys the products that they advertise on TV; 3. These are the pictures which he took in London; 4. This is one of the songs that Paul McCartney wrote; 5. I've read all the books which Jon gave me.

Ejercicio 3 1. While I was reading the newspaper, my sister made at least (almeno) ten phone calls; 2. We want to leave early so that we arrive in time at the airport; 3. If he works hard, he will afford a new car; 4. If it hadn't rained, we would have gone for a walk; 5. We don't know if Mark will come to the party.

Ejercicio 4 1. well; 2. strongly; 3. directly; 4. quickly; 5. carefully; 6. newly; 7. safely; 8. bitterly; 9. deeply; 10. slowly.

Ejercicio 7 1. pretty, stupid; 2. high; 3. short; 4. hard; 5. punctually.

UNIT TWELVE

Ejercicio 1 1. Lucy said thats he didn't know where he lived; 2. His friends said that they had to thank for their help; 3. Tom said that that was a fantastic idea; 4. Silvia told Mathew that she couldn't go the party; 5. Fred said that he had bought a car. The old one wasn't big enough; 6. Robert and Ann told her mum that she had promised them to go swimming with them; 7. The teacher asked his students to close the window; 8. Mario told Ana that he was looking forward to seeing her»; 9. George wanted to know if Laura was married; 10. Ted asked his friends if he had had a nice trip.

Ejercicio 2 1. He promised that the new Government would change everything; 2. he promised that the experts would work out solutions for all their problems; 3. He promised that the workers would get higher wages; 4. He promised that prices would become lower; 5. He promised that people would have to pay less taxes; 6. He promised that a lot of new houses would be built; 7. He promised that Petrol would cost less; 8. He promised that there would be a lot of positive changes; 9. He promised that many new jobs would be created; 10. He promised that the introduction of the Euro would be positive for the country's economy.

Ejercicio 3 1. I have been reading that book for a week; 2. Jean has been waiting for Philip for half an hour; 3. George has been living in Barcelona since 1995; 4. Harry has been working in New York since last March; 5. Peter has been playing football professionally for 2 years.

Ejercicio 4 1. She told him to shut up; 2. She told him to be quiet; 3. He told her not to watch this silly programme; 4. She told him not to believe them; 5. I told her to please help me with the dishes; 6. I told him to go into his room; 7. She told him to try that computer programme; 8. I told them to be patient; 9. I told them not to be silly; 10. I told him not to forget to buy some bread!»

Ejercicio 5 1. She says that she doesn't want to marry him; 2. She believed that her next job would be much more interesting; 3. She says that she had to get a new car; 4. They told us that they didn't expect us to come; 5. She said that she had never seen anything like that before; 6. She asked us whether we would help her with the new computer programme; 7. He asked if we had seen him yesterday?; 8. She asked him whether she could go with him; 9. She wanted to know whether she could ask another question; 10. He wondered whether I had been to Italy.

UNIT THIRTEEN

Ejercicio 1 1. Noticing that one of the tyres was flat, I stopped and got out; 2. Hearing the phone ring, I got out of the bath; 3. Seeing that her glass was empty, I got her another whisky; 4. Hoping that she would be invited to the party, she bought a new dress; 5. Realising that it was late, he took a taxi; 6. Discovering that learning a foreign language could be very useful, he decided to spend a month in London; 7. Knowing that she was unhappy in her new job, he offered to help her.

Ejercicio 2 1. What's better learning English or German? I think learning...; 2. What's nicer going to Australia or Italy? I think going...; 3. What's more interesting going to the cinema or staying at home? I think going...; 4. What's more difficult writing French or speaking it? I think...; 5. What's more expensive flying to Rome or flying to New York? I think flying to...; 6. What's more exciting going on a safari or seeing the midnight sun? I think going...; 7. What's more dangerous going by car or by train? I think going...; 8. What's easier finding a house in London or in Barcelona? I think finding...; 9. What's worse inviting your parents or our neighbours? I think inviting...; 10. What's more relaxing spending a weekend at the seaside or at Madrid visiting the famous museums? I think....

Ejercicio 5 1. After telling the truth, he left; 2. He left the room without saying a word; 3. How about going to the pool this evening?; 4. We apologise for disturbing you at this hour; 5. I'm looking forward to seeing him again; 6. I don't feel like accepting their offer; 7. There is nothing you can do apart from trying to solve the problem of money; 8. After saying good-bye to his parents, he left again to Italy; 9. Instead of talking for hours, you could give me a hand; 10. He complained about spending the vacation at home.

Ejercicio 6 1. of; 2. about; 3. in; 4. to; 5. in; 6. of; 7. at; 8. of; 9. for ; 10. of.

UNIT FOURTEEN

Ejercicio 1 1. be made; 2. be driven; 3. find; 4. be woken up; 5. be translated; 6. be arrested; 7. be checked; 8. be spent; 9. be carried.

Ejercicio 2 1. Complaints should be sent to the head office; 2. The meeting had to be postponed because of illness; 3. Your car might have been stolen if you had left the keys in it; 4. Next year's congress is going to be hold in Madrid; 5. The football match shouldn't have been played in such bad weather.

Ejercicio 3 1. Our neighbours' dog bit him; 2. They will publish her new book by the end of the year; 3. The teacher asked the new pupil to write his name on the blackboard; 4. We must invite our new neighbours to our party too; 5. The technician installed a new hard disk.

Ejercicio 4 (Possible answers) 1. It had been the longest day of their lives; 2. wearily, hardly, gently, excitedly, warmly. She also told the room service not...; 3. She asked them to bring them some supper and some cool cocktails . She also told them room service not to disturb them in the morning; 4. « Ask them to bring us some supper and some cool cocktails; «Oh and tell them not to disturb us in the morning»; 5. She said: «You are a very kind young man»; 6. angry, disappointed, easy, bewildered, old; 7. John helped a bewildered old lady to pick up her handbag; 8. After standing at a taxi rank for twenty minutes in vain, they realised, to their horror, that there was a taxi strike; 9. Their flight had been delayed for eight hours; First they were told to wait in the lounge; 10. He said that from that moment on things could only get better.

Ejercicio 5 1. He told me not to come; 2. He asked them what they wanted; 3. He asked me if he could help me carry my case; 4. She said she wanted to go out this evening; 5. She told me that if she were me she wouldn't smoke.

Diccionario

Advertencia para la consulta

Este diccionario contiene todos los términos utilizados en el volumen y ha sido concebido para ser consultado durante el estudio de las unidades por parte de un estudiante autodidacta, de modo que le sirva de punto de referencia de fácil comprensión. Se han excluido todas las indicaciones que podrían suponer un obstáculo para la consulta rápida y se ha dado al vocabulario la estructura siguiente:

✴ Todos los vocablos y locuciones se encuentran en orden alfabético; los verbos aparecen bajo su letra inicial, como por ejemplo, *call = llamar*, en la «C», omitiendo la partícula *to* de la forma del infinitivo del verbo.

✴ Las abreviaturas que designan las partes del discurso (sustantivo, adjetivo, adverbio, etc.) han sido omitidas.

✴ Los verbos más comunes (*take*, *go*, *have*, *be*, etc.) van seguidos de una serie de expresiones idiomáticas muy usadas en el lenguaje cotidiano; lo mismo vale para otras formas gramaticales; el objetivo es permitir al lector observar cómo se emplean dichos vocablos en la práctica.

✴ En la parte inglés-español, la pronunciación inglesa está indicada después de cada entrada.

✴ Cuando un verbo o un nombre suele ir seguido de cierta preposición, esta última se indica entre paréntesis.

✴ Las locuciones formadas por el verbo *to be* + adjetivo (ej.: *to be angry = estar enfadado*) aparecen en orden alfabético, en la «B» en la parte inglés-español y en la letra correspondiente a la locución española: la «S» («ser»), la «E» («estar»), etc., en la parte español-inglés.

INGLÉS-ESPAÑOL

A

a, an [ə, æn] uno, una, **a bit** [bit] un poco, **a few** [fju:] unos pocos, **a great deal of** [greit di:l] muchísimo, un buen pedazo de, **a lot of** [lot of] un montón, **a trifle alarming** [traifl əla:miŋ] un poco inquietante
abbey [æbi] abadía
ability [əbiliti] capacidad
able [eibl] capaz, hábil
about [ə'baut] acerca de, sobre
above [ə'bav] encima, por encima, arriba
above all [ə'bʌv ɔ:l] sobre todo
abroad [əbrɔ:d] en el extranjero
absent [æbsent] ausente
absent-minded [æbsent mainded] distraído
accept [ək'sept] aceptar
accident [æksident] accidente
accuse (of) [əkju:s] acusar
ache [eik] dolor
activity [æktiviti] actividad
address [ə'dres] dirección
admit of/to [əd'mit] admitir
adore [ə'do:r] adorar
adult [ædʌlt] adulto
advance [ədva:ns] avanzar
advantage (of) [ədva:ntʃ] ventaja (de)
advocate [ɔdvokeit] defender
affection [afækʃion] afecto, cariño
afford [əfɔ:rd] dar, proporcionar
after [a:ftə] después de
afternoon [a:ftə'nu:n] tarde
afterwards [a:ftəwæ:ds] después, más tarde

again [ə'gen] de nuevo, otra vez
against [ə'genst] contra
age [eidʒ] edad
ago [ə'gou] hace (pasado)
agreement [ə'gri:mənt] acuerdo
air [eə] aire
airport [e'ə'pɔ:t] aeropuerto
all [ɔ:l] todos, -as
all right [ɔ:l rait] de acuerdo
allow [əlau] permitir
almost [ɔ:lmoust] casi
alone [a'loun] solo
along [ə'loŋ] a lo largo de, por
also [ɔ:lsou:] también
alternative (to) [ɔl'tærne'tif] alternativa (a)
always [ɔ:lweiz] siempre
ambulance [æmbju:ləns] ambulancia
American [æ'meri'ken] americano
amidst [ə'midst] en medio de, entre
among [ə'mʌŋ] entre
amount [ə'maunt] cantidad; importe
amount to [ə'maunt] ascender a, sumar
amusing [æ'mju:ziŋ] divertido
and [ænd] y, e
anger [æŋgə] cólera, ira
angry [æŋgri] enfadado
animal [ænimə] animal
anniversary [æni'væ:səri] aniversario
announcement [æ'naunsmənt] anuncio, aviso
another [ə'nʌðə] otro, -a
answer [a:nsə:] responder, contestar
answer the phone [a:nsə ðə foun] contestar al teléfono

anymore [enimɔ:] más; ya
anything else [eniθiŋ els] cualquier otra cosa
apartment [ə'pa:tment] disculpa, excusa
apple [æpl] manzana
appointment [ə'pointment] cita
appropriate [ə'prouprieit] adecuado
approve [əpru:f] aprobar, estar de acuerdo
April [ei'pril] abril
aren't you? [a:nt ju:] ¿no es así?
arm [a:m] brazo
arms [a:rms] armas
army [a:rmi] ejército
around [ə'raund] alrededor
arrange the flowers [ə'reindʒ ðə flauə:s] arreglar las flores
arrangement [ə'reindʒmənt] arreglo
arrive [ə'raiv] llegar
arrogant [ærəgənt] arrogante
art [a:rt] arte
art gallery [a:rt gæləri] galería de arte
as [æz] como, **as a matter of fact** [æz ə mætə offækt] efectivamnte, **as much as possible** [æz mʌtʃ æz posibl] todo lo posible, **as soon as** [æz su:n æz] apenas, **as soon as possible** [æz su:n æz posibl] lo más rápido posible, **as usual** [æs ju:zəl] como de costumbre, **as well** [æz wel] también, así como
ashtray [æʃtrei] cenicero
aspire [əs'paiə] aspirar
aspirin [æspərin] aspirina
aspiring [əs'pairiŋ] aspirante
assist [əsist] asistir a
assistance [ə'sistəns] asistencia
assistant manager [ə'sistənt mænidʒə] subdirector, ayudante del director
association [əsousi'eiʃn] asociación
at [æt] en, a, **at half past six** [æ ha:v ha:f siks] a las seis y media, **at once** [æt wʌns] enseguida, **at ten minutes to seven** [æt ten minits] a las siete menos diez, **at the top of the stairs** [æt ðə top of ðə steirs] encima de las escaleras
at work [æt wœ:k] en la oficina
attempt [ə'tempt] prueba
attempt [ətempt] intentar, probar
attend a course [ətend] asistir a un curso
attention [ə'tenʃn] atención, cuidado
attitude [ætitju:d] actitud, disposición
audience [ɔ:djens] público
August [ɔ:gʌst] agosto
aunt [a:nt] tía

author [ɔ:θɔ] autor
autumn [ɔ:təm] otoño
available [ə'veiləbl] disponible
average [ævəridʒ] media, término medio
aversion (to) [a'værʃen] aversión a, antipatía (por)
away [ə'wei] distante
awful [ɔ:ful] terrible

B

baby [beibi] bebé, niño pequeño
baby-boy [beibi boi] bebé, niño
baby-girl [beibi gœ:l] bebé, niña
back seat [bæk si:t] asiento posterior
bacon [beikən] beicon, panceta
bad [bæd] malo
bad luck [bæd lʌk] mala suerte
bag [bæg] bolso
baker [beikə] panadero
bald [bɔ:ld] calvo
bandage [bændidʒ] venda, vendaje
bank [bænk] banco
bankruptcy [bæŋkrʌpt] hundimiento
bar [ba:] bar
bar of chocolate [ba of tʃokələt] tableta de chocolate
barber [ba:bə] barbero
barbershop [ba:bə:ʃop] barbería, peluquería
bargain [ba:gən] negocio
basically [beisikli] básicamente
basis for [bæsis] base
bathroom [ba:θru:m] baño
battery [bætəri] batería, pila
battle [bætl] batalla
be [tu bi:] ser, estar
be accustomed to [ə'kʌstemd] estar acostumbrado a
be adequate for [əde'kwet] ser adecuado para
be afraid of [ə'freid ov] temer, tener miedo de
be alarmed at [əla:rmd] alarmarse por
be amazed at [ə'meizd] quedarse boquiabierto
be angry at [æŋgri] estar enfadado con
be appropriate for [ə'propriet] ser idoneo para
be ashamed of [ə'ʃæ:md] avergonzarse de
be available for [ə'veiləbl] estar disponible para
be busy with [bizi wiθ] estar ocupado con

be careful [kærful] estar atento, prestar atención
be certain of [sæːrten] estar seguro de
be conscious of [kontʃes] ser consciente de
be crazy about [creizi] ir loco por
be delighted at [diːˈlaited] disfrutar con
be disappointed at [disəpointəd] estar decepcionado con
be embarassed [emˈbærəst] avergonzarse
be engaged in [enˈgeidʒd] estar comprometido en
be enthusiastic about [enˈθuːsiæstik] entusiasmarse con
be equivalent to [eˈkwivələnt] equivaler a
be excited about [ekˈsaitəd] emocionarse con
be famous for [feiməs] ser famoso por
be fond of [fond] ser un apasionado de
be forced to [foːət] estar obligado a
be fortunate in [fortjunit] ser afortunado de
be from [bi from] ser de (procedencia)
be glad about [glæd] estar contento de
be going to [goiŋg tu] ir a (futuro próximo)
be guilty of [gilti] ser culpable de
be happy about [hæpi] estar contento/feliz de
be hungry [bi hʌŋgri] tener hambre
be intent on [inˈtent] estar decidido a
be interested in [intristid in] interesarse por
be likely to [laikli tu] ser probable
be necessary for [nesesəri] ser necesario para
be nervous about [nærvəs] estar nervioso por
be nice [nais] ser amable
be optimistic about [optiˈmistik] ser optimista
be pessimistic about [pesiˈmistik] ser pesimista
be preferable to [prefərəbl] ser preferible
be preoccupied with [priˈokjuːpaid] estar preocupado por
be proficient at [proˈfiʃənt] ser experto en, ser hábil en
be proud of [praud] estar orgulloso de
be right [bi rait] tener razón
be serious about [siːriəs] hablar en serio
be short of money [ʃoːt of mʌni] tener poco dinero

be slow in [slou] ser lento
be sorry [sori] sentirlo
be suitable for [sjuːˈtibl] ser adecuado para
be thirsty [θæːrsti] tener sed, estar sediento
be tired out [taird aut] estar muy cansado
be used to [juːzd] estar acostumbrado a
be useful for [juːsful] ser útil para
beach [biːtʃ] playa
bean [biːn] judía
bear [beə] oso
beard [biːəd] barba
beat [biːt] batir
beautiful [bjuːtiful] bello
because [biːˈkɔːs] porque
bed [beːd] cama
bedroom [bedruːm] dormitorio
bee [biː] abeja
beefeater [biːfiːtə] guardia de la Torre de Londres
beer [bi ə] cerveza
before [biːfoː] antes de
begin by [biˈgin] empezar por
behind [biːˈhaint] detrás de
belief (in) [biːˈlif] creer (en)
benefit by/from [benefit] beneficiarse de, aprovechar
better [betə] mejor, **better than** [betə ðæn] mejor que, **much better** [mʌtch betə] mucho mejor
better oneself [betəː] mejorar
big [big] grande
birthday [bæːrθdei] cumpleaños
bite one's own tail [bait ʌns oun teil] no terminar nada
blind [blaind] ciego
blood [blʌd] sangre
blouse [blaus] camisa
blue [bluː] azul
board [bɔːd] tabla, mesa
board the bus [bɔːd] subir al autobús
boarding card [bɔːŋ kaːd] tarjeta de embarque
boarding house [bɔːŋ haus] pensión
boast about/of [boːst] jactarse de
boat [bout] barca
bobby [bobi] bobby
body [bodi] cuerpo
bold [bold] audaz
bomb [bomb] bomba
bone [boun] hueso
bonnet [bonet] gorra
book [buk] libro

bookseller [bukselə] librero
bookshelf [bukʃelf] librería (mueble)
bookshop [bukʃop] librería (negocio)
border [bɔ:də] borde, orilla, límite
boredom [bɔ:dəm] aburrimiento
boring [bo:riŋ] aburrido
boss [bos] jefe
bother about [boðər] preocuparse de
bottle [botl] botella
bound [baund] obligado
bowl [boul] cuenco, bol
box [boks] caja
boy [boi] chico, muchacho
boyfriend [boifrend] chico
bra [bra:] sostén
brain [brein] cerebro
brakes [breiks] frenos
branch [bra:nʃ] ramo
brandy [brændi] coñac, brandy
brave [breiv] valiente
bread [bred] pan
break [breik] pausa
break down [breik daun] romperse
breakfast [brekfəst] desayuno
breath [breθ] aliento, respiración
breeze [bri:z] brisa
bridge [bridʒ] puente
bright [brait] claro, luminoso
brightly [braitli] alegremente
British [britiʃ] británico
broth [brɔθ] caldo
brother [brʌðə] hermano
brother-in-law [braθə in lɔ:] cuñado
brown [braun] marrón, castaño
brunch [brʌnʃ] desayuno muy abundante
brush [brʌs] cepillo, escoba
bubble [bʌbl] bola
budget [bʌdʒət] presupuesto
bug [bʌg] chinche
building [bildiŋ] edificio
bulb [bʌlb] bombilla
bull [bul] toro
bunch [bʌns] ramo, grupo
burglar [bœ:glə] ladrón
bus [bʌs] autobús
business [bizinəs] negocio
business trip [bizines trip] viaje de negocios
businessman [bisines mæn] hombre de negocios
but [bʌt] pero
butcher [butʃə] carnicero
button [bʌtn] botón
by means of [bai mi:ns] por medio de
bye-bye [bai bai] adiós, hasta pronto

C

cafeteria [kæfi'tiəriə] bar, cafetería
cake [keik] bizcocho
call [kɔ:l] llamar
call [kɔ:l] llamada telefónica
calm down [ka:m daun] calmarse, tranquilizarse
camera [cæmərə] cámara fotográfica
cancel [kænsəl] eliminar
candle [kændl] vela
canteen [kæn'ti:n] cantina
cap [kæp] gorra
capital [kæpitəl] capital
car [ka:] coche
cards [ka:ds] carta, naipe
care [kæə] cuidado, atención
care about [cær] interesarse, preocuparse de
career [kə'riə] carrera
careful [kærful] atento
carpenter [ka:pentə] carpintero
carpet [ka:pet] alfombra
carriage [kæridʒ] coche, vagón
carry on [cæri on] continuar, seguir
centre [sentə] centro
certainly [sætnli] ciertamente
change [tʃeindʒ] cambiar
change wheels [tʃeindʒ wi:ls] cambiar las ruedas
charm [tʃa:m] encanto
chest [tʃæst] pecho
child [tʃaild] niño, hijo
childhood [tʃaildhu:d] infancia
children [tʃildren] niños, hijos
chin [tʃin] barbilla, mentón
chips [tʃips] patatas fritas
chocolate [tʃɔkələt] chocolate
choice (between) [tʃois] elección (entre)
Christian name [kristjən neim] nombre
Christmas [krisməs] Navidad
church [tʃœ:tʃ] iglesia
churchyard [tʃœ:tʃ] cementerio
cigarette [sigəret] cigarrillo
cinema [sinəmə] cine
city [siti] ciudad
civil [sivil] civil
class [klʌs] clase, curso, grupo de estudiantes
classroom [kla:sru:m] aula

clean [kli:n] limpio
cleaning woman [kli:niŋ woumə n] limpiadora
clear [kliə] claro
clearly [kliəli] claramente
clerk [kla:k] empleado
clever [klevə] inteligente
click on [klik on] pulsar, hacer clic
client [klaiənt] cliente
clock [klok] reloj
closet [klɔsit] armario, lavabo
clothes [klouðz] ropa
cloud [klaud] nube
clumsy [klʌmzi] torpe
clutch [klʌtʃ] apretar, estrujar
coach [ko:tʃ] autobús, autocar
coast [koust] costa
coat [koust] chaqueta
cock [kok] gallo
cod [kod] bacalao
coffee [kofi] café
coin [koin] moneda
cold [kould] frío
colleague [koli:g] colega
collection [ko'lektʃn] colección
collectively [ko'lekivli] colectivamente
column [kɔləm] columna
comb [koum] peine
come of/from [kʌm] venir de, provenir de
comfort [kʌmf ət] comodidad
comfortable [kʌmfətəbl] cómodo, confortable
committed [kə'mitid] comprometido
common [komən] común
communicate [kom'ju:nikeit] comunicar
communication [kom'ju:ni'keiʃn] comunicación
company [kʌmpəni] 1 sociedad, 2 compañía
compass [kʌmpəs] brújula
compelled [kəmpeld] obligado
competition [kompi'tiʃn] competencia
competitive [kəm'petitiv] competitivo
complain about/of [kom'plein] lamentarse de, quejarse de
complaint [kəm'leint] queja
complete [kəm'pli:t] completo
completely [kəmpli:tli] completamente
complex [kompleks] complejo
complicated [komplikeitid] complicado
compliment [komplimənt] cumplido
comprehension [kompri'heʃn] comprensión

compromise (between) [kompro'mais] comprometido (entre)
compulsory [kəm'pʌlsəri] obligatorio
computer programmes [kom'pju:tə pro:græms] programas de ordenador
concert [konsət] concierto
conclude by [kon'klu:d] concluir con
confess to [kon'fes] confesar a
confidence [konfidəns] confianza
confusion [kon'fju:ʃn] confusión
congratulations [kon'grætju'leiʃn] felicidades
conscience [konʃəns] consciencia
conscious [konʃəs] consciente
consciousness [konʃəsnis] conciencia
consequence [konsikwəns] consecuencia
consequently [konsə'kwentli] consecuentemente
considerable [kən'sidərəbl] considerable
consist [kon'sist] consistir
consolidation [kən'solideiʃn] consolidación
contempt [kən'tempt] desprecio
content [kəntent] contento, satisfecho
contents [kəntents] contenido
contract [kontrækt] contraído
control [kən'troul] control
controversy [kontrəvæ:si] controversia
conversation [konwə'seiʃn] conversación
cook [kuk] cocinar
cool [ku:l] fresco, frío
corn [kɔ:n] grano
corner [co:rnər] ángulo
correction [kə'rəlaʃn] corrección
costs [kosts] costes
cough [kɔ:f] toser
counsel [kaunsəl] consejo
count on [kaunt] contar con
counter [kauntə] banco
country [kʌntri] país, tierra, región
couple [kʌpl] pareja
courage [kʌridʒ] valor, valentía
courageous [kə'reidʒəs] valiente
course [kɔ:s] curso, clase
court [kɔ:t] tribunal
cousin [kʌzn] primo
crash [kræʃ] choque
crazy [kreizi] loco
creativity [kri:'eitivəti] creatividad
crew [kru:] equipaje
crowd [kraud] muchedumbre, gentío
crowded [kraudəd] atestado, concurrido
crown [kraun] corona

Diccionario inglés-español 197

cry [krai] gritar
cry [krai] lloro, grito
culture [kʌltʃə] cultura
cunning [kʌniŋ] astuto
cup [kʌp] taza
cupboard [kʌbəd] armario
curl [kœ:l] rizo
curly [kœ:li] rizado
customer [kʌstəmə] cliente

D

Dad [dœ:d] papá
daily [deili] cotidiano
danger (of) [deinœer] peligro, riesgo de
dangerous [dœŋgərəs] peligroso
dead [ded] muerto
deadline [dedlain] fecha límite, plazo
death [deθ] muerte
decency [de:snsi] modestia
decide against [de:said] pronunciarse contra, decidir no hacer algo
decoration [dekoreiʃn] decoración
delay [de:'lei] retrasarse
delight (in) [de:'lait] placer, deleite (en)
delight in [de:'lait] deleitarse con, disfrutar
demonstration [demon'strei:ʃn] demostración
dentist [dentist] dentista
deny [de'nai] negar
department [de:pa:rtment] sección
departure [de'pa:tʃə] partida, salida
describe [dis'kraib] describir
description [dis'kriptʃn] descripción
desk [desk] escritorio
despair of [dis'peir] desesperarse de
dessert [de'zœ:t] postre, dulce
destruction [dis'trʌkʃn] destrucción
detail [de:teil] detalle, particular
determined [de'tœ:min] decidido, determinado
detest [de'test] detestar, odiar
development [de:veləpm ənt] desarrollo
devil [devl] diablo
devote to [de:'vout] dedicarse a
diamond [daiəmənd] diamante
diary [daiəri] agenda, diario
diet [daiət] dieta
difference (between) [dife'rens] diferencia (entre)
different [difrənt] diferente
difficult [difikəlt] difícil
difficulty (in) [dificelti] dificultad (para)

dining room [dainiŋ ru:m] comedor
dinner [dinə] cena
diploma [de'ploumə] diploma
diplomatic [de'pləmœtik] diplomático
direction [dai'rektʃn] dirección
director [dai'rektə] director
dirt [dœ:t] suciedad
dirty [dœ:ti] sucio
disadvantage [disəd'va:ntidʒ] desventaja
disappoint [disəpoint] decepcionar
disappointment [disə'pointmənt] decepción
disapprove of [disə'pru:f] desaprobar
disco [diskou] discoteca
discontinue [dis'kon'tinju:] interrumpir
discovery [dis'kʌvəri] descubrimiento
disgusting [dis'ga:stiŋ] asqueroso
dish [diʃ] plato
dish-washer [diʃ wɔʃə] lavavajillas
dislike for/of [dislaik] antipatía por
disposal [dis'pou:zəl] disposición
do [do:] hacer
do one's best [do ʌns best] hacerlo lo mejor posible
do some travelling [du sʌm trœveliŋg] viajar
doctor [doktə] médico
document [dokjumənt] documento
dog [do:g] perro
doll [dol] muñeca
done [dʌn] hecho
don't you? [dont ju:] ¿no es así?, ¿no es verdad?
door [do:] puerta
double room [dʌbl ru:m] habitación doble
doubt [daut] duda
down [daun] abajo
dozen [dʌzəns] docena
drawer [drɔ:ə] cajón
drawing [drɔ:iŋ] dibujo
dreadful [dredful] horrible, espantoso
dream [dri:m] sueño
dream about/of [dri:m] soñar con
dress [dres] ropa, vestirse
dressing [dresiŋ] vendaje, condimento
drink [driŋk] bebida
drink [driŋk] beber
driver [draivə] conductor
driving licence [draiviŋ laisns] permiso de conducir
drought [dra:t] sequedad
drum [drʌm] tambor, instrumento de percusión

Diccionario inglés-español 199

drunken [drʌŋkən] borracho
dry [drai] seco
due date [dju deit] plazo
dull [dʌl] torpe, pesado
dumb [dʌm] mudo
during [dju:riŋ] durante
dust [dʌst] polvo, espolvorear
dustbin [dʌstbin] cubo de la basura
duty [dju:ti] deber, derechos
duty free shop [dju:ti fri ʃop] negocio libre de derechos de aduana

E

each [i:tʃ] cada, cada uno
each other [i:tʃ ʌðə] recíprocamente
ear [iə] oreja
earlier [æ:liə] antes
early [æ:li] enseguida
earth [æ:θ] tierra, mundo
easily [i:zili] fácilmente
east [i:st] este
Easter [i:stə] Pascua
easy [i:zi] fácil, sencillo
economics [i:kəno'miks] economía
editor [editə] editor
education [edju:'keiʃn] educación
effect [i'fekt] efecto
efficiency [ə'fiʃənsi] eficiencia
efficient [ə'fiʃənt] eficiente
effort [efət] esfuerzo
egg [eg] huevo
eight [eit] ocho
either .. or [aiðə ɔə] o ... o
elderly [eldəli] anciano, persona mayor
election [i'lekʃn] elección
electric [i'lektrik] eléctrico
electricity [ilek'trisiti] electricidad
electronic [elek'tronik] electrónico
electronic mail [ilektro:nik meil] correo electrónico
elegant [eləgənt] elegante
eloquence [eləkwəns] elocuencia
e-mail [i:meil] e-mail, mensaje de correo electrónico
employee [emploi'ji:] empleado
employer [em'ploiə] empleador
empty [empti] vacío
enclose [ən'klouz] adjuntar
enclosure [en'klouʃə] adjunto
end [end] fin
end up [end ʌp] acabar
enemy [enemi] enemigo

engage in [in'geidʒ] dedicarse a
engaged [in'geidʒd] 1 novio, 2 ocupado (teléfono)
engagement [in'geidʒmənt] compromiso
English [iŋgliʃ] inglés
English lesson [iŋgliʃ lesn] clase de inglés
enjoy [injoi] disfrutar
enjoy oneself [injoi] divertirse
enough [i:'nʌʃ] bastante
enthusiasm [ən'θusiæsm] entusiasmo
escape [es'keip] huir, escapar
escape from [es'keip] evadirse de, fugarse de
especially [is'peʃəli] especialmente
European [ju:ro'pi:n] europeo
even [ivən] hasta
even number [i:vn nʌmbə] número par
evening [ivəniŋg] tarde
every day [evri dei] cada día, todos los días
exceed [ik'si:d] exagerar
excuse for [ekskju:s] excusarse por
exercise [ikserzais] ejercicio
expect [iks'pekt] esperarse
expectancy [iks'pektənsi] expectativa, espera
experience [iks'pi:ri'ens] experiencia (experience in, experiencia en)
explain [iks'plein] explicar
extraordinary [ikstrɔ:dinri] extraordinario
extreme [iks'tri:m] extremo
extremely [iks'tri:mli] extremadamente
eye [ai] ojo

F

face [feis] cara, rostro
facility (for) [fæ'siliti] facilidad (para)
fact [fækt] hecho
factory [fæktəri] fábrica
fail in [feil] dejar de
failure [feiljə] fallo, fracaso
fair [feiə] 1 rubio, 2 justo, limpio
fair play [feiə plei] juego limpio
fairy [feiri] hada
fairy tale [feiri teil] cuento, fábula
faithful [feiθful] fiel
faithfulness [feiθfulnis] fidelidad
fall [fɔ:l] caída
fall asleep [fɔ:l asli:p] dormirse
false [fɔ:ls] falso
family [fæməli] familia
family name [fæməli neim] apellido

famous [feimes] famoso
fancy [fænsi] creer
far [faɘ:] lejano, lejos
far away [fa ɘwei] lejos
far from [faɘ from] lejos de
far off [fa of] lejos de
farm [fa:m] granja
fascinating [fæsineitiŋ] fascinante
fascination [fæsineiʃɘn] fascinación, encanto
fashion [fæʃn] moda
fashionable [fæʃnɘbl] a la moda
fast [fa:st] rápido
fat [fæt] gordo
father [fa:ðɘ] padre
father-in-law [fa:ðɘ in lɔ:] suegro
favour [fævor] preferir, apoyar
favour [feivɘ] favor
favourite [feivɘrit] preferido, favorito
fax [fæx] fax
fear (of) [fi:r] miedo (de)
fear [fiɘ] temer
fearful [fiɘful] miedoso
feather [feðɘ] pluma
February [februɘri] febrero
fee [fi:] tasa, cuota
feel [fi:l] sentir
feeling [fi:liŋ] sensación
feet [fi:t] pies
fellow [felou] tipo, chico, sujeto
fever [fi:vɘ] fiebre
few [fju:] pocos, algunos, unos
fiancé(e) [fi'a:nsei] novio, novia
field [fi:ld] campo, sector
figure [figɘ] figura, cifra
file [fail] archivo
final [fainɘl] final
finally [fainɘli] finalmente, por fin
fine [fain] bien
finger [fiŋgɘ] dedo
finger nail [fiŋgɘneil] uña
finish [finiʃ] acabar, terminar
fire [faiɘ] fuego, incendio
fire [faiɘ:] despedir (del trabajo)
firm [fœ:m] dedo
first [fœ:st] primero
first name [fœ:st neim] nombre de pila
fish [fiʃ] pez
five [faiv] cinco
fix [fiks] arreglar
flame [fleim] llama
flat [flæt] 1 apartamento, 2 liso, desinflado
flea [fli:] pulga

fleece [fli:s] vellón, pelar
flirt with [flœ:t wiθ] flirtear con
floor [flɔ:ɘ] 1 suelo, 2 piso
floor show [flo:r ʃou] espectáculo de variedades
florist [flo'rist] florista
flower [flauɘ] flor
flu [flu:] gripe
fluffy [flʌfi] suave
fly [flai] mosca
fog [fo:ġ] niebla
foggy [fogi] nublado
folk [fouk] gente
follow [folou] seguir
following [folouwiŋ] siguiente
fond (of) [fond ov] apasionado (de)
fondness (for) [fondnes] amor, pasión (por),
food [fu:d] comida
fool [fu:l] tonto
foot [fu:t] pie
football [fut'bɔ:l] fútbol
football results [fut'bɔ:l ri'zʌlts] resultados futbolísticos
for [fɔ:] por, de, **for instance** [fɔ instɘns] por ejemplo, **for now** [fɔ nau] por ahora
forbidden [fɘ'bidn] prohibido
forecast [fɔ:ka:st] previsión
forefinger [fɔ:fiŋgɘ] índice
forehead [fɔ:rid] frente
foreign language [fɔrɘn læŋgidʒ] lengua extranjera
foreigner [fɔrɘnɘ:] extranjero
forget [fɘ'get] olvidar
forgiven [fɘ'givn] perdonado
forgotten [fɘ'gotn] olvidado
fork [fɔ:k] tenedor
form [fɔ:m] 1 clase, 2 forma, formulario
former [fɔ:mɘ] anterior
formula [fɔmjulɘ] fórmula
fortnight [fɔ:tnait] quincena
foundation [faun'deiʃn] fundación
four [fouɘ:] cuatro
fox [foks] zorro
fragile [frædʒail] frágil (material)
frail [freil] frágil (metafórico)
frankly [frenkli] francamente
free [fri:] libre
freedom [fri:dɘm] libertad
freely [fri:li] libremente
freezer [fri:zɘ] congelador
freezing [fri:ziŋ] congelado, helado

frequency [fri:kwənsi] frecuencia
fresco [freskou] fresco
fresh [freʃ] fresco
friar [fraiə] fraile
Friday [fraidi] viernes
fridge [fridʒ] frigorífico
fried [fraid] frito
friend [frend] amigo
friendliness [frendlinis] amabilidad
friendly [frendli] amable, cordial
fright [frait] susto
frightening [fraitniŋ] espantoso
frog [frɔg] rana
from [from] de (procedencia)
from morning to night [from morniŋg nait] de la mañana a la noche
front seat [frʌnt si:t] asiento anterior
frozen [frouzn] congelado
fruit [fru:t] fruta
fruits [fru:ts] frutos, resultados
fun [fʌn] diversión
function [fʌnkʃən] funcionar
funny [fʌni] cómico, divertido
furniture [fœrnitʃə:] mobiliario
future [fju:tʃə:] futuro

G

gallery [gæləri] galería
gallon [gælən] galón
gamble on [gæmbl] apostar por, contar con
gasp [ga:sp] grito sofocado
genuine [dʒenju'in] genuino, sincero
get around by/to [get] superar
get into [get intu] meter
get out [get aut] salir
get to know [get tu nou] conocer
get up [get ʌp] levantarse
gift [gift] regalo
girl [gœ:l] chica, muchacha
girlfriend [gœ:lfrend] chica
give one's best to s.o. [giv wʌns best] saludar
give s.o. a hand [giv sʌmwʌn ə hænd] echar una mano a, ayudar
give up [giv ʌp] interrumpir
glad [glæd] contento, satisfecho
gladly [glædli] con agrado
glass [gla:s] 1 vidrio, 2 vaso
glasses [gla:sis] gafas
gleam [gli:m] brillar
gloss [glos] esplendor
glove [gla:v] guante

glue [glu:] cola, goma de pegar
go abroad [go ə'brɔ:d] ir al extranjero
go ahead [gou ə'hed] seguir adelante
go by car [gou bai ka:] ir en coche
go downstairs [gou daunsteirs] bajar las escaleras
go home [gou hou:m] volver, llegar a casa
go on holiday [gou on holidei] irse de vacaciones
go shopping [gou ʃopiŋg] hacer la compra
go to night school [gou tu nait sku:l] asistir a clases nocturnas
go to the English lessons [gou tu] asistir a clase de inglés
go to work [gou tu wœ:k] ir a trabajar, - al trabajo
God [go:d] Dios
goddess [godis] diosa
godfather [godfa:ðə] padrino
godmother [godmʌðə] madrina
gold [gould] oro
good [gu:d] bueno
Good Friday [gu:d fraidei] Viernes Santo
goodbye [gu:d bai] adiós
goose [gu:s] oca
gossip [gɔsip] chismorreo, habladuría
graduate [grædjueit] titulado
grandchild [grænʃaild] nieto
grandchildren [grænʃildrən] nietos
granddaughter [grændɔ:tə] nieta
grandfather [grænfa:ðə] abuelo
grandmother [grænmʌðə] abuela
grandparents [grænpærənts] abuelos
grapefruit [greipfru:t] pomelo
grapes [greips] uva
grass [gra:s] hierba
grateful [greitful] agradecido
grave [greiv] lápida
great [greit] grande
Great Britain [greit britən] Gran Bretaña
Greece [gri:s] Grecia
green [gri:n] verde
grey [grei] gris
grilled steak [grild steik] filete a la plancha
ground [graund] suelo
ground floor [graund flɔə] planta baja
group [gru:p] grupo, clase
guard [ga:rd] guardia
guest [gest] huésped
guide [gaid] guía
guilt [gilt] culpa
guilty [gilti] culpable
guitar [gita:] guitarra

H

habit [hæbit] hábito, costumbre
hair [heiə] cabello
hairdresser [heiə'dresə] peluquero
half [ha:f] medio
hall [hɔ:l] entrada
Halloween [hælouwi:n] vigilia del día de Todos los Santos
ham [hæm] jamón cocido
hammer [hæmə] martillo
hand [hænd] mano
handicap [hændikæp] obstáculo, limitación
handicapped [hændi'kæp] limitado
handkerchief [hænkətʃif] pañuelo
handsome [hænsəm] guapo (hombre)
happen [hæpən] suceder, ocurrir
happiness [hæpinis] felicidad
happy [hæpi] feliz
happy birthday [hæpi bɶrθdeɪ] feliz cumpleaños
hard [ha:d] duro
hardly [ha:dli] apenas, casi nada
harm [ha:m] mal
harvest [ha:vist] cosecha
hat [hæt] sombrero
hate [heit] odiar
hatred [heitrid] odio
have a beer [hæv ə bi ə] tomar una cerveza
have a drink [hæv ə drink] tomar una copa
have a look at [hæv æ luk æt] visitar
have at one's disposal [hæv æt] tener a mano
have breakfast [hæv brekfəst] desayunar
have dinner [hæv dinə] cenar
have fun [hæv fʌn] divertirse
have got [hæv got] tener
have lunch [hæv lʌnʃ] comer
have to [hæv tu] deber
he [hi:] él
he himself [hi himself] él mismo
head [hed] 1 cabeza 2 encargado, responsable
headmaster [hedma:stə] director (de escuela)
health [helθ] salud
healthy [helθi] sano
heap [hi:p] montón
hear [hiə:] sentir
heart [ha:t] corazón
heat [hi:t] calor
heaven [hevn] paraíso
hedge [hedʒ] seto, cerca

heir [eiə] heredero
hello [he'lou] hola, buenos días
help [help] ayuda
her [hæə] la, le
here [hi:ə] aquí
hero [hi:rou] héroe
hers [hæ:s] (el) suyo, (la) suya
herself [hæ:self] se, ella misma
hesitation [heziteiʃn] duda
hi! [hai] hola
high [hai] alto
highly [haili] altamente
highway [haiwei] autopista
hill [hil] colina
his [hiz] (el) suyo, (la) suya...
history [histəri] historia
hold up one's hand [hou:ld ʌp wʌns hænd] levantar la mano
holiday [holi'dei] vacaciones
home [houm] casa, hogar
home-loving [houm-lʌviŋ] unido a la familia
honest [honəst] honesto
hope [houp] esperar
hope [houp] esperanza
hour [au ə] ahora
house [haus] casa
how [hau] cómo
how well [hau wel] ¿qué hay de nuevo?
hum [hʌm] tatarear, canturrear
hungry [hʌŋgri] hambriento
hurry [hʌri] prisa
hurry into [hʌri] precipitarse

I

I [ai] yo, **I must** [ai mʌst] debo, **I see** [ai si:] comprendo, **I would like** [ai wud laik] querría, me gustaría
i.e. [ai i:] es decir
idle [aidl] ocioso
idleness [aidlnis] ocio
if [if] si
ignorant [ignərənt] ignorante
ill [il] enfermo
illness [ilnis] enfermedad
imagination [i'mædʒi'neiʃn] imaginación
imagine [i'mædʒin] imaginar
immediate [i'mi:deət] inmediato
immediately [i'mi:djetli] enseguida
immigrant [imigrənt] inmigrante
impatience [im'peiʃns] impaciencia
impatient [im'peiʃnt] impaciente

impolite [*impolait*] maleducado
importance [*im'pɔ:təns*] importancia
important [*im'po:tənt*] importante
impossible [*im'posəbl*] imposible
impression (of) [*im'preʃn*] impresión (de)
improve [*im'pru:v*] mejorar
improvement [*im'pru:vm ənt*] mejora, mejoría
impulsively [*impʌlsivli:*] impulsivamente
in [*in*] en, **in advance** [*in ədva:ns*] por adelantado, **in fact** [*in fækt*] efectivamente, **in front of** [*in frʌnt ov*] frente, **in order to** [*in o:rdə tu*] para (seguido de infinitivo), **in particular** [*in pa'tikjulə*] en particular, **in spite of** [*in spait ov*] a pesar de, pese a, **in the midst of** [*midst*]:en medio de, **in the morning** [*in ðə mo:rniŋ*] de la mañana, por la mañana, **in the office** [*in ðe ofis*] en la oficina, **in this way** [*in ðis wei*] de este modo
in half an hour [*in ha:f ən auə:*] dentro de media hora
incident [*insidənt*] suceso, episodio
income [*inkʌm*] ingresos, renta
increase [*in'kri:s*] aumento
incredible [*in'credəbl*] increíble
indeed [*in'de:d*] realmente, de hecho, sin duda
independence [*indi'pendəns*] independencia
independent [*indi'pendənt*] independiente
index [*indeks*] índice
indication [*ini'keiʃn*] indicación
individual [*indi'vidju əl*] individuo
indulge in [*in'dʌld?*] darse el lujo de
infectious [*in'fektʃəs*] infeccioso
inferior [*in'fi:riə*] inferior
influence [*influəns*] influencia, efecto
information [*infəmeiʃn*] información
inhabitant [*in'hæbitənt*] habitante
injection [*in'dʒekʃn*] inyección
inn [*in*] posada, mesón
insane [*in'sein*] loco
insect [*insekt*] insecto
inside [*in'said*] dentro, en el interior
instead of [*in'sted of*] en vez, en cambio
instruction [*in'strʌkʃn*] instrucción
insult [*insʌlt*] insulto, ofensa
insurance [*inʃuərəns*] seguro
insurance company [*inʃuərəns Kampəni*] compañía de seguros
intelligence [*in'teli'dʒens*] inteligencia
intelligent [*in'telidʒənt*] inteligente

intention [*in'tenʃn*] intención
interest (in) [*intrest*] interés (por)
interesting [*intrəstiŋg*] interesante
interpreter [*in'tæ:pritə*] intérprete
interruption [*intərʌpʃn*] interrupción
interview [*intəvju:*] entrevista
into [*intu*] dentro de, en
introduction [*intrədʌkʃn*] introducción
invariably [*in'væribli*] invariablemente
invitation [*invi'teiʃn*] invitación
invoice [*invois*] factura
involve [*involv*] suponer; implicar
irregular [*iregjulə*] irregular
island [*ailənd*] isla
issue [*iʃu:*] cuestión, asunto
it [*it*] eso
Italian [*i'tæljən*] italiano
its [*its*] suyo, suya, suyos, suyas
it's a pity [*its ə piti*] es una lástima
itself [*itself*] él mismo, ella misma

J

jacket [*dʒækət*] chaqueta, americana
jail [*dʒeil*] cárcel; fuga, evasión
jam [*dʒæm*] mermelada
January [*dʒænjuəri*] enero
jar [*dʒa:*] jarra; chirriar, desentonar
jewel [*dju:əl*] torre
job [*dʒob*] ocupación, trabajo, profesión
job interview [*dʒob intəvju:*] entrevista de trabajo
joke [*dʒouk*] chiste, broma; bromear
jolly [*dʒoli*] alegre
jolly good! [*dʒoli gu:d*] ¡muy bien!
journalist [*dʒæ:nəlist*] periodista
journey [*dʒæ:ni*] viaje
judge [*dʒʌdʒ*] juez
juice [*dzu:s*] zumo de fruta
juicy [*dʒu:si*] jugoso
July [*dʒu:lai*] julio
jump [*dʒʌmp*] salto; saltar
jumper [*dʒʌmpə*] jersey
June [*dʒu:n*] junio
junk food [*dʒʌŋk fu:d*] comida basura
jury [*dʒuəri*] jurado
just [*dʒʌst*] sólo, apenas
justice [*dʒʌstis*] justicia

K

keenness [*ki:nes*] pasión
keep (on) [*ki:p*] continuar

keep [ki:p] mantener, respetar,
keep from [ki:p] ocultar algo a alguien
keep time [ki:p taim] mantener la hora exacta
kettle [ketl] olla, hervidor
key [ki:] llave, clave
kick [kik] dar una patada, un puntapié
kid [kid] niño
kidnapping [kid'næpiŋ] secuestro
kidney [kidni] riñón
killer [kilə] asesino
kind [kaind] bueno, amable; clase, género
kind of [kaind of] clase de, tipo de
kindergarten [kində'ga:tən] jardín de infancia
kindness [kaindnis] bondad, amabilidad
king [kiŋ] rey
kiss [kis] beso
kitchen [kitʃn] cocina
kitten [kitn] gatito
knife [naif] cuchillo
knight [nait] caballero
knock [nok] golpe
know [nou:] conocer
knowledge [noledʒ] conocimiento

L

lake [leik] lago
lamb [læm] anillo
land [lænd] tierra, terreno, región
landlady [lænleidi] patrona; dueña de la casa
landlord [lænlɔ:d] patrón
landscape [lænskeip] paisaje
language [læŋgwidʒ] lengua, lenguaje
language school [læŋgidʒ sku:l] escuela de idiomas
large [la:dʒ] grande
last [la:st] último
late [leit] tarde, con retraso
lately [leitli] últimamente
learn [lærn] aprender
leave [li:v] dejar
leave off [li:v] despedirse de
leave the house [li:v ðə haus] salir de casa
less [les] menos
lesson [lesn] lección
let [let] dejar
letter [letə:] carta
liability [laiə'biliti] responsabilidad
liable [laiəbl] responsable
lie [lai] mentira; echarse, estar tumbado

life [laiv] vida
Ligurian [li:'gu:riən] de Liguria
like [laik] como, **like you** [laik ju:] como tú
limit [limit] límite
line [lain] línea
listen [lisən] escuchar
little [litl] pequeño
little sister [litl sistə] hermanita
live [laiv] en vivo
live [liv] vida
lively [laivli] vivo, rápido, alegre, animado
liver [livə] hígado
loan [loun] préstamo
lock [lok] cerradura
long [loŋ] largo
look [luk] mirada
look out of place [kuk aut of pleis] estar fuera de lugar
lorry [lɔ:ri:] camión
lose [lu:s] perder
lot of [lot of] un montón de
lottery [lotəri] lotería
loudly [laudli] en voz alta
love (for) [lʌv] pasión por
love [lʌv] 1 amor, 2 tesoro, cariño
lovely [lavli] encantador, bellísimo
low [lou] bajo
loyal [loiəl] leal
luck [lʌk] suerte
lucky [lʌki] afortunado, santo
luggage [lʌgidʒ] equipaje
lunatic [lu:'nətik] loco, lunático
lunch [lʌnʃ] comida
lunch break [lʌnʃ breik] descanso para comer
luxury [lʌkʃəri] lujo

M

machine [mə'ʃi:n] máquina
mad [mæd] loco
madness [mædnis] locura
magical [mædʒi'kəl] mágico
mail [meil] correo
main [mein] principal
maintenance [mein'tinəns] manutención
major city [meidʒə siti] gran ciudad
make [meik] hacer, fabricar
make a mistake [meik ə mis'teik] equivocarse
make room for [meik ru:m] hacer espacio para

make s.o. **do** s.th. [meik] hacer de modo que
malicious [məˈliʃəs] malvado
man [mæn] hombre
manage [mænidʒ] dirigir, arreglárselas
management [mænidʒmənt] dirección
manager [mænidʒə] dirigente, director
managing director [mænidʒiŋ daiˈrektə] director general
mankind [mænkaind] género humano
manner [mænə] manera, modo
manners [mænəːs] modales, educación
many [meni] muchos, -as
marital status [mæritl steitəs] estado civil
market [maːrket] mercado
marmalade [maːməˈleid] mermelada de naranja
marriage [mæridʒ] matrimonio
married [mærid] casado
marsh [maːʃ] pantano, marisma
marvellous [maːvələs] maravilloso
mashed potatoes [mæʃd pəˈteitous] puré de patatas
master [maːstə] maestro, profesor, señor
match [mætʃ] partida, partido
material [məˈtiːriəl] material
mathematics [mæθəˈmætiks] matemáticas
matter [mætə] objeto, cuestión, asunto
mattress [mætris] colchón
mature [məˈtjuə] maduro
May [mei] mayo
maybe [meiˈbiː] quizás, tal vez
meal [miːl] comida, harina
meaning [miːniŋ] significado
meat [miːt] carne
mechanic [məˈkænik] mecánico
medicine [medisn] medicina
meek [miːk] manso, dócil
meet [miːt] encontrarse con, ver a
meeting [miːtiŋ] reunión, encuentro
melody [meləde] melodía
memory [meməri] memoria
mention [menʃən] mencionar
menu [menjuː] menú
mercy [mæːsi] piedad
merrily [merili] alegremente
merry [meri] alegre
Merry Christmas! [meri krismǝs] ¡Feliz Navidad!
mess [mes] confusión, desorden
message [mesidz] mensaje
metal [metəl] metal

method [meθed] método
metre [miːtə] metro
middle [midl] medio
midnight [midnait] medianoche
mighty [maiti] fuerte, potente
mild [maild] pacífico, suave, benigno
mile [maild] milla
milk [milk] leche
milkman [milkmən] lechero
minced meat [minst miːt] carne picada
mind [maind] mente
mineral water [minərəl wɔːter] agua mineral
minute [minit] minuto
miss [mis] perder (tren), fallar (aquí evitar)
mistake [misteik] error, equivocación
Monday [mʌndi] lunes
money [mʌni] dinero
mop [mop] escoba
morning [moːrniŋ] mañana
most (of) [moust ov] la mayor parte (de)
motor trade [motə treid] sector automovilístico
Mum [mʌm] mamá
museum [mjuːˈziəm] museo

N

nail [neil] clavo, clavar, coger, pillar
name [neim] nombre
nap [næp] sueñecito, siesta
napkin [næpkin] servilleta, pañal
narrow [nærou] estrecho
nasty [naːsti] desagradable, antipático
nation [næʃn] nación
nationality [næʃəˈnæliti] nacionalidad
native [næitiv] nativo
native speaker [næitiv spiːkə] persona de lengua materna
natural [nætʃrəl] natural
naturally [nætʃrəl] naturalmente
nature [neitʃə] naturaleza
naughty [nɔːti] verde, travieso
navy [neivi] marina
near [niə] cercano
nearby [niəbai] cercano, próximo
neck [nek] cuello, abrazarse
necklace [neklis] collar
need (for) [niːd] necesidad (de), falta de
need [niːd] necesitar, emplear
needle [niːdl] aguja, picar, fastidiar
needless [niːslis] superfluo
neglect [niːˈglekt] faltar a, no cumplir con

negotiate about [ni'gouʃi'eit] tratar, discutir
neighbour [neibouə] vecino
neither ... nor [naiðə nɔ:] ni...
nephew [nevju:] sobrino
nervous [nɜ:vəs] nervioso, emocionado
nervous breakdown [nœ:vəs breikdaun] crisis nerviosa
nervousness [nœ:vəsneis] nerviosismo
nest [nest] nido, avispero, anidar
net [net] red
network [netwœ:k] red
never [nevə] nunca
new [nju:] nuevo
New Year's Day [nju jiəs dei] día de Año Nuevo
newspaper [nju:speipə] periódico
next [nekst] próximo
next to [nekst tu] junto a, al lado de
nice [nais] agradable, bonito
nice [nais] simpático
nice to meet you [nais tu mi:t ju:] encantado (de conocerle), es placer
nickname [nikneim] apodo, mote, sobrenombre
niece [ni:s] sobrina
night [nait] noche
night club [nait clʌb] night club
night school [nait sku:l] escuela nocturna
no [nou] no
no one [nou wʌn] ninguno, -a
nobody [noubodi] nadie, ninguno, -a
noise [nois] ruido
noisy [noisi] ruidoso
none [nʌn] nadie, nada, ninguno
nonsense [nonsəns] tonterías, disparates
noon [nu:n] mediodía
normal [no:rməl] normal
north [nɔ:θ] norte
nose [nous] nariz
not [not] no
not at all [not æt ɔ:l] no... en absoluto
not far from [not faə from] no muy lejos (cerca)
not to mind [maind] estar dispuesto a
note [nout] nota, apunte, hoja
nothing [nʌθiŋ] nada
notice [noutis] aviso, noticia
notice [noutis] notar, observar, darse cuenta
noticeable [noutisəbl] evidente, obvio
novel [novl] novela, nuevo
November [nou'vembə] noviembre

now [nau] ahora
nowadays [nauə'deis] hoy día, actualmente
nowhere [nouweiə] en ningún sitio
number [nʌmbə] número
number plate [nʌmbə pleit] placa de matrícula
nurse [nœ:s] enfermera
nut [nʌt] tuerca, nuez

O

object (to) [ob'dʒekt] oponerse a, objetar
objection (to) [ob'dʒektʃen] objeción a
obliged (to) [əb'laidʒd tu] obligado a
obstacle [əbstekl] obstáculo
obvious [obviəs] obvio
obviously [obviəsli] obviamente
occasion for [o'keiʃn] ocasión para
occasionally [əkeiʃenli] ocasionalmente
occupation [okju:'peiʃn] ocupación
occupied [okju:paid] ocupado
October [ok'toubə] octubre
odd [ɔd] extraño, raro, suelto
odd number [ɔd nʌmbə] impar
of [of] de, **of course** [of kɔ:s] por supuesto
off [of] fuera
offer [ofer] ofrecer
offer [ofer] oferta
office [ofis] oficina
offshore [ofʃɔ:] (que está) cerca de la costa
often [ofn] a menudo, con frecuencia
oil [oil] 1 aceite, 2 petróleo
old [ould] viejo
omelette [om'lit] tortilla
on [on] en, sobre, **on Mondays** [on mʌndeis] los lunes, **on the dot** [on ðə dot] en punto, **on the phone** [on ðə foun] al teléfono, **on the whole** [on ðə woul] en general, **on tiptoe** [on tiptau] de puntillas
one [wʌn] uno, **one of the students** [wʌn of ðə stju:dents] uno de los estudiantes
onion [ʌnjən] cebolla
only [ounli] sólo, solamente
operation [opə'reiʃn] operación
opinion [opinjən] opinión, parecer
opportunity [opə'tju:nəti] ocasión
oppose [o'pouz] oponerse a
opposite [opəzit] opuesto, enfrente, frente a
or [ɔ:] o
orange [orindʒ] naranja

orange juice [orindʒ dʒu:s] zumo de naranja
organization [orgæni'zæʃn] organización
organized [orgæni'zd] organizado
other [ʌðə] otro, otra, otros, otras
otherwise [ʌðəwaiz] de lo contrario, de otro modo
our [auə] nuestro, nuestra, nuestros, nuestras
ourselves [auə'selvs] nosotros mismos
out [aut] fuera
outdoors [autdɔ:z] al aire libre
outside [auttsaid] exterior, en el exterior
outstanding [autstændiŋ] importante
oven [ouvn] horno
over [ouvə] encima, encima de, terminado
overcrowded [oivə'kraudid] atestado, superpoblado
overtime [ouvə'taim] (horas) extraordinarias
owner [ounə] propietario
ox [oks] buey
oxygen [oksidʒən] oxígeno
oyster [oistə] ostra

P

package [pækidʒ] paquete, bulto
palace [pælis] palacio
paradise [pærədaizs] paraíso
parents [pærənts] padres
parliament [paə:lemənt] parlamento
particularly [pa:'tikju:ləli] particularmente
party [partɪ] fiesta
pass through [pa:s θru:] pasar
passion [pæʃn] pasión
past [pa:st] después de, pasado
pay [pei] pagar
pay out [pei aut] desembolsar
pepper [pepə] pimienta
performance [pə:fɔ:məns] representación
perfume [pæ:fju:m] perfume
perhaps [pæ:hæps] quizás
period [pi:riəd] periodo
periodically [piriə'odikli] periódicamente
permanent [pæ:mənənt] permanente
permission [pæ:miʃn] permiso
perpetual [pə:petjuəl] eterno
persist in [pærsist] obstinarse en
person [pæ:sn] persona
personnel [pæ:sənel] personal
pet [pet] animal de compañía, mascota

petrol [petrəl] gasolina
phone [foun] teléfono
phone call [foun kɔ:l] llamada telefónica
photo(graph) [foutougra:f] fotografía, foto
pianist [piənist] pianista
piano [piænou] piano
pick up [pik ʌp] recoger, descolgar
pickpocket [pikpokət] carterista
picture [piktʃə] cuadro, pintura
pie [pai] pastel, tarta, empanada
piece [pi:s] pedazo, trozo, porción, piece of advice [pi:s ov ədvais] consejo, piece of news [pi:s ov nju:s] novedad, piece of paper [pi:s ov peipə] trozo de papel, nota, piece of toast [pi:s ov toust] rebanada de pan tostado
pig [pig] cerdo
pillow [pilou] almohada
pin [pin] alfiler, prender, sujetar
pink [pink] rosa
pint [paint] pinta (medida de capacidad = 0,5683 l)
pipe [paip] tubo, caña, pipa
pity [piti] piedad
place [pleis] puesto, lugar, place of birth [pleis ov bæ:θ] lugar de nacimiento
plain [plein] 1 llano, 2 puro, natural
plan [plæ:n] programa, plan
plant [pla:nt] 1 plantación, 2 planta
plate [pleit] plato
platform [plætfo:m] andén
play [plei] 1 juego, 2 obra
playwright [pleirait] drama, comedia
pleasant [plezent] agradable, grato
please [pli:z] por favor
pleasure [pləʒə] placer, (pleasure (in/of) [pleʃer] placer (de))
plenty [plenti] abundancia
plug [plʌg] tapón, enchufe; tapar
plumber [plʌmə] fontanero
pocket [pokit] bolsillo
poem [pouim] poema
poet [pouit] poeta
point out [point aut] punto; indicar, señalar
point of view [point ov vju:] punto de vista
poison [poizn] veneno
police [pə'li:s] policía
policeman [pə'li:smən] agente (de policía)
polish [poliʃ] limpiar, pulir
polite [pəlait] cortés, atento, correcto
politeness [pəlaitnis] cortesía
politician [pəli'tiʃn] político
politics [pəli'tiks] política

poor [puə] pobre
pop out [pop aut] salir un momento
popular [popjulər] popular
population [popju'leiʃn] población
pork [pɔ:k] cerdo (cocido)
position [pə'ziʃn] posición
possibility (of) [posi'biliti] posibilidad (de)
possible [posəbl] posible
post [poust] correo, puesto
post office [poust ofis] oficina postal
postman [poustmən] cartero
pot [pot] olla; maceta
potato [pə'teitou] patata
pottery [potəri] barro cocido, cerámica
pound [paund] libra
power [pauə] poder
powerful [pauəful] potente
practice [præktis] práctica
practical [præktikl] práctico
precious [preʃəs] precioso, valioso
precise [pri'sais] preciso
precisely [pri'saisli] precisamente
prefer [prifæ:] preferir
preference for ['prefe'rens] preferencia
prejudice [predʒədis] prejuicio
preparations [prepəreiʃns] preparativos
prepare [pri'pæ:] preparar
present [preznt] presente; regalo
president [prezidənt] presidente
pretty [priti] bonito, bello, hermoso, guapo
prevent from [pri:'vent] impedir
prevention [pri'venʃn] impedimento
previous [pri:'viəs] anterior, previo
price [prais] precio
pride [praid] orgullo
priest [pri:st] sacerdote
prince [prins] príncipe
princess [prinses] princesa
principal [prinsəpl] presidente
print [print] imprenta; imprimir
prison [prizn] prisión, cárcel
private [praivit] privado
privilege (of) [privi'ledʒ] ventaja, privilegio (de)
prize [praiz] premio
probably [probəbli] probablemente
problem [probləm] problema
production [prə'dʌkʃn] producción
production programme [pro'dʌkʃn prou'græm] programa de producción
profession [prə'feʃn] profesión
profit [profit] provecho
programme [prou'græm] programa

prohibition [prouhi'biʃn] prohibición
project [prodʒekt] proyecto
promise [promis] promesa
promotion [pro'mou:ʃn] promoción
pronoun [prounaun] pronombre
pronunciation [pronʌnsi'eiʃn] pronunciación
proposal [pro'po:zəl] propuesta, sugerencia
proud [praud] orgulloso
proudly [praudli] orgullosamente, con orgullo
pub [pʌb] pub (bar inglés)
public [pʌblik] público
pullover [pul'əvə] jersey
punctual [pʌnktʃiuəl] puntual

Q

quarter [kwɔ:tə] cuarto
question [kwestʃn] pregunta, cuestión
queue [kju:] cola; hacer cola
queue jump [kju dʒʌmp] saltarse la cola, colarse
quick [kwik] veloz, rápido
quietly [kwai'etli] silenciosamente, con calma
quite [kwait] bastante

R

rabbit [ræbit] conejo
race [reis] raza
radiator [reidi'eitə] radiador
radio [reidiou] radio
rain [rein] lluvia; llover
rather [ra:ðə] bastante, antes, más bien
razor [reizə] navaja, cuchilla de afeitar
read [ri:d] leer
reading [ri:diŋ] lectura
ready [redi] listo, preparado
real [riəl] real, verdadero
reality [ri'æləti] realidad
realize [ri:ə'laiz] darse cuenta
really [riəli] de verdad, realmente
reason (for) [ri:zen] razón, motivo (para)
reasonable [ri:znəbl] razonable
recall [ri:'cɔ:l] acordarse de
receipt [ri:si:t] recepción
recent [ri:snt] reciente
recently [ri:sntli] recientemente
reception [ri:'sepʃn] acogida
receptionist [ri:'sepʃnist] recepcionista

recipe [resipi] receta (cocina)
recollect [ri:'kolekt] acordarse de
recommend [ri:ko'mend] aconsejar, recomendar
record [rækɔ:d] disco
record player [rikɔ:d pleiə] tocadiscos
recreation [ri'kri'eiʃn] recreo
red [red] rojo
reduction [ri'dʌkʃn] reducción
redundancy [ri'dʌndənsi] desempleo
refer to [ri:fœ:] referirse a
refrain from [ri:'frein] abstenerse de
refrigerator [ri'fridʒəreitə] frigorífico
refund [ri'fʌnd] reembolso; devolver, reembolsar
refusal [ri'fju:səl] negativa, rechazo
regret [ri'gret] remordimiento; sentir, lamentar
regularly [regjuləli] regularmente
relatives [relətivs] parientes
reliable [ri:'laiəbl] de confianza
rely on [ri:'lai] fiarse de, confiar en, depender de
remain [ri'mein] permanecer
remark [ri'ma:k] observación
remedy [remidi] remedio
remember [ri'membə] recordar
remind [ri:maind] recordar
rent [rent] alquilar
rent [rent] alquiler
reply [ri:'plai] responder, contestar
reply [riplai] respuesta
report [repɔ:t] reportaje, informe
reporter [re'pɔ:tə] periodista
reputation (for/of) [repju:tæʃn] fama (de)
resent [ri:'sent] resentirse de
respect [ri'spekt] respeto
responsible [ris'ponsəbl] responsable
rest [rest] reposo
restaurant [restə'rənt] restaurante
resume [ri:'zjum] retomar, recomenzar
retirement [ri'taiəmənt] jubilación; retiro
return [ri'tæ:n] retorno, vuelta
return ticket [ri'tæ:n tiket] billete de ida y vuelta
revision [ri'viʒiən] revisión
rhythm [riðm] ritmo
right [rait] justo, exacto, correcto; recto
right hand [rait hænd] mano derecha
ring [riŋ] anillo
ring finger [riŋ fiŋgə] anular

ripe [raip] maduro
rise [raiz] aumento
risk [risk] arriesgarse a
risk [risk] riesgo
rival [raivəl] competidor, rival
river [rivə:] río
road [roud] calle
road accident [roud eksi'dənt] accidente de carretera
roastbeef [roustbi:f] carne asada
robbery [rɔbəri] robo, hurto
rock [rok] roca
role [roul] papel
roll [roul] rollo, fajo
roof [ru:f] techo, tejado
room [ru:m] habitación
rose [rouz] rosa
rough [rʌf] áspero, desigual; tosco, grosero
roughly [rʌfli] grosso modo
round [raund] redondo; alrededor
routine [ru:'ti:n] rutina
row [rau] fila, hilera; estruendo, escándalo; remar
royal [roiəl] real
royalty [roiəlti] derechos de autor
rubbish [rʌbiʃ] basura; tontería
rude [ru:d] rudo, desconsiderado
rug [rʌg] alfombra; manta
rule [ru:l] regla
run on time [rʌn on taim] ir con tiempo, llegar puntualmente
rush [rʌʃ] prisa; apresurar
rush hour [rʌʃ auə] hora punta

S

sacrifice [sækrifais] sacrificar
sailor [seilə] marinero
salad [seləd] ensalada
salami [sə'la:mi] salami
salary [sæləri] sueldo, salario
sales figures [seils fighərs] datos de ventas
sales manager [seils mænidʒə] director comercial
salt [sɔ:lt] salar, poner sal
same [sæ:m] de la misma forma, igual
sandwich [sændwidʒ] sandwich, bocadillo
satisfaction in [sætis'fæk æʃ] satisfacción
Saturday [sætə:de] sábado

save [seiv] salvar, guardar
school [sku:l] escuela
Scotland [skotlend] Escocia
scrum [skrʌm] multitud desordenada, gentío
sea [si:] mar
second [sekənd] segundo
see [si:] ver
see about [si:] ocuparse de
see you later [si ju leitə] hasta luego
seem [si:m] sembrar
send [send] enviar
sensible [sensəbl] sensible
September [səp'tembə] septiembre
set to work [set tu wœrk] ponerse al trabajo
setter [setə] setter
seven [sevn] siete
several [sevrəl] varios, algunos
shade [ʃeid] sombra
shame [ʃeim] vergüenza
shameless [ʃeimlis] desvergonzado, sin vergüenza
share [ʃeə] cuota
shares [ʃeəs] acciones (títulos)
sharp [ʃa:p] afilado, agudo
she [ʃi:] ella
she herself [ʃi hœ:self] ella misma
sheep [ʃi:p] oveja
sheet [ʃi:t] sábana
shelf [ʃelf] estante
shell [ʃel] concha, cáscara
shine [ʃain] brillar
ship [ʃip] nave, barco
shirt [ʃœ:t] camisa
shoe [ʃu:] zapato
shop [ʃop] tienda
shopping [ʃopiŋ] compra
shore [ʃɔ:] orilla
short [ʃo:t] corto, breve
shorts [ʃɔ:ts] pantalones cortos
shower [ʃauə] ducha
shy [ʃai] tímido
sick [sik] enfermo
sight [sait] vista, visión
sight-seeing [sait si:iŋ] visita turística
sign [sain] seña, señal; firmar
signature [signətʃə] firma
silence [sailens] silencio
silently [sailentli] silenciosamente, en silencio
silk [silk] seda
silly [sili] tonto; absurdo
silver [silvə] plata
simple [simpl] simple
simply [simpli] simplemente
simultaneously [si'multeini'əsli] simultáneamente
sin [sin] pecado
since [sins] desde entonces; desde; porque
sincere [sin'siə] sincero
single [siŋgl] solo, único; soltero
sink [sink] fregadero
sip [sip] sorbo; sorber, beber a sorbos
sister [sistə] hermana
sister-in-law [sistə in lɔ:] cuñada
six [siks] seis
six o'clock [siks ou klok] las seis
size [sais] tamaño, extensión, talla
skill [skil] habilidad
skillful [skilful] hábil
skirt [skœ:t] falda
sky [skai] cielo
skyscraper [skaiskreipə] rascacielos
slack [slæk] flojo, de poca actividad
slave [sleiv] esclavo
slide [slaid] tobogán; diapositiva
slouch [slautʃ] estar/ir encorvado
slow [slou] lento
slump [slʌmp] hundirse
small [smɔ:l] pequeño
smell [smel] olor
smile [smail] sonrisa, sonreír
smoke [smouk] humo, fumar
smooth [smu:θ] liso
snack [snæk] bocado
snore [snoə:] roncar
snow [snou] nieve
so [sou:] tan, **so far away** [so faə əwei] tan lejos, **so many** [sou meni] tantos, -as
soccer [sokə] fútbol
society [sə'saiəti] sociedad
socket [sokit] enchufe
socks [soks] calcetines
sofa [soufə] sofá
soft [soft] blando, suave, tierno
softly [softli] con dulzura
soil [soil] suelo (de cultivo)
soldier [souldʒə] soldado
sole [soul] suela
solicitor [sə'lisitə] abogado
some [sʌm] algunos, algo de, **some of the most famous** [sʌm of ðə moust fæməs] algunos de los más famosos

Diccionario inglés-español 211

somebody [sʌmbəde] alguien
something [sʌmθiŋ] algo
something else [sʌmθiŋ els] otra cosa
sometimes [sʌmtaims] a veces
son [sʌn] hijo
son-in-law [sʌn in lɔ:] yerno
soon [su:n] pronto, dentro de poco
sore throat [sɔ θrout] dolor de garganta
soul [soul] alma
soup [su:p] sopa
sour [sauə] agrio
source [sɔrs] fuente
south [sauθ] sur
speak [spi:k] hablar
special [speʃl] especial
specialize (in) [speʃə'laiz] especializarse (en)
speech [spi:tʃ] discurso
speed [spi:d] velocidad
spend [spend] transcurrir, pasar
spontaneity [spontə'ni:iti] espontaneidad
start [sta:t] empezar, comenzar, **start working** [sta:t wæ:kiŋ] empezar a trabajar
stay [stei] estar, permanecer, quedarse
step aside [step esaid] apartarse
sterling [stæ:liŋ] esterlina
still [stil] todavía
stir [stæ:] provocar
stock exchange [stok iks'tʃeindʒ] bolsa de valores
stockings [stoki ŋgs] medias
stomach [stʌmək] estómago
stop [stop] parada, parar
storm [stɔ:m] tormenta
stormy [stɔ:mi] tormentoso, tempestuoso
story [sto:ri] historia, relato, narración
straight [streit] derecho, recto
straight-off-the-mouth [streit of ðə mauθ] espontáneo
strange [streindʒ] extraño
stranger [streindʒə:] extranjero, extraño
street [stri:t] calle
strength [streŋθ] fuerza
strong [stroŋ] fuerte
student [stju:dnt] estudiante
study [stʌde] estudiar
subject [sʌbdʒikt] tema, materia
subsequent [sʌbsi:kwənt] posterior
succeed in [səksi:d] conseguir
success [saksəs] éxito
such as myself [sʌtʃ æz maiself] como yo
sufficient [səfiʃnt] suficiente
suggest [sə'dʃest] proponer, sugerir
summer [sʌmə] verano
sun [sʌn] sol
Sunday [sʌndi] domingo
sunny [sʌni] soleado
supermarket [su:pəma:kit] supermercado
supper [sʌpə] cena
supplier [sə'laiə] proveedor
supply [sə'plai] suministro, provisión
support [sə'pɔ:t] apoyo; apoyar
sure [ʃuə] ciertamente, sin duda
surname [sæ:neim] apellido
surprise [sə'praiz] sorpresa
survey [sæ:vei] investigación, encuesta
sweater [swetə] jersey
sympathy [simpəθi] comprensión
system [sistəm] sistema

T

table [teibl] mesa
tail [teil] cola
tailor [teilə] sastre
take [teik] coger, tomar **to take a bath** [tu teik ə ba:θ] tomar un baño, **to take one's time** [tu teik taim] tomarse su tiempo, **to take part** [tu teik paə:t] participar, formar parte de, **to take pictures** [tu teik piktʃərs] fotografiar, **to take the train** [tu teik ðə trein] tomar el tren, **to take up** [tu teik ʌp] empezar a
tale [teil] cuento, relato
talent [tælənt] talento
talk [tɔ:k] conversación, **to talk about** [tu tɔ:k ə'buut] hablar dc, **to talk to** [tu tɔ:k tu] hablar con
tall [tɔ:l] alto
tap [tæp] grifo
task [ta:sk] tarea, trabajo
taste (for) [teist] predilección (por)
taste [teist] sabor
tax [tæks] tasa, impuesto
taxi-driver [tæksi draivə] taxista
tea [ti:] té
tea spoon [ti spu:n] cucharilla
teach [ti:tʃ] enseñar
teacher [titʃə] profesor
team [ti:m] equipo
technology [tek'nologi] tecnología
telephone number [telifoun nʌmbə] número de teléfono
television [teliviʃn] televisión

tell [tel] contar, decir
temptation [temp'teiʃn] tentación
ten [ten] diez
tendency (towards) [tendensi] tendencia, inclinación (por)
term [tæ:m] término (palabra)
terrible [teribl] terrible
test [test] test, examen
text [tekst] texto
text document [tekst dokjumənt] documento de texto
thank [θænk] agradecer
thanks [θæŋks] gracias
that [ðæt] ese, aquel, **that way** [ðæt wei] de este modo
the [ðe] el, la, los, las, **the first time** [ðə fæ:st taim] la primera vez, **the others** [ðe ʌðərs] los otros, **the same** [ðə seim] lo mismo
theatre [θiətə] teatro
theft [θft] robo, hurto
them [ðem] los, las (objeto directo)
then [ðen] luego, entonces
there [ðeə:] allí
therefore [ðeə:'four] por lo tanto, por eso
there's no point in [point] eso no es razón para
these [ðe:z] estos, estas
thick [θik] grueso
thief [θi:f] ladrón
thin [θin] delgado, fino
thing [θiŋ] cosa
think [θink] pensar, creer
think about/of [θink] pensar en
thirsty [θæ:sti] sediento
this [ðis] este, esta, **this evening** [θis ivəniŋg] esta tarde, **this summer** [ðis sʌmə] este verano
thought [θɔtlesli] pensamiento
thoughtlessly [θɔtlesli] desconsideradamente
three times [θri taims] tres veces
throw [θrou:] lanzamiento; lanzar
Thursday [θə:sdi] jueves
till [til] hasta, hasta que
time [taim] tiempo
tired [taiəd] cansado, -a
today [tu'dei] hoy
tonight [tu'nait] esta noche
too [tu:] también; demasiado
tough [tʌf] duro
tourist [turist] turista
tourist village [turist vilidʒ] pueblo turístico

tower [tauə] torre
traffic [træfik] tráfico
traffic jam [træfik dɔæ:m] atasco, caravana
traffic warden [træfik wɔ:dən] vigilante de aparcamiento
train [trein] tren
trainer [treinə] entrenador
tram [træm] tranvía
transfer [træns'fæ:] trasladar
translation [trænsleiʃn] traducción
travel [trævel] viajar
travel agency [trævl eidʒensi] agencia de viajes
tray [trei] bandeja
treasure [treʃə] tesoro
treat [tri:t] tratar
treatment [tri:tmənt] trato, tratamiento; cura
tree [tri:] árbol
trip [trip] vuelta, viaje
trouble [trabl] dificultad
trousers [trauzəz] pantalones
true [tru:] verdadero
truth [truθ] verdad
try [trai] intentar, probar
tube [tju:p] tubo; metro
Tuesday [tju:zdi] martes
turkey [tæ:ki] pavo
turn [tæ:n] girar
turn out (to be) [tæ:n aut] resultar
twelve [twelv] doce
twice [twais] dos veces
twice a week [twais ə wi:k] dos veces a la semana
twitch [twitʃ] mover
type [taip] escribir a máquina, teclear
typewriter [taipraitə] máquina de escribir
tyre [taiə] neumático

U

umbrella [ʌm'brelə] paraguas
uncle [ʌŋkl] tío
uncomfortable [ʌn'kʌmfətəbl] incómodo
under [ʌndə] bajo, debajo de
understand [ʌndər'stænd] comprender, entender; saber
underwear [ʌndəweə] ropa interior
undies [ʌndi:s] lencería
unemployed [ʌnemploid] desempleado
unfortunately [ʌnfɔ:tʃenətli] por desgracia, desafortunadamente

unit [ju:nit] unidad
university [ju:ni'væ:rsəti] universidad
unjust [ʌndʒʌst] injusto
unless [ʌn'les] a menos que
until [ʌntil] hasta
unusual [ʌnju:zəl] insólito, inusual
unwashed [ʌnwɔʃd] sin lavar, sucio
up [ʌp] hacia arriba, para arriba
upset [ʌpset] disgustado, apenado
upstairs [ʌpsteəz] piso superior
use [ju:s] uso
use to do something [ju:s sʌmθiŋg] soler hacer
useful [ju:sful] útil
usually [ju:zəli] normalmente

V
valley [væli] valle
vase [va:z] jarrón
vegetables [vedʒtəbls] verduras
verse [væ:s] verso
very [veri] muy, mucho
very much [veri mʌtʃ] muchísimo
via [waiə] vía, por medio de
victory [viktəri] victoria
viewpoint [vju:point] punto de vista
village [vilidʒ] pueblo
vine [vain] vid
vinegar [vinəga:] vinagre
visit [visit] visita; visitar
visitor [visitə] visitante, invitado
vocabulary [wo'kæbju:ləri] vocabulario
voice [vois] voz
vote against [vout] votar en contra
voyage [voiidʒ] viaje

W
wage [weidʒ] salario, sueldo
wagon [wægən] carro; vagón
wait [weit] espera; esperar
waiter [weitə] camarero
wake up [weik ʌp] despertarse
walk [wɔ:k] paseo
wall [wɔ:l] muro
wallet [wɔ:lit] cartera
wallpaper [wɔ:lpeipə] papel pintado; empapelar
walnut [wɔ:lnʌt] nogal, nuez
want [wont] desear, querer
war [wɔ:] guerra
wardrobe [wɔ:droub] armario

warm [wɔ:m] templado, tibio, cálido
warn against [wɔ:rn] prevenir contra
washing machine [wɔʃiŋməʃi:n] lavadora
wasp [wɔsp] avispa
watch [wɔtʃ] mirar, observar
watch [wɔtə] reloj de pulsera
water [wɔtə] agua
waterfall [wɔ:təfɔ:l] cascada
watermelon [wɔ:tə meln] sandía
way [wei] dirección, **way of** [wei] modo de
we [wi:] nosotros
weak [wi:k] débil
weakness [wi:knis] debilidad
wealth [welθ] riqueza
weather [weðə] tiempo
Wednesday [wensdi] miércoles
week [wi:k] semana
weekend [wi:kend] fin de semana
weight [weit] peso
welcome [welkʌm] bienvenido
welfare [welfeiə] bienestar (económico)
well [wel] bien, bueno, veamos
well-dressed [wel dresed] vestirse bien
west [west] oeste
wet [wet] mojado
what [wot] qué, **what a nice suprise** [wot ə nais sə'praiz] ¡qué bonita sorpresa!, **what a pity** [wot ə piti] ¡qué pena!, **what a shame!** [wot ə ʃeim] ¡qué vergüenza!, **what luck!** [wot lʌk] ¡qué suerte!
when [wen] cuando
whether [weðə] si
which [witʃ] qué
who [hu:] quién, quiénes
why [wai] por qué
wide awake [waid aweik] completamente despierto
window [windou] ventana
wipe [waip] limpiar, secar
wish [wiʃ] desear
wish s.o. many happy returns [hæpi ri'tæ:ns] desear que cumpla muchos años más
with [wiθ] con, **with a view to** [vju:] con la intención de
within [wiθ'in] dentro de
without [wiðaut] sin
woman [wumən] mujer
wool [wu:l] lana
word [wə:rd] palabra
work [wə:k] trabajo; trabajar, **to work hard** [tu wə:k ha:d] trabajar duro, **to work like a dog** [tu wə:k laik ə do:g] trabajar como

un perro, **to work overtime** [*tu wɔːk ouvətaim*] hacer horas extraordinarias
worker [*wɔːkə*] trabajador
world [*wɔːld*] mundo
worry about [*wəri*] preocuparse
worse [*wɔːs*] peor
worth [*wɔːθ*] valor
would you like ...? [*wud ju laik*] ¿querrías...?
wound [*wuːnd*] herida
write [*wrait*] escribir
written [*writn*] escrito
wrong [*wrɔŋ*] equivocado

Y

yard [*jaːd*] yarda; patio
year [*jiə*] año
yellow [*jelou*] amarillo
yes [*jes*] sí
yesterday [*jestə'dei*] ayer
yet [*jet*] todavía, aún
you [*juː*] tú, usted, vosotros, -as, ustedes
young [*jʌŋ*] joven
young man [*jʌŋ mæn*] muchacho, chico, hombre joven
your [*jɔː*] tu, tus, su, sus (de usted)

Z

zebra crossing [*zibrə krosiŋ*] paso de cebra, paso de peatones
zero [*zirou*] cero

ESPAÑOL-INGLÉS

A

a at, **a la hora exacta** on the dot, **a las seis y media** at half past six, **a las siete menos diez** at ten minutes to seven, **a menudo** often, **a veces** sometimes
abadía abbey
abajo down
abeja bee
abogado solicitor
abrazarse neck
abrazo embrace
abril April
abstenerse de refrain from
absurdo silly
abuela grandmother
abuelo grandfather
abuelos grandparents
abundancia plenty
aburrido boring
aburrimiento boredom
acabar end up, finish
accidente accident
accidente de carretera road accident
acciones shares (títulos)
aceite oil
aceptar accept
acogida reception
aconsejar recommend
acordarse de recall, recollect
actitud attitude
actividad activity
actualmente nowadays
acuerdo agreement, **de acuerdo** all right
acusar accuse (of)
adecuado appropriate
adentro inside
adiós goodbye
adjuntar enclose
adjunto enclosure
admitir admit of/to
adorar adore
adulto adult
aeropuerto airport
afecto affection
afortunado lucky
agenda diary
agosto August
agradable nice (bonito, hermoso), pleasant (grato)
agradecer thank
agradecido grateful
agrio sour
agua water
agua mineral mineral water
agudo sharp
aguja needle
ahora now, hour
aire air
al aire libre outdoors
alarmarse por be alarmed at
alegre jolly, merry
alegremente brightly, merrily
Alemania Germany
alfiler pin
alfombra carpet, rug
algo something
algo de some
algodón cotton
alguien somebody
algunos some

algunos de los más famosos some of the most famous
aliento breath
allí there
alma soul
almohada pillow
almuerzo lunch
alquilar rent
alquiler rent
alrededor round, around
altamente highly
alternativa (a) alternative (to)
alto high, tall
amabilidad kindness, friendliness
amable kind (bueno), friendly (amigable)
amarillo yellow
ambulancia ambulance
americano American
amigo friend
amor love
anarquía anarchy
anciano elderly
andén platform
ángulo corner
anillo lamb, ring
animal animal
aniversario anniversary
anterior former, previous
antes earlier
antes de before
antipatía (por) aversion (to), dislike for/of
antipático nasty
anular ring finger
anuncio announcement
año year
apartamento flat
apartarse step aside
apasionado (de) fond (of)
apellido surname
apenas just, hardly (casi nada), as soon as
apodo nickname
apostar por gamble on
apoyar support, favour
apoyo support
aprender learn
aprendiz apprentice
apresurar rush
apretar clutch
aprobar approve (estar de acuerdo)
aprovechar benefit by/from
aquí here
árbol tree
archivo file

armario wardrobe, closet, cupboard
armas arms
arreglar fix, arrange
arreglar las flores arrange the flowers
arreglárselas manage
arreglo arrangement
arriba up (hacia arriba, para arriba), above, upstairs
arriba de las escaleras at the top of the stairs
arriesgarse a risk
arrogante arrogant
arte art
asesino killer
asiento seat
asiento anterior front seat
asiento posterior back seat
asistencia assistance
asistir a assist in
asistir a un curso attend a course
asociación association
aspirante aspiring
aspirar aspire
aspirina aspirin
astro star
astrología astrology
astuto cunning
asunto issue, matter (cuestión)
atasco traffic jam (caravana)
atención attention, care
atento careful, polite
audaz bold
aula classroom
aumento increase, rise
ausente absent
autobús bus
autocar coach
autopista highway
autor author
avanzar advance
avergonzarse be embarassed
avergonzarse de be ashamed of
aversión (a) aversion (to)
aviso notice, announcement
avispa wasp
ayer yesterday
ayuda help
azul blue

B

bacalao cod
bajar las escaleras go downstairs

bajo low, under (debajo de)
banco bank, counter
bandeja tray
baño bathroom
bar bar, pub
barba beard
barbería barbershop
barbero barber
barbilla chin
barca boat
barco ship
base basis for
básicamente basically
bastante quite, enough, rather (antes, más bien)
basura rubbish, dustbin (cubo)
batalla battle
batería battery
batir beat
bebé baby, baby-boy (niño), baby-girl (niña)
beber drink
beber a sorbos sip
bebida drink
bicicleta bicycle, bike
beicon bacon
bello beautiful, pretty
beneficiarse de benefit by/from
beso kiss
bien well, fine, good, ¡muy bien!jolly good!
bienestar welfare (económico)
bienvenido welcome
bizcocho cake
blando soft (tierno)
bocadillo sandwich
bocado snack
bola bubble
bolsa de valores stock exchange
bolsillo pocket
bolso bag
bomba bomb
bombilla bulb
bondad kindness
bonito pretty (bello)
borracho drunken
borrador draft
botella bottle
botón button
boxeo boxing
brazo arm
breve short (corto)
brillar gleam, shine

brisa breeze
británico British
broma joke
bromear joke
bromista a fond of joking
bruja witch
brújula compass
bueno good, kind, well (bien, veamos)
buey ox

C
caballero knight
caballo horse
cabello hair
cabeza head
cada each
café coffee
cafetería cafeteria
caída fall
caja box
cajón drawer
calcetines socks
caldo broth
calmarse calm down
calor heat
calvo bald
calle street
cama bed
cámara fotográfica camera
camarero waiter
cambiar change, cambiar las ruedas change wheels
camello camel
camino way, road, senda track
camión lorry, truck
camisa blouse, shirt
campo field
cansado, -a tired
cantidad amount (importe)
cantina canteen
capacidad ability
capaz able
capital capital
cara face
cárcel jail;
cariño love, affection
carne meat, carne asada roastbeef, carne picada minced meat
carnicero butcher
carpintero carpenter
carrera career
carretera road (camino)

carta letter, cards (naipe)
cartera wallet
carterista pickpocket
cartero postman
casa house, home
casado married
cascada waterfall
casi almost
casino club
castaño brown
castidad chastity, purity
cebolla onion
cementerio churchyard
cena dinner, supper
cenar have dinner
cenicero ashtray
centro centre
cepillo brush
cerámica pottery
cerca hedge, near, **cerca de la costa** offshore
cercano nearby
cerdo pig, pork (cocido)
cerebro brain
cero zero
cerradura lock
cerveza beer
ciego blind
cielo sky
ciertamente certainly
cifra figure
cigarrillo cigarette
cinco five
cine cinema
cita appointment
ciudad city
civil civil
claramente clearly
claro bright
claro clear
clase class (grupo de estudiantes), course, form (tipo), kind, clase de, tipo de kind of
clavar nail
clavo nail
cliente client, customer
cocina kitchen
cocinar cook
coche car, carriage (vagón)
coger nail
cola glue (goma de pegar)
cola tail, queue, **hacer cola** queue, **saltarse la cola**, colarse queue jump

colchón mattress
colección collection
colectivamente collectively
colega colleague
colina hill
collar necklace
columna column
comedor dining room
comer lunch, have lunch, **descanso para comer** lunch break
comida food, lunch, meal, **comida basura** junk food
como as, like, **como de costumbre** as usual, **como tú** like you, **como yo** such as myself
cómo how?
comodidad comfort
cómodo comfortable
compañía company
compañía de seguros insurance company
competencia competition
competidor rival
competitivo competitive
complejo complex
completamente completely
completo complete
complicado complicated
compra shopping
comprender understand
comprensión comprehension, sympathy
comprometido committed
comprometido (entre) compromise (between)
compromiso engagement
común common
comunicación communication
comunicar communicate
con with, **con agrado** gladly, **con calma** quietly, **con frecuencia** often, **con orgullo** proudly, **con la intención de, para** (+ infinitivo) in order to, with a view to
conciencia consciousness
concierto concert
concluir con conclude by
concurrido crowded
concha shell
conde count
condimento dressing
conductor driver
conejo rabbit
confesar a confess to
confianza confidence, de confianza reliable

confiar en rely on
confusión confusion, mess (desorden)
congelado freezing, frozen
congelador freezer
conocer know, get to know
conocimiento knowledge
consciencia conscience
consciente conscious
consecuencia consequence
consecuentemente consequently
conseguir succeed in
consejo counsel, piece of advice
considerable considerable
consistir consist
consolidación consolidation
contar tell (decir), **contar con** count on, gamble on
contenido contents
contento content, glad
contestar answer, reply
continuar keep (on), carry on
contra against
contraído contract
control control
controversia controversy
conversación talk, conversation
corazón heart
corona crown
corrección correction
correo post, mail
correo electrónico electronic mail
cortesía politeness
corto short, **pantalones cortos** shorts
cosa thing
cosecha harvest
costa coast
costes costs
costumbre habit
cotidiano daily
creatividad creativity
creer fancy, belief (in)
cuadro picture (pintura)
cualquier(a) any, **cualquier cosa** anything, **cualquier otra cosa** anything else
cuándo when?
cuarto quarter
cuatro four
cucharilla tea spoon
cuchillo knife
cuello neck
cuenco bowl
cuento tale (relato) fairy tale (de hadas)
cuerpo body

cuidado attention, care
culpa guilt
culpable guilty
cultura culture
cumbre summit, top
cumpleaños birthday
cumplido compliment
cuñada sister-in-law
cuñado brother-in-law
cuota share
curso class (grupo de estudiantes), course
chaqueta coat, jacket
chica girl, girlfriend
chico boy, boyfriend
chocolate chocolate
choque crash

D

dar give, **dar una patada** kick, **darse cuenta** notice, realice, **darse el lujo de** indulge in
datos de ventas sales figures
de of (posesión), from (procedencia), **de la mañana a la noche** from morning to night, **de este modo** in this way, **de otro modo**, **de lo contrario** otherwise, **de puntillas** on tiptoe
debajo (de) under
deber have to
débil weak
debilidad weakness
decepción disappointment
decepcionar disappoint
decidido determined (determinado)
decidir no hacer algo decide against
decoración decoration
dedicarse a devote to, engage in
dedo finger, firm
defender advocate
dejar leave, let, **dejar de** fail in
delgado thin
demasiado too
demostración demonstration
dentista dentist
dentro inside, **dentro de** within, in, **dentro de media hora** in half an hour
depender de rely on
derecho straight (recto), right, **mano derecha** right hand, **derechos de autor** royalty
derechos duty, **negocio libre de derechos de aduana** duty free shop

desafortunadamente unfortunately
desagradable nasty, disgusting (asqueroso)
desaprobar disapprove of
desarrollo development
desayunar have breakfast
desayuno breakfast, **desayuno muy abundante** brunch
descafeinado decaffeinated coffe
descolgar pick up
desconsideradamente thoughtlessly
desconsiderado rude (rudo)
describir describe
descripción description
descubrimiento discovery
desde since, **desde entonces** since
desear wish, **desear que cumpla muchos años más** wish s.o. many happy returns
desembolsar pay out
desempleado unemployed
desempleo redundancy
desesperarse de despair of
desigual rough
desinflado flat
despedir (del trabajo) fire
despedirse de leave off
despertarse wake up
despierto awake, **completamente despierto** wide awake
desprecio contempt
después afterwards (más tarde), **después de** after, past
destrucción destruction
desventaja disadvantage
desvergonzado shameless
detalle detail
determinado determined
detestar detest (odiar)
detrás de behind
devolver refund (reembolsar)
día day, **día de Año Nuevo** New Year's Day
diablo devil
diamante diamond
diapositiva slide
dibujo drawing
dieta diet
diez ten
diferencia (entre) difference (between)
diferente different
difícil difficult
dificultad trouble, **dificultad (para)** difficulty (in)

dinero money
Dios God
diosa goddess
diploma diploma
diplomático diplomatic
dirección address, way, direction, management
director director, headmaster (de escuela), manager, **director comercial** sales manager, **director general** managing director
dirigir manage
discoteca disco
disculpa apartment
discurso speech
disfrutar enjoy, **disfrutar con** delight in, be delighted at
disgustado upset
disponible available
disposición disposal
distante away
distraído absent-minded
diversión fun
divertido funny, amusing
divertirse have fun, enjoy oneself
doble double, dual
doce twelve
docena dozen
dócil meek
documento document
dolor pain, ache **dolor de garganta** sore throat
domingo Sunday
dormirse fall asleep
dormitorio bedroom
ducha shower
duda doubt, hesitation
durante during, for
duro hard, tough

E
economía economics
echarse lie
edad age
edificio building
editor editor
educación education, manners (modales)
efectivamente in fact, as a matter of fact
efecto effect, influence
eficiencia efficiency
eficiente efficient
ejercicio exercise

ejército army
él he, **él mismo** (se) he himself
el, la, lo, los, las the, **la primera vez** the first time, **lo mismo** the same, **los otros** the others, **los, las** them (objeto directo)
elección election, choice (between)
electricidad electricity
eléctrico electric
electrónico electronic
elefante elephant
elegante elegant
eliminar cancel
elocuencia eloquence
ella she, **ella misma** (se) she herself
emocionado nervous
emocionarse con be excited about
empapelar wallpaper (papel pintado)
empezar start, **empezar a** to take up
empezar a trabajar start working, **empezar por** begin by
empleado clerk, employee
empleador employer
emplear need
en at, in, into (dentro), on, **en el extranjero** abroad, **en general** on the whole, **en medio de** in the midst of, **en ningún sitio** nowhere, **en la oficina** in the office, **en particular** in particular, **en silencio** silently, **en el trabajo** at work, **en cambio** instead of, **en voz alta** loudly
encantado (de conocerle) nice to meet you
encantador lovely
encanto charm
encargado head
encima above, **encima (de)** over
encontrar meet
encuentro meeting
enchufe plug, socket
endulzar soften
enemigo enemy
enero January
energía energy, drive
enfadado angry
enfermedad illness
enfermera nurse
enfermería infirmary
enfermo ill, sick
enfrentar to face
ensalada salad
enseguida early, immediately, at once
enseñar teach
entender to understand
entonces then (luego)

entrada hall
entre amidst (en medio de), among
entrar en to bring in
entrenador trainer
entrevista interview
entusiasmarse con be enthusiastic about
entusiasmo enthusiasm
enviar send
equipaje crew, luggage
equipo team
equivaler a be equivalent to
equivocado wrong
equivocarse make a mistake
error mistake
escándalo row (estruendo)
esclavo slave
escoba brush, mop
Escocia Scotland
escribir write, **máquina de escribir** typewriter
escribir a máquina to type
escrito written
escritorio desk
escuchar listen
escuela school
ese, aquel that
esfuerzo effort
eso it, there, **eso no es razón para** there's no point in, **por eso, por lo tanto** therefore
espantoso dreadful, frightening
España Spain
especial special
especializarse (en) specialize (in)
especialmente especially
espectativa expectancy
espejo mirror
espera wait, expectancy
esperanza hope
esperar wait, hope
esperarse expect
esplendor gloss
espada sword
espía spy
espina thorn
espolvorear dust
espontaneidad spontaneity
espontáneo straight-off-the-mouth
esquí ski
estadio stage
estatura stature
estante shelf
estar be, stay (permanecer, quedarse)

estar acostumbrado a be accustomed to, be used to
estar atento be careful
estar comprometido en be engaged in
estar contento de be glad about
estar decepcionado con be disappointed at
estar decidido a be intent on
estar disponible para be available for
estar dispuesto a not to mind
estar encorvado slouch
estar enfadado con be angry at
estar feliz de be happy about
estar fuera de lugar look out of place
estar muy cansado be tired out
estar nervioso por be nervous about
estar obligado a be forced to
estar ocupado con be busy with
estar orgulloso de be proud of
estar preocupado por be preoccupied with
estar seguro de be certain of
estar tumbado lie
este east
este, esta this, esta noche tonight, esta tarde this evening, este verano this summer
esterlina sterling
estómago stomach
estos, estas these
estrecho narrow
estudiante student
estudiar study
eterno perpetual
europeo European
evidente noticeable
evitar miss
exagerar exceed
examen test
excusarse por excuse for
éxito success
experiencia en experience in,
explicar explain
extranjero foreigner
extraño odd, strange (raro), stranger (extranjero)
extraordinario extraordinary
extremadamente extremely
extremo extreme

F
fábrica factory
fácil easy
facilidad (para) facility (for)
fácilmente easily
factura invoice
falda skirt
falso false
fallar miss (perder)
fallo failure
faltar a neglect (no cumplir con)
fama (de) reputation (for/of)
familia family
famoso famous
farmacia chemist's, pharmacy
faro lighthouse
fascinación fascination (encanto)
fascinante fascinating
fatiga fatigue
favor favour
favorito favourite
fax fax
fe faith
febrero February
fecha date
felicidad happiness
felicidades congratulations
feliz happy, ¡Feliz cumpleaños! Happy birthday!, ¡Feliz Navidad! Merry Christmas!
femenino femenine
fever fiebre
fiarse de rely on
fidelidad faithfulness
fiel faithful
fiesta party
figura figure
fila row
filete a la plancha grilled steak
fin end, fin de semana week-end,
final final
finalmente finally
fingir simulate
fino thin
firma signature
firmar sign
flamenco flemish
flan creme caramel
flirtear con flirt with
flojo slack (de poca actividad)
flor flower
florista florist
foco focus
folleto pamphlet
fondo bottom
fontanería plumbing

fontanero plumber
forma form
fórmula formula
fotografía, **foto** photo(graph)
fotografiar to take pictures
fracaso failure
frágil fragile (lit.), frail (fig.)
fraile friar
Francia France
francamente frankly
frecuencia frequency
fregadero sink
frenos brakes
frente forehead
frente a in front of, **en frente** opposite
fresco cool, cold (frío), **fresco**, fresh
frigorífico fridge, refrigerator
frito fried
fruta fruit
frutos fruits
fuego fire
fuente source
fuera out, off, outside
fuerte mighty, strong
fuerza strength
fuga jail
fugarse de escape from
fumar smoke
funcionar function
fundación foundation
fútbol football, soccer
futuro future

G
gafas glasses
galería gallery, **galería de arte** art gallery
galón gallon
gallina coward, chicken
gallo cock
gasolina petrol
gatito kitten
gato cat
género humano mankind
gente folk
gentío crowd, scrum (multitud desordenada)
girar turn
golpe knock
gordo fat
gorra bonnet, cap
gracias thanks
Gran Bretaña Great Britain

gran ciudad major city
grande big, great, large
granja farm
grano corn
Grecia Greece
grifo tap
gripe flu
gris grey
gritar cry
grito cry, **grito sofocado** gasp
grueso thick
grupo group, bunch
guante glove
guapo handsome (hombre)
guardar save (salvar)
guardia guard, **guardia de la Torre de Londres** beefeater
guerra war
guía guide
guitarra guitar

H
hábil able (capaz), skillful
habilidad skill
habitación room, **habitación doble** double room
habitante inhabitant
hábito habit
habladuría gossip
hablar de to talk about, **hablar con** to talk to, **hablar en serio de** be serious about
hablar speak
hace ago (pasado)
hacer do, make (fabricar), **hacer clic** click on, **hacer la compra** go shopping, **hacer espacio para** make room for, **hacer horas extraordinarias** work overtime, **hacer de modo que** make s.o. do s.th., **hacerlo lo mejor posible** do one's best
hada fairy
hambriento hungry
hasta until, even, till, **hasta que** till, **hasta pronto** bye-bye, **hasta luego** see you later
hecho done, fact
heredero heir
herida wound
hermano brother
hermana sister, **hermanita** little sister
héroe hero
hierba grass
hígado liver

hijo son, child, **hijos** children
historia history (materia), story (relato)
hogar home
hola hello (buenos días), hi!
hombre man
honesto honest
hora hour, **hora punta** rush hour, **hacer horas extraordinarias** overtime
horno oven
hoy today
hueso bone
huésped guest
huevo egg
huir escape
humo smoke
hundimiento bankruptcy
hundirse slump

I

idioma language, **escuela de idiomas** language school
iglesia church
ignorante ignorant
igual same (de la misma forma)
imaginación imagination
imaginar imagine
impaciencia impatience
impaciente impatient
impedimento prevention
impedir prevent from
implicar involve
importancia importance
importante important, outstanding
imposible impossible
imprenta print
impresión (de) impression (of)
imprimir print
impulsivamente impulsively
inclinación (por) tendency (towards)
incómodo uncomfortable
increíble incredible
independencia independence
independiente independent
indicación indication
indicar point out (señalar)
índice forefinger (dedo), index
individuo individual
infancia childhood
infeccioso infectious
inferior inferior
influencia influence
información information

informe report
inglés English, **clase de inglés** English lesson
ingresos income
injusto unjust
inmediato immediate
inmigrante immigrant
insecto insect
insólito unusual (inusual)
instrucción instruction
insulto insult
inteligencia intelligence
inteligente intelligent, clever
intención intention
intentar try, attempt
interés (por) interest (in)
interesante interesting
interesarse por be interested in, care about
intérprete interpreter
interrumpir give up, discontinue
interrupción interruption
introducción introduction
invariablemente invariably
investigación survey
invitación invitation
invitado visitor
inyección injection
ir go, ir a be going to (futuro próximo)
ir a clase de inglés go to the English lessons
ir a clases nocturnas go to night school
ir en coche go by car
ir encorvado slouch
ir al extranjero go abroad
ir loco por be crazy about
ir con tiempo run on time
ir a trabajar, al trabajo go to work
ira anger
irregular irregular
irse de vacaciones go on holiday
isla island
Italia Italy
italiano Italian

J

jactarse de boast about/of
jamón ham (cocido)
Japón Japan
jardín de infancia kindergarten
jarra jar
jarrón vase
jefe boss

jersey jumper, pullover, sweater
joven young, **hombre joven, muchacho** young man
jubilación retirement (retiro)
judía bean
juego play
jueves Thursday
juez judge
jugoso juicy
julio July
junio June
junto a next to
jurado jury
justicia justice
justo right (exacto, correcto)

L
la, le her
ladrón burglar, thief
lago lake
lamentarse de complain about/of
lámpara lamp
lana wool
lanzamiento throw
lanzar throw
lápida grave
lápiz pencil
largo long, **a lo largo de** along
lavadora washing machine
lavavajillas dish-washer
leal loyal
lección lesson
lectura reading
leche milk
lechero milkman
leer read
lejano far
lejos far away, **lejos de** far from, far off
lencería undies
lengua extranjera foreign language
lento slow
levantar la mano hold up one's hand
levantarse get up
libertad freedom
libra pound
libre free
libremente freely
librería bookshelf (mueble), bookshop (negocio)
librero bookseller
libro book
limitado handicapped

límite border, limit
limpiadora cleaning woman
limpiar wipe, polish
limpio clean, fair (justo), **juego limpio** fair play
línea line
liso flat, smooth
listo ready (preparado)
llama flame
llamada telefónica call
llamar call
llano plain
llave key
llegar arrive, **llegar a casa** go home, **llegar puntualmente** run on time
llover rain
lluvia rain
loco crazy, insane, lunatic (lunático), mad
locura madness
Londres London
lotería lottery
luego then
lugar place, **lugar de nacimiento** place of birth
lujo luxury
luminoso bright
luna moon
lunes Monday, **los lunes**, on Mondays

M
maceta pot
madrina godmother
maduro mature, ripe
maestro master,
mágico magical
mal harm
maleducado impolite
malo bad, **mala suerte** bad luck
malvado malicious
mamá Mum
manera manner
mano hand, **echar una mano** a give s.o. a hand
mantener, keep
manutención maintenance
manzana apple
mañana morning, **de la mañana, por la mañana** in the morning
máquina machine
mar sea
maravilloso marvellous
marina navy

marinero sailor
marrón brown
martes Tuesday
martillo hammer
más anymore
mascota pet (animal de compañía)
matemáticas mathematics
material material
matrimonio marriage
mayo May
mayor parte (de) most (of)
mecánico mechanic
media average (término medio)
medianoche midnight
medias stockings
medicina medicine
médico doctor
medio half, middle
mediodía noon
mejor better, **mejor que** better than, **mucho mejor** much better
mejora improvement
mejorar better oneself, improve
melodía melody
memoria memory
mencionar mention
menos less, **a menos que** unless
mensaje message
mente mind
mentira lie
menú menu
mercado market
mermelada jam, marmalade (de naranja)
mesa table, board
metal metal
meter get into
método method
metro metre (medida), underground, tube (tren)
miedo (de) fear (of)
miedoso fearful
miércoles Wednesday
milla mile
minuto minute
mirada look
mirar watch (observar)
mobiliario furniture
moda fashion, **a la moda** fashionable
modestia decency
modo manner, **modo de** way of, **de este modo** that way
mojado wet
moneda coin

montaña mountain
montón heap, **un montón de** a lot of
mosca fly
mover twitch
muchacha girl, girlfriend
muchacho boy, boyfriend
muchedumbre crowd
mucho very, **muchísimo** very much
muchos, -as many
mudo dumb
muerte death
muerto dead
mujer woman
mundo world, earth (tierra)
muñeca doll
muro wall
museo museum
muy very

N
nación nation
nacionalidad nationality
nada nothing, none
nadie nobody, none
naranja orange, **zumo de naranja** orange juice
nariz nose
nativo native
natural natural
naturaleza nature
naturalmente naturally
navaja razor (cuchilla de afeitar)
Navidad Christmas
necesidad (de) need (for)
negar deny
negativa refusal (rechazo)
negociar bargain
negocio business **viaje de negocios** business trip, **hombre de negocios** businessman
nerviosismo nervousness
nervioso nervous, **crisis nerviosa** nervous breakdown
neumático tyre
ni... ni neither ... nor
nido nest
niebla fog
nieta granddaughter
nieto grandchild
nietos grandchildren
nieve snow
ninguno, -a no one, nobody, none

niño kid, child, **niños** children
no muy lejos (cerca) not far from
no no, not, **no... en absoluto** not at all, **¿no es así?**, **¿no es verdad?** aren't you?, don't you?
noche night, **escuela nocturna** night school
nombre name, **nombre de pila** first name
normal normal
normalmente usually
norte north
nosotros, -as we, **nosotros mismos** ourselves
nota note (apunte)
notar notice
noticia notice
novedad piece of news
novela novel
noviembre November
novio, -a fiancé -e, engaged (comprometido)
nube cloud
nublado foggy
nuestro, -a, -os, -as our
nuevamente again (de nuevo)
nuevo new
nuez nut
número number, **número impar** odd number, **número par** even number, **número de teléfono** telephone number
nunca never

O

o or, **o ... o** either .. or
objeción a objection (to)
objetar object (to)
obligado bound, compelled, **obligado a** obliged (to)
obligatorio compulsory
obra play
observación remark
observar notice, watch
obstáculo handicap, obstacle
obstinarse en persist in
obviamente obviously
obvio obvious
oca goose
ocasión opportunity, **ocasión para** occasion for
ocasionalmente occasionally
ocupación occupation
ocio idleness

ocioso idle
octubre October
ocultar algo a alguien keep from
ocupado occupied, engaged (teléfono)
ocuparse de see about
ocho eight
odiar hate
odio hatred
oeste west
oferta offer
oficina office, **oficina postal** post office
ofrecer offer
ojo eye
olor smell
olvidado forgotten
olvidar forget
olla kettle, pot
operación operation
opinión opinion
oponerse a object (to), oppose
opuesto opposite
oreja ear
organización organization
organizado organized
orgullo pride
orgullosamente proudly
orgulloso proud
orilla border, shore
oro gold
oso bear
ostra oyster
otoño autumn
otro, -a, -os, -as other, **otro, -a** another, **otra cosa** something else
oveja sheep
oxígeno oxygen

P

padre father
padres parents
padrino godfather
pagar pay
país country
paisaje landscape
palabra word
palacio palace
pan bread
panadero baker
pantalones trousers
pantano marsh
pañuelo handkerchief
papá Dad

papel role
paquete package
parada stop
paraguas umbrella
paraíso heaven (cielo), paradise
parar stop
pareja couple
parientes relatives
parlamento parliament
participar to take part (formar parte de)
particularmente particularly
partido, partida match
pasado past
pasar pass through, spend (transcurrir)
Pascua Easter
paseo walk
pasión passion, keenness, **pasión por** love (for), fondness (for)
paso de peatones zebra crossing
pastel pie
patata potato, **puré de patatas** mashed potatoes, **patatas fritas** chips
patio yard
patrón landlord
pausa break
pavo turkey
pecado sin
pecho chest
pedazo piece (porción), **trozo de papel,** nota piece of paper
peine comb
pelar fleece
peligro danger (of)
peligroso dangerous
peluquero hairdresser
pensamiento thought
pensar think (creer), **pensar en** think about/of
pensión boarding house
peor worse
pequeño little, small
perder lose, miss (el tren)
perdonado forgiven
perfume perfume
periódicamente periodically
periódico newspaper
periodista journalist, reporter
periodo period
permanecer remain
permanente permanent
permiso permission, **permiso de conducir** driving licence
permitir allow

pero but
perro dog
persona person
personal personnel
pesado dull
pese a in spite of (a pesar de)
peso weight
petróleo oil
pez fish
pianista pianist
piano piano
picar needle (fastidiar)
pie foot
piedad mercy, pity
pijama pyjamas
pila battery
pimienta pepper
pinta pint (= 0,5683 l)
pintura picture (cuadro)
pipa pipe
piso floor, **espectáculo de variedades** floor show
piso superior upstairs
placa de matrícula number plate
placer pleasure, **placer (de)** pleasure (in/of), **placer (en)** delight (in)
plan plan
planta plant, floor (piso), **planta baja** ground floor
plata silver
plato dish, plate
playa beach
plazo due date, deadline (fecha límite)
pluma feather
población population
pobre poor
poco, -a little, **pocos** few
poder power
poema poem
poeta poet
policía police, policeman (agente)
política politics
político politician
polvo dust
pomelo grapefruit
ponerse al trabajo set to work
popular popular
por for, along, **por adelantado** in advance, **por ahora** for now, **por desgracia** unfortunately, **por ejemplo** for instance, **por eso, por lo tanto** therefore, **por favor** please, **por medio de** by means of, via, **por supuesto** of course

por qué why?
porque because, since
posada inn
posibilidad (de) possibility (of)
posible possible, **todo lo posible** as much as possible, **lo más rápido posible** as soon as possible
posición position
posterior subsequent
postre dessert
potente powerful
práctica practice
práctico, -a practical
precio price
precipitarse hurry into
precisamente precisely
preciso precise
predilección (por) taste (for)
preferencia preference for
preferir prefer
pregunta question
prejuicio prejudice
premio prize
preocuparse de bother about, care about, worry about
preparar prepare
preparativos preparations
presente present
presidente president, principal
préstamo loan
presupuesto budget
prevenir contra warn against
previsión forecast
primavera spring
primero first
primo cousin
princesa princess
principal main
príncipe prince
prisa hurry, rush
prisión prison
privado private
privilegio (de) privilege (of)
probablemente probably
probar attempt
problema problem
producción production
profesión profession
profesor teacher
programa programme, **programa de ordenador** computer programme, **programa de producción** production programme

prohibición prohibition
prohibido forbidden
promesa promise
promoción promotion
pronombre pronoun
pronto soon
pronunciación pronunciation
pronunciarse contra decide against
propietario owner
proponer suggest
proporcionar afford
propuesta proposal
provecho profit
proveedor supplier
provocar stir
próximo next
proyecto project
prueba attempt
público audience, **público, -a** public
pueblo village, **pueblo turístico** tourist village
puente bridge
puerta door
pulga flea
pulsar click on
punto point, **punto de vista** point of view, viewpoint
puntual punctual
puro plain (natural)

Q
qué what?, which?, **¡qué bonita sorpresa!** what a nice suprise, **¡qué pena!** what a pity, **¡qué vergüenza!** what a shame!, **¡qué suerte!** what luck!, **¿qué hay de nuevo?** how well?
quedarse boquiabierto be amazed at
queja complaint
quejarse de complain about/of
querer want (desear), **¿querrías... ?** would you like ...?
quién, quiénes who?
quincena fortnight
quizás maybe, perhaps

:

R
radiador radiator
radio radio
rama branch
ramo bunch (manojo, grupo)
rana frog

rápido fast, quick
raro odd, strange
rascacielos skyscraper
ratón mouse
raza race
razón (para) reason (for)
razonable reasonable
real real (verdadero), royal
realidad reality
realmente indeed (sin duda), really (de verdad)
rebanada de pan tostado piece of toast
recepción receipt
recepcionista receptionist
receta recipe (cocina)
reciente recent
recientemente recently
recíprocamente each other
recoger pick up
recomendar recommend
recordar remember, remind
recreo recreation
red net, network
redondo round
reducción reduction
reembolso refund
referirse a refer to
regalo gift, present
región country
regla rule
regularmente regularly
reloj clock, **reloj de pulsera** watch
remar row
remedio remedy
remordimiento regret
reportaje report
reposo rest
representación performance
resentirse de resent
respetar keep
respeto respect
respiración breath
responder reply, answer
responsabilidad liability
responsable liable, responsible
respuesta reply
restaurante restaurant
resultados results, fruits, **resultados futbolísticos** football results
resultar be turn out
retomar resume (recomenzar)
retorno return
retrasarse delay

reunión meeting
reunirse con meet
revisión revision
rey king
riesgo risk, **riesgo de** danger (of)
río river
riqueza wealth
ritmo rhythm
rival rival
rizado curly
rizo curl
robo robbery, theft
roca rock
rojo red
rollo roll (fajo)
romperse break down
roncar snore
ropa clothes, dress, **ropa interior** underwear
rosa rose (flor), pink (color)
rubio fair
ruido noise
ruidoso noisy
rutina routine

S

sábado Saturday
sábana sheet
saber understand
sabor taste
sacerdote priest
sacrificar sacrifice
salar salt
salario wage
salida departure (partida)
salir get out, **salir de casa** leave the house
saltar jump
salto jump
salud health
saludar give one's best to s.o.
sandía watermelon
sangre blood
sano healthy
sastre tailor
satisfacción satisfaction in
satisfecho content, glad
secar wipe
sección department
seco dry
sector automovilístico motor trade
secuestro kidnapping
seda silk

sediento thirsty, **tener sed**, be thirsty
seguir follow, **seguir adelante** go ahead
segundo second
seguro insurance, sure (ciertamente, sin duda)
seis six
semana week
sembrar seem
sensación feeling
sensible sensible
sentir feel, hear, regret (lamentar), **sentirlo** be sorry
señal sign
señor master (amo), Mr
señora lady, **señora de la casa** landlady
septiembre September
sequedad drought
ser be, **ser de** be from (procedencia), **es una lástima** it's a pity
ser adecuado para be adequate for, be suitable for
ser afortunado de be fortunate in
ser amable be nice
ser un apasionado de be fond of
ser consciente de be conscious of
ser culpable de be guilty of
ser experto en, **ser hábil en** be proficient at
ser famoso por be famous for
ser idóneo para be appropriate for
ser lento be slow in
ser necesario para be necessary for
ser optimista be optimistic about
ser pesimista be pessimistic about
ser preferible be preferable to
ser probable be likely to
ser útil para be useful for
servilleta napkin
Sevilla Seville
si if, whether
sí yes
siempre always
siesta nap (sueñecito)
siete seven
significado meaning
siguiente following
silencio silence
silenciosamente silently, quietly
silla chair
simpático nice
simple simple
simplemente simply
simultáneamente simultaneously

sin without
sincero sincere, genuine
sistema system
sobre on, about, above, **sobre todo** above all
sobrina niece
sobrino nephew
sociedad company, society
sofá sofa
sol sun
soldado soldier
soleado sunny
soler hacer use to do something
sólo only, just
solo single (único), alone
soltero single
sombra shade
sombrero hat
sonreír smile
sonrisa smile
soñar con dream about/of
sopa soup
sorpresa surprise
sostén bra
suave fluffy, soft, mild (benigno)
suavemente softly
subdirector assistant manager
subir al autobús board the bus
suceder happen
suceso incident
suciedad dirt
sucio dirty
suegro father-in-law
suela sole
sueldo salary
suelo floor, ground, soil (de cultivo)
sueño dream
suerte luck
suficiente sufficient
sugerencia proposal
sugerir suggest
sujetar pin
sumar amount to (ascender a)
suministro supply
superar get around by/to
superfluo needless
supermercado supermarket
superpoblado overcrowded
suponer involve
sur south
susto fright
suyo, **(el) suyo**, **(la) suya** hers, **(el) suyo**, **(la) suya** his (de él), its

T

tabla board
talento talent
tamaño size
también too, also, as well
tambor drum
tan so, **tan lejos** so far away,
tantos, -as so many
tapar plug
tararear hum
tarde evening, afternoon, late (con retraso)
tarjeta de embarque boarding card
tasa fee (matrícula), tax (impuesto)
taxista taxi-driver
taza cup
té tea
teatro theatre
teclear type
tecnología technology
techo, tejado roof
teléfono phone, **llamada telefónica** phone call, **al teléfono** on the phone
televisión television
tema subject (materia)
temer fear
tener miedo de be afraid of
templado warm
tendencia a tendency (towards)
tenedor fork
tener, have, have got
tener hambre be hungry
tener a mano have at one's disposal
tener poco dinero be short of money
tener razón be right
tener sed, estar sediento be thirsty
tener la suerte de be fortunate in
tentación temptation
terminado over
terminar finish, **no terminar nada** bite one's own tail
término term (palabra)
terrible awful, terrible
tesoro treasure
texto text, **documento de texto** text document
tía aunt
tiempo time, weather
tienda shop
tierra earth, country, land (región)
tímido shy
tío uncle
tipo fellow (sujeto)
titulado graduate

todavía still, yet
todo all, every, **todos los días** every day
tomar take (coger)
tomar un baño take a bath
tomar una copa have a drink
tomarse su tiempo to take one's time
tomar el tren to take the train
tontería nonsense, rubbish
tonto fool, silly
tormenta storm
tormentoso stormy
toro bull
torpe clumsy, dull
torre jewel, tower
tortilla omelette
tosco rough
toser cough
trabajador worker
trabajar work, **trabajar duro** work hard, **trabajar como un perro**, work like a dog
trabajo job, **entrevista de trabajo** job interview, work, task (tarea)
traducción translation
tráfico traffic
tranquilizarse calm down
tranvía tram
trasladar transfer
tratamiento treatment (trato, cura)
tratar negotiate about, treat
travieso naughty
tren train
tribunal court
tú, usted you
tu, tus, su, sus (de usted) your
tubo pipe, tube
turista tourist

U

últimamente lately
último last
un, uno, una a, an, **un poco** a bit, **unos pocos** a few, muchísimo, **un buen pedazo de** a great deal of, **un montón de** a lot of, **un poco inquietante** a trifle alarming, one (número), **uno de los estudiantes** one of the students, **unos** few (algunos)
único single
unidad unit
unido a la familia home-loving
universidad university

uña finger nail
uso use
útil useful
uva grapes

V

vacaciones holiday
vacío empty
vagón wagon
valentía courage
valiente brave, courageous
valioso precious
valor worth
valle valley
varios several
vaso glass
vecino neighbour
vecindario neighbourhood
vehículo vehicle
vela candle
velocidad speed
venda bandage
vendaje dressing
venir come
venir de come of/from (provenir de)
ventaja (de) advantage (of), privilege
ventana window
ver see
verano summer
verdad truth
verdadero true
verde green
verduras vegetables
vergüenza shame
verso verse
vestido dress
vestirse dress
vestirse bien well-dressed
vez time, **dos veces** twice, **dos veces a la semana** twice a week, **tres veces** three times
viajar do some travelling, travel, **agencia de viajes** travel agency
viaje journey, trip, voyage
victoria victory
vid vine
vida life
vidrio glass
viejo old
viernes Friday, **Viernes Santo** Good Friday
vigilante de aparcamiento traffic warden
vinagre vinegar
visita visit, **visita turística** sight-seeing
visitar visit, have a look at
vista sight
vivir live
vivo lively (rápido, despierto), **en vivo** live
vocabulario vocabulary
vosotros, -as, ustedes you
votar en contra vote against
voz voice
vuelta return, **billete de ida y vuelta** return ticket

Y

y and
ya anymore
yarda yard
yerno son-in-law
yo I, **comprendo** I see, **debo** I must, **querría, me gustaría** I would like

Z

zapato shoe
zorro fox
zumo de fruta juice

ÍNDICE

Prólogo	5
El alfabeto inglés y las reglas de pronunciación	7
Símbolos fonéticos utilizados en este libro	7
Unit one – Unidad uno	10
Text – Texto	10
Dialogue – Diálogo	10
Vocabulary – Glosario	11
Grammar – Gramática	11
Personal pronouns – Pronombres personales	11
The verb «to be» – El verbo «ser»	12
The present simple tense – El presente de indicativo	12
Possessive adjectives – Adjetivos posesivos	13
Possessive pronouns – Pronombres posesivos	13
Interrogative pronouns – Pronombres interrogativos	14
Sentence structure – Estructura de la frase	15
There is/there are – Hay	15
Exercises – Ejercicios	15
Unit two – Unidad dos	17
Text – Texto	17
Dialogue – Diálogo	17
Vocabulary – Glosario	19
Grammar – Gramática	20
The present simple tense: negative and interrogative forms –	
El presente de indicativo: forma interrogativa y negativa	20
Adjectives – Adjetivos	21
The definite article – El artículo determinado «the»	21
The indefinite article – El artículo indeterminado «a/an»	21

Likes and dislikes – Me gusta o no me gusta	22
Offers and suggestions – Ofrecimientos y sugerencias	22
Exercises – Ejercicios	23
UNIT THREE – UNIDAD TRES	25
Text – Texto	25
Dialogue – Diálogo	25
Vocabulary – Glosario	27
Grammar – Gramática	29
Family and relatives – Familia y parientes	29
Prepositions – Preposiciones	30
The present continuous tense – El presente continuo	32
The future with going to – El futuro con «going to»	33
Plural form of the noun – Forma plural del sustantivo	34
Numbers – Los números	35
Exercises – Ejercicios	36
UNIT FOUR – UNIDAD CUATRO	38
Text – Texto	38
Vocabulary – Glosario	39
Grammar – Gramática	40
The date – La fecha	40
The time of the day – Las partes del día	41
The days of the week –Los días de la semana	41
The months of the year – Los meses del año	41
The four seasons – Las cuatro estaciones	42
Time – La hora	42
Modal verbs – Los verbos modales	42
Exercises – Ejercicios	45
UNIT FIVE – UNIDAD CINCO	46
Text – Texto	46
Dialogue – Diálogo	46
Vocabulary – Glosario	47
Grammar – Gramática	49
Have got and have – Tener	49
Countable and uncountable nouns – Nombres contables e incontables	49
Quantitative adjectives – Adjetivos de cantidad	50
The multiplying number – El número multiplicativo	51
The imperative – El imperativo	52
Exercises – Ejercicios	52
UNIT SIX – UNIDAD SEIS	54
Text – Texto	54
Vocabulary – Glosario	55
Grammar – Gramática	57
The genitive – El genitivo sajón	57

Relative pronouns used in defining relative clauses –
Pronombres relativos usados en las proposiciones de relativo
específicas 57
The past simple tense. Regular verbs –
El pasado simple Verbos regulares 59
The past simple. Irregular verbs –
El pasado simple. Verbos irregulares 61
The past simple of to have, to be and to do –
El pasado simple de los verbos «to have», «to be» y «to do» 61
Exercises – Ejercicios.. 62

UNIT SEVEN – UNIDAD SIETE 65
Text – Texto 65
Vocabulary – Glosario 66
Grammar – Gramática 67
   Adverbs of frequency – Adverbios de frecuencia 67
   Demonstrative adjective – El adjetivo demostrativo 68
   The demonstrative pronoun – El pronombre demostrativo 68
   The past continuous tense – El tiempo pasado continuo 69
Exercises – Ejercicios.. 70

UNIT EIGHT – UNIDAD OCHO 72
Dialogue – Diálogo 72
Vocabulary – Glosario 73
Grammar – Gramática 75
   Tag questions... 75
   Prepositions – Preposiciones 76
   The present perfect simple – El pretérito perfecto 76
   The present perfect with «for» and «since» –
   El pretérito perfecto con «for» y «since» 77
   The present perfect with «ever»/«never» –
   El pretérito perfecto con «ever»/«never» 78
   The present perfect with «yet»/«already»/«just» –
   El pretérito perfecto con «yet»/«already»/«just» 78
   The present perfect with the resultative past –
   El pretérito perfecto con el «resultative past» 78
   The future «will» – El futuro «will» 80
Exercises – Ejercicios.. 81

UNIT NINE – UNIDAD NUEVE 84
Text – Texto 84
Vocabulary – Glosario 85
Grammar – Gramática 86
   The future with «will»/«going to»/present continous tense –
   El futuro con «will»/«going to»/presente continuo 86
   The First Conditional – La frase condicional de primer grado 87

The future perfect – El futuro perfecto	88
Adjectives and adverbs – Adjetivos y adverbios	89
Adverbs ending in "-ly" – Adverbios que terminan en «-ly»	89
Comparative and superlative adjectives – Adjetivos comparativos y superlativos	90
Constructions with comparisons – Estructuras con comparativos	91
Comparisons with possessive pronouns – Los comparativos con los pronombres posesivos	91
Relative pronouns in non-defining relative clauses – Pronombres relativos en las proposiciones de relativo	92
Comparison of defining and non-defining relative clauses – Comparación entre frases de relativo específicas y explicativas	92
Relative pronouns used in non-defining relative clauses – Pronombres relativos usados en las frases de relativo explicativas	92
Exercises – Ejercicios	93
UNIT TEN – UNIDAD DIEZ	96
Text – Texto	96
Dialogue – Diálogo	96
Vocabulary – Glosario	98
Grammar – Gramática	101
The Second Conditional – La frase condicional de segundo grado	101
The Third Conditional – La frase condicional de tercer grado	102
Reflexive verbs – Verbos reflexivos	102
Reflexive pronouns – Pronombres reflexivos	103
"Used to" – Situaciones y acciones habituales del pasado	103
Should – Debería, haría bien en	104
Exercises – Ejercicios	104
UNIT ELEVEN – UNIDAD ONCE	107
Text – Texto	107
Vocabulary – Glosario	108
Grammar – Gramática	109
Subordinate clauses/sub clauses – Proposiciones subordinadas	109
Word order in subordinate clauses – Orden de las palabras en la proposición subordinada	111
That clauses – Proposiciones con «that» (que, de que)	111
The adverb – El adverbio	112
Posición del adverbio	113
Exercises – Ejercicios	114
UNIT TWELVE – UNIDAD DOCE	116
Text – Texto	116
Dialogue – Diálogo	117
Vocabulary – Glosario	117

Grammar – Gramática 118
   The present perfect continuous – Pretérito perfecto continuo 118
   Past perfect continuous – Pretérito pluscuamperfecto continuo 119
   Reported speech – Estilo indirecto 119
   Reported speech tense shifts – Cambios de tiempo
     del estilo directo al estilo indirecto 120
   Indirect questions – Frases interrogativas indirectas 122
   Indirect imperatives – Imperativos indirectos 123
Exercises – Ejercicios 123

UNIT THIRTEEN – UNIDAD TRECE 126
Text - Texto 126
Vocabulary – Glosario 127
Grammar – Gramática 128
   The gerund – El gerundio 128
Exercises – Ejercicios 136

UNIT FOURTEEN – UNIDAD CATORCE 139
Text – Texto 139
Vocabulary – Glosario 140
Grammar – Gramática 141
   The past perfect tense – El pretérito pluscuamperfecto 141
   The past continuous tense – El pasado continuo 142
   The passive voice - La voz pasiva 142
   The active voice and the passive voice –
     Voz activa y voz pasiva 144
   Infinitive constructions after passive verbs –
     Construcción infinitiva después de los verbos pasivos 144
   Infinitive constructions – Construcciones de infinitivo 145
Exercises – Ejercicios 146

ELEMENTOS RECAPITULATIVOS DE GRAMÁTICA 148

CLAVES DE LOS EJERCICIOS 182

DICCIONARIO

DICCIONARIO INGLÉS-ESPAÑOL 193

DICCIONARIO ESPAÑOL-INGLÉS 215

Impreso en España por
HUROPE, S. L.
Lima, 3 bis
08030 Barcelona

entre	Between
Down	debajo
From	de, desde
in front of	delante de
on, In	en
Inside	dentro de
opposite	frente
Over	Sobre
Until	hasta
Si	if
against	Contra
behind	detrás de
by	a, Por
at a time	a una hora
on the	al
So	Tan
Enough	Bastante
too Many	tantos
how	Como
What	Que
again	otra vez
another	otro
always	Siempre
at	a las
in order to	Para
instead	en lugar de
Sure	Seguro
the other	Los otros / otros
towards	hacia

entre	Between
Down	debajo
From	de, desde
in front of	delante de
on, In	en
Inside	dentro de
opposite	frente
Over	Sobre
Until	hasta
Si	if
against	Contra
behind	detrás de
by	a, por
at a time	a una hora
on the	al
So	Tan
Enough	Bastante
too many	tantos
how	Cómo
What	Que
again	otra vez
another	Otro
always	Siempre
at	a las
in order to	Para
instead	en lugar de
Sure	Seguro
the other	Los otros
towards	hacia

Impreso en España por
HUROPE, S. L.
Lima, 3 bis
08030 Barcelona